分権と
自治体再構築

行政効率化と市民参加

坪郷 實＋
ゲジーネ・フォリャンティ=ヨースト＋
縣 公一郎―――編

法律文化社

はじめに

自治体の再構築──行政効率化と市民参加

　本書の目的は、自治体の再構築と市民活動の活発化をめぐる論点について、ドイツと日本の比較分析を行うことである。第Ⅰ部「自治体の再構築」、第Ⅱ部「自治体と市民参加」という構成で、日独の事例を論じている。これまで、自治体の再構築についても、市民活動・市民参加についても、日本とドイツについての比較研究は、僅かな例しかない[1]。これには、両国の政治体制の違いが影響をしている。しかし、この間の両国における自治体の再構築の動きにより、ドイツと日本において「相違する重点を持つ類似の戦略」（Foljanty-Jost 2009；9）が取られるようになっている。日独の自治体の再構築の現状と課題については、第1章、第2章、第3章で論じられる。そのキーワードは、「行政の効率化」と「市民参加」である。

　一方で、行政改革のために「ニュー・パブリック・マネージメント」論の影響が及び、他方で、市民自治・市民参加が重視され、関連して制度改革が行われている。「ニュー・パブリック・マネージメント」がどのような影響を及ぼしたかについては、第4章と第5章で論じられる。この点は、日本において「新しい公共経営」とも言われるが、ドイツでは、「行政簡素化のための自治体共同機構（KGSt）」により「新しい制御モデル（Neue Steuerungsmodelle）」が作られた。第1章でゲジーネ・フォリャンティ=ヨーストが指摘するように、市民参加と「ニュー・パブリック・マネージメント」の影響下で、ドイツにおいて「市民自治体」論（Bogmil/ Holtkamp/ Schwarz 2003）[2]が、日本において、「協働」論や「パートナーシップ」論が議論されている。さらに、日本においても、市民自治の観点から、「市民自治体の構想」が提起されている[3]。自治体と市民活動・市民参加に関連する重要な論点については、第6章から第10章までにおいて、地方自治と市民活動、社会保障と民間団体、地域政党、まちづくりと市民参加に焦点を合わせて論じる。終章では「分散と集中の均衡」につい

て論じている。このように、本書は、「自治体の再構築と市民参加」のテーマに関する日独比較の初の本格的研究を目指している。

以下では、日独の自治体の再構築の現状と課題、市民活動の活発化に関して、簡単ながら若干の論点について述べておきたい。

ドイツにおける自治体の再構築

一方で、西ドイツにおいて、第二次世界大戦後、連邦制のもとで「市町村の自治」が保障されていた。1990年に統一ドイツが実現し、1989年の東ドイツにおける市民の直接行動の影響及び西ドイツにおける政治不信への対応として、1990年代に東西ドイツのそれぞれの州において市町村自治体の再構築が行われた。この再構築は、州政権の主導により行われた。ドイツの自治体制度は、州ごとに相違しており、州憲法・自治体基本法により規定されている。おおよそ、連邦・州・郡・基礎自治体の4層制であるが、大都市は郡に属さず（「郡に属さない市」）3層制である（第2章を参照）。1990年代における自治体制度の改革は、「直接民主主義的要素」の拡大である。第1に、多くの州で基礎自治体（市町村）の長が直接選挙で選出される。同時に、従来制度のなかった州において、州レベルにおいて「州民発案・州民表決」、基礎自治体（市町村）レベルにおいて「市民発案・市民表決（住民発議・住民投票）」制度が導入された。このような直接民主主義的制度の導入において、州レベルの政治が重要な役割を果たしているが、他方で、市民の側からのイニシアティブが重要な役割を果たしている。「もっと民主主義を活発に（登録社団）」が、たとえばバイエルン州において広範な市民運動を展開し、州民発案・州民表決により、1995年に基礎自治体レベルの直接民主主義制度の導入を実現している[4]。さらに、ドイツにおいては、2006年に第一次連邦制改革が行われている。

日本における自治体の再構築の課題

他方で、日本において、2000年の第一次分権改革により、国と自治体の関係は、「上下・主従関係」から、「対等・協力関係」に変わった。自治体における政策の実施は、自治体議会において条例を制定して行うという体制への転換で

ある。これに次ぐ第二次分権改革の課題5)として、自治体・自治体議会が「法令の自主解釈権」を持ち、「政策・制度の企画立案権」を行使する体制への転換、「自治行政権、自治財政権、自治立法権を持つ」「『地方政府』を確立する」ことがあげられる。具体的には、自治体への法令などによる規制や縛りを撤廃し、自治体の自由度を拡大して、条例制定権の拡大を行うこと、行政事務に見合った財源確保のためにまず国と自治体の財源配分を「六対四」から「五対五」にすること、国から自治体への権限移譲問題などがある。さらに、この間の市町村合併の問題点をふまえて、「市町村合併」の終結宣言を行うという課題がある。

　このような国のレベルにおける分権改革の動向と同時に、自治体や市民の側からの独自の市民自治と分権への動き6)が目立っている。市民と自治体の間で新たな市民ルールを作る動きである。自治体の長による市民参加の仕組みが創出されてきたが、2000年12月に北海道ニセコ町が「まちづくり基本条例」を制定して以後、全国で「自治体基本条例」「まちづくり基本条例」が制定されている。市民主導で参加の回路をつくる試みとして、住民投票や市民立法の動きがある。1990年代半ば以後、市民提案で、原発立地、産業廃棄物処理場の立地、米軍基地建設など特定課題について「住民投票」を実施する動きが噴出した。その後、2000年12月に愛知県高浜市で常設型「住民投票条例」が制定され、常設型市民投票条例の制定、自治基本条例に常設型市民投票制度が導入される事例がある。

　さらに、2006年5月に北海道栗山町が自治体議会基本条例を制定し、これ以後、自治体議会が主導して議会を「討議の広場」とし、議会への市民参加の仕組みをつくる動きが加速している。今後、自治体議会の改革を通じて、自治体議会を市民、議員、長、三者による政策づくりの場として定着させることが課題である。

　日独において、市民参加は非制度的形態も含めて、多様な形で取組まれている。

市民活動の活発化

　このような自治体の再構築の動きは、1990年代における市民活動の活発化がその基盤を提供している。日本においては、1980年代末より、「市民活動」という言葉が使われるようになり、1990年代後半には、「NPO（民間非営利組織）」という言葉が定着し、社会的に認知された。[7] ドイツにおいては、1990年代末に、ボランティア（名誉職）活動、新しい社会運動、社会的自助グループ運動、福祉団体、スポーツ・文化活動など多様な潮流を包括する概念として、「市民活動（Bürgerschaftliches Engagement）」という言葉が使われるようになっている。[8] 同様に、参加ガバナンスの議論など、政府部門、市場部門に対して、多様な市民活動を包括する市民社会部門という言葉が使われるようになっている。両国において、選挙における投票率は低下傾向（日本と比較して、ドイツの投票率はより高い）にあるが、他方で、市民活動はより活発化し、さらに発展する傾向が見られる。

　さて、本書を刊行する直接の契機になったのは、2007年9月27-28日に早稲田大学において開催された日独シンポジウム「地方分権の可能性とリスク──日独比較研究」である。同シンポは、ベルリン日独センター、マルティン・ルター大学（ハレ＝ヴィッテンベルク）政治学・日本学研究所、早稲田大学公共経営研究科・公共政策研究所の協力によって開催された。報告者を初めとして関係者と参加者の皆さんに感謝を申し上げたい。この年に、マルティン・ルター大学ハレ＝ヴィッテンベルクと早稲田大学の交流協定が締結され、交流のスタートの場であった。さらに、編者のフォリャンティ＝ヨーストと坪郷は、共同で、日独の「自治体と市民活動ネットワーク」に関する調査を行っている。当初から、シンポの報告者とコメンテーターによる執筆で、日独において同時に、比較研究の本を発刊することを目指した。しかし、編集の過程で日本版とドイツ版はそれぞれ独自の構成により刊行することになり、両者は構成及び執筆者の点で大きく相違している。[9] 本書の刊行に当たっては、執筆者の一人である久塚純一さんのご協力をいただいた。記して感謝をしたい。法律文化社の編集長小西英央さんからは、企画段階から常に的確なアドバイスをいただき、迅

速に編集作業を進めていただいた。感謝を申し上げたい。本書が、日本における自治体再構築を進めるのに寄与することを願っている。

〈注〉
1) たとえば、坪郷實（2007）『ドイツの市民自治体——市民社会を強くする方法』生活社を参照されたい。また、ドイツの行財政改革については、武田公子（2003）『ドイツ自治体の行財政改革——分権化と経営主義化』法律文化社を参照されたい。
2) Bogumil, Jörg/ Holtkamp, Lars/ Schwarz, Gudrun（2003）Das Reformmodell Bürgerkommune. Leistungen - Grenzen - Perspektiven. Berlin ; Bogumil, Jörg / Holtkamp, Lars（2006）Kommunalpolitik und Kommunalverwaltung. Eine policyorientierte Einführung, Wiesbaden を参照されたい。
3) 日本における市民自治体の構想については、須田春海（2005）『市民自治体——社会発展の可能性』生活社を参照されたい。
4) 坪郷實（2009）「ドイツ——制度的参加と非制度的参加」坪郷實編『比較・政治参加』ミネルヴァ書房所収を参照されたい。
5) 西尾勝（2005）『地方分権改革』東京大学出版会、松下圭一（2007）『自治体再構築』公人の友社を参照されたい。
6) 自治体議会改革フォーラム（2007）『変えなきゃ！議会「討論の広場」へのアプローチ』生活社、神原勝（2008）『自治・議会基本条例論』公人の友社、坪郷實（2009）「日本政治の再構築——自治体の再構築と政治参加」坪郷實編『比較・政治参加』ミネルヴァ書房所収などを参照されたい。
7) 坪郷實編（2007）『参加ガバナンス——社会と組織の運営革新』日本評論社などを参照されたい。
8) ドイツの市民活動及び市民社会については、Zimmer, Annette（2007）Vereine – Zivilgesellschaft konkret, Wiesbaden (2.Auflage). を参照されたい。
9) ドイツ版の日独比較研究は、Foljanty-Jost, Gesine (Hrsg.)（2009）Kommunalreform in Deutschland und Japan. Ökonomisierung und Demokratisierung in vergleichender Perspsktive, Wieesbaden として刊行された。

2009年8月7日

坪郷　實

目　次

はじめに

第Ⅰ部　自治体の再構築

第1章　市民自治体の独日比較 ……… ゲジーネ・フォリャンティ＝ヨースト　3
―― 構想と実践

1　概念と規範（4）　　2　文脈的条件としての地方分権と自治権（8）　　3　市民と国家の協力の実際（12）　　4　パートナーシップの異なる実践形態（17）　　5　結論（25）

第2章　改革圧力の下にあるドイツの地方自治 ……… ヨルク・ボグミル　31
―― 近年の市民参加と経済効率化の傾向

1　ドイツの地方自治（31）　　2　地方自治体を覆う改革指向への圧力（34）　　3　改革指向のトレンドの影響（37）

第3章　地方分権改革と財政制約 ……………………… 片木　淳　43
―― 地方政府の任務に応じた財政保障

1　はじめに（43）　　2　日独比較の前提としての「地方政府」（44）　　3　「地方政府」の「財政制約」とその原因（47）　　4　地方政府の財政破綻（58）　　5　地方財政制度改革（62）　　6　おわりに（67）

第4章　ドイツ自治体の効率化 ……………… ザビーネ・クールマン　72
――「新制御モデル」と民営化に関する考察

1　はじめに（72）　　2　国際的な改革の傾向としての効率化（73）

　　　　　3　行政内部改革（75）　　4　自治体生産モデルの変遷（81）
　　　　　5　結論と展望（88）

第 5 章　自治体行政改革の日独比較 ……………………… 宇野　二朗　93
　　　　── ベルリンと東京の水道事業を事例として
　　　　　1　はじめに（93）　　2　比較の視座（94）　　3　水道事業の枠組
　　　　条件（96）　　4　ベルリン州の水道事業（99）　　5　東京都の水道
　　　　事業（107）　　6　まとめ（113）

第Ⅱ部　自治体と市民参加

第 6 章　伝統あるパートナーシップ ………… アネッテ・ツィンマー　121
　　　　── ドイツにおける地方自治と市民活動
　　　　　1　はじめに（121）　　2　ドイツにおける地方自治とその意義
　　　　（122）　　3　市民活動（125）　　4　ドイツにおける市民団体の活動
　　　　（127）　　5　地方自治と能動的市民（131）　　6　ローカル・ガバナ
　　　　ンス（138）　　7　総括と展望（140）

第 7 章　日本における「民間団体」の歴史的位置 ……… 久塚　純一　147
　　　　── 社会保障をめぐる「私」と「公」を素材として
　　　　　1　はじめに（147）　　2　「社会的に対応される事柄」とはいったい
　　　　何なのか（149）　　3　「ある出来事」を「社会的に対応されるべき事
　　　　柄」として政策化する（157）　　4　作られた「道筋」とその後の揺
　　　　らぎ（160）　　5　むすび（169）

第 8 章　日本における自治体政治の活性化 ……………… 坪郷　實　173
　　　　── 地域政党「生活者ネットワーク」の登場と発展
　　　　　1　自治体政治の活性化（173）　　2　地域政党「生活者ネットワー
　　　　ク」の登場と発展（178）

目　次　ix

第 9 章　古くて新しいローカリズム …… マリオン・ライザー／エヴェルハント・ホルトマン　192
　　　　── ドイツにおける非政党系自治体有権者グループの役割と重要性
　　　　1　その実際の勢力と研究を導く問い（192）　　2　定義、類型化、成立条件そして自治体の非政党系有権者グループの構造変化（195）
　　　　3　ドイツにおける有権者グループの地域における勢力の拡大（201）
　　　　4　自治体の有権者グループ結成のきっかけと動機（204）　　5　自治体有権者グループに参加する議員の動機（209）　　6　要　約（213）

第 10 章　都市空間における市民参加 …… フンク・カロリン／川田　力／由井義通　218
　　　　── 日独の比較
　　　　1　はじめに（218）　　2　神戸市におけるまちづくりと市民活動（219）　　3　ベルリンにおけるまちづくり（224）　　4　市民参加の検討（230）

終　　章　分散と集中の均衡 ………………………………………… 縣　公一郎　235
　　　　1　はじめに（235）　　2　集権と分権（236）　　3　NPM の進展（238）　　4　市民参加の可能性（240）　　5　終わりに（241）

第Ⅰ部

自治体の再構築

第1章
市民自治体の独日比較
―― 構想と実践

ゲジーネ・フォリャンティ゠ヨースト

　民主主義を標榜する多くの国家で市民と国家との関係の変化が認められるようになってから、既に10年以上が経過している。特に顕著なのは、政治の基礎レベルに位置する自治体の変遷だ。これは、男女共に市民が自治体において「役割」を担うという新しい考え方に如実に顕れている。今や市民は国家サービスを享受する顧客というだけでなく、政治の形成・執行に共に関わる主体(アクター)なのである。

　この現象は、日本と同じくドイツにもあてはまっている。1990年以降、日独両国は、パートナーシップ・モデルとも言うべき地方自治の新たなライトモチーフを掲げてきた。市民が自治体のパートナーとなるということは、地方自治における主体間での権力バランスが市民に有利に再配置されることを意味している。このような発展の中心にある概念は、ドイツでは「市民自治体」と呼ばれ、日本では「協働型地方自治」又はパートナーシップに基づく地方自治と呼ばれている。

　また、こうした変化について賛否両論の議論が交わされている点でも、両国は一致している。市民とのパートナーシップが地域民主主義を後押しする助けとなるのではないか(早田 2005：14ff；高橋 2002：15-16；Vetter/ Kersting 2003a：15)という楽観的観測がある一方で、市民が安価なサービス提供者として行政に搾取されるのではという懸念の声も聞かれる。同様に、市民社会の活動がどれほど民主主義を擁護・推進するものなのか、その潜在能力が一般に過大評価されているのではないかという批判もある(Roth 2004：42；林 2003：98)。

　本章では、日独両国におけるこれらの新しい変化のコンセプト及び実践の状

況を比較分析していきたいと思う。

　日独両国に言えることとして、「市民自治体」という概念を解釈・実践するにあたり、自治体間に大きな差が生じているのが現状である。このため、比較研究はケース・スタディを基盤として行うのが有意義であろう。しかし、ケース・スタディの数が限られているため、ここから導かれる結論の適用範囲がおのずと狭められてしまう恐れがある。そこで、本章は日本を比較対象国として視野にいれる初めての試みであるため、ドイツ・日本の自治体データを基礎とした慎重な一般化を試みたうえで、さらにそれを二次文献によって補強する形をとりたいと思う。[1]

　本章ではまず、パートナーシップの概念と、この概念が発生した文脈の比較分析を行う。そしてパートナーシップ・モデルの実施状況をテストする際に、日独両国がそれぞれ典拠として用いる規範的枠組を明らかにしたうえで、分析を行う。日本では「市民自治体」の概念が、規範的な意味でも、実践の段階でも、ドイツに較べてはるかに狭義に理解されていること、また政治参加の要素が大幅に削られていることが、比較の段階で明らかになるはずである。そして最後に、性別による役割分業の特徴、日本特有の地方自治の伝統、第3セクター〔訳注：非営利セクター〕の構造について、命題形式で論じたいと思う。

1　概念と規範──自治体政治における基調としての「協力」

　「自治体と市民の協力」は1980年代終盤以降、日独両国において、地方自治の実践を論じる諸研究のなかで、地方政治の新たなロール・モデルとして取り上げられてきた。

　以来日本では、市民と国家の関係性に新たに生じた特質を「協働」という概念を用いて表現している。高橋は「協働」の一般的な定義を次のように紹介している。「協働とは、地域的公共的課題を解決するために、地域を構成する各主体が目的を共有し、互いの特性や違いを認め、それを尊重しつつ、対等な立場で役割分担を行いながら、相乗効果を発揮するような協力・連携を行うことである」（高橋2005：32）。総務省は「目的を共有し同等の立場にある少なくと

も 2 人以上の個人又は組織間の協力」という協働の従来の定義を発展させた形で、2005年に協働を「住民と行政が、相互の立場や特性を認識・尊重しながら、共通の目的を達成するために協力して活動すること」と再定義した（総務省自治行政局地域振興課2005 [29.1.2008]）。また、その 1 年後にあたる2006年に、総務省は『地方自治体とNPOとの協働推進に関する調査』を発表し、その中で再び協働に対する定義を行っている。そこでは、協力関係の新たな核心的要素として「対等なパートナーシップ関係」「相乗効果（1＋1＝3の関係）」そして「住民自治力の向上」が付け加えられている（総務省 2006 [29.1.2008]）。

　日本における「パートナーシップ（協働）」の中心的イメージは、市民と自治体の対等関係、そして地域の重要案件に対する責任の分担という事項から成り立っている。また、総務省の記述によれば、この協力関係は、政策策定、政治的決定事項の執行、地方行政サービスの評価といった、地方行政のプロセスの中で広範囲かつ多岐に渡る分野で実践されるもの、とある。総務省は、協力・連携が民主主義を向上させる機能について必ずしも明確な指摘はしていないが、住民自治の強化という側面については言及している。これは、協働のコンセプトが、政治領域における住民と地方行政のパートナーシップを包含していることについての指摘と言えるだろう。しかしながら、ここ数年、協働という概念が地方行政によって爆発的に多用されるようになったなかで、このような広義のパートナーシップ概念は、しばしば疎かにされていることも述べておかなくてはなるまい。行政用語としての協働は、往々にして、委託（アウトソーシング）事業や市立公園の維持管理といった具体的事業における協力作業と同一視されている。ドイツ語と同様、日本語も英語から「partnership」という語を借用しているが、カタカナ英語としての「パートナーシップ」は、協力・連携に対する狭義の解釈を反映しており、イギリスのパブリック・プライベート・パートナーシップ議論に依拠したものとなっている。また「パートナーシップ」という言葉は、協働の同義語として用いられるケースもある。例えば、三鷹市は市民と自治体の新しい関係の形を模索する先駆自治体であると言えるが、三鷹市の「市の協働推進ハンドブック」は協働の概念を、様々な組織・グループそして市が地方自治に関して共通の目的を持ち、各々の役割分担

を明確にし、対等な関係のもと相互に協力し合うなかで各々の特性を最大限に生かし、目的の実現に向かって共に力を出していくことである、と記している。そこでは、市と連携してプロジェクトを遂行するグループは「パートナー」と呼ばれる（三鷹市市民協働センター [30.4.2008参照]）。本章ではこの定義を採用し、協働のドイツ語訳として「Partnerschaft（パートナーシャフト）」を用いることにする。そしてこの言葉を、総務省の定義における広義なニュアンスを踏まえて、政治的プロセスの全段階において実践可能なパートナーシップを意味するものとして使用する。

さて、ドイツで最も知られている「市民自治体」の定義は、ドイツ連邦議会「市民活動の将来」調査委員会の報告書に依拠している。この報告書は「市民自治体は、ローカルな空間で組織される生活の全ての側面と、ローカルレベルの共同生活に直接影響を及ぼす全ての主体（アクター）を包含する」（Enquete-Kommission 2002：159）と述べている。市民自治体の定義としては、他に「市民自治体では、諸個人・民間及び自治体を含む公的機関が、自由意思により、自治体内又は地域に関わる案件において、対等な関係を保ち、協力・連携を行い、相互に補完し合いながら（共同計画・共同生産）、公益の促進のために協調する。このプロセスから排除される者はいない」（Plamper 2000：27）というものもある。

また、ボグミルをはじめとする他の研究者達は、市民自治体の概念を、直接民主主義的、かつ協力をベースとした民主主義の形態が代議制の意思決定システムを補完するという、地域政治の新形態として定義している（Holtkamp/ Bogumil/ Kißler 2006：83）。

この定義の本質的な構成要素は、日本の協働概念と類似したものになっている。つまり、地域政治における主体（アクター）構成が多元的であること、テーマが地域の日常的案件に近いものであること、そして自治体の発展に焦点を当てている点である。また、国家は他のアクターと同等の一主体として理解されている。

日独両国において、パートナーシップのコンセプトは、ポジティブに捉えられているのが常である。そして市民参加は、より効率的な地域政治・地域の生

活の質向上・地域のより有効な問題解決の前提条件とされている。これらの期待が実現されるためには、全ての市民に参加の資格があり、必要な資源にアクセスできることが絶対的な条件となる。パートナーシップの概念を導入することにより、ヒエラルキーに基づく統治に終止符が打たれ、新たな主体（アクター）を地方政治のプロセスに引き入れやすくなったとされている点では、日本もドイツも同じである。

しかしながら、前述の連邦議会調査委員会の報告書にもあるように、ドイツでは市民と国家の責任分担に対するコンセプトは民主主義に基づく自治立法の思想と明確にリンクしており、これが日本とは異なる点となっている。報告書は「市民社会の理想像は、民主主義に基づく自治立法の思想と結びついている。これが意味するところは、男女共に市民がそれぞれの可能性に従って、選挙への参加によってのみだけではなく、直接民主主義的な手続きに沿って、政治的意思決定に影響力を及ぼすべきである、ということだ。自治立法とは民主主義原則の核であるが、これは市民社会において、法的規定・調整を行う場面で有効に機能し、かつ可視的に確認できるものとして維持されなければならない」と述べている（Enquete-Kommission 2002：586）。

調査委員会の報告書は、「参加」は直接民主主義的手続きへの参加であると（も）理解している。市民には参加と利益表出という機能が付与され、これにより批判能力も備わることになる。ここでは、自治体と市民の新たな責任分担と、市民に批判と反論の機能を認めたうえでの民主主義の向上に対する期待が連結しているわけだが、対して総務省の関連文書には、これと比べ得る記述は見当たらない。しかし、ローカル・ガバナンスの文脈上では、日本においても、市民自治組織の観点から、分権化により新たなガバナンス構造が必要とされていることが指摘され、議論のテーマにはなっている。ローカル・ガバナンスは地区協議会や住民協議会といった、地域に影響力を持つ集団としての新たな主体（アクター）の参入を前提としているが、それは伝統的な町内会・自治会がその機能を失ったとされているからである。坂口によれば、市民自治におけるこれらの新組織の機能は、市民の利害関係を伝達・調整することにある（坂口2005：21-24）。もっとも、こうした議論が、自治体が掲げる協働の概念と明確

表1-1 「市民－政府（自治体）」パートナーシップのコンセプト

	ドイツ	日本
基本原則	＊市民自治体 ＊市民－行政－地方政治の新たなトライアングル ＊協調的民主主義	＊市民と自治体のパートナーシップ ＊市民と自治体の対等関係 ＊能力に応じた責任の分担
規範となる条件	＊連帯の精神 ＊公共心 ＊直接的参加による民主主義の向上 ＊活性化型政府	＊公共心 ＊公共の新たな担い手としての活発な市民 ＊助成型政府
目　的	＊効率性の向上 ＊行政活動の実効性の向上 ＊自治体サービスの安定確保 ＊地域の生活の質の向上 ＊市民（政治）参加	＊効率性の向上 ＊行政活動の実効性の向上 ＊自治体サービスの安定確保 ＊地域の生活の質の向上 ＊市民参加
適用範囲	全ての政治プロセス	全ての政治プロセス

に関連づけられているわけではない。反対に、山口が行った自治体条例の分析によれば（2006：28-29）、市民の参画と協働は、基本的に二つの異なる事項として取り扱われている、という結果が出ている。

2　文脈的条件としての地方分権と自治権

　パートナーシップに要求される条件・ルールの実践にあたっては、制度的・政治的な枠組が影響力を持っている。市民参加（参画）の制度的枠組みを作るのは専ら自治体であるわけだが、このため自治体に自治の余地が与えられているかどうかで、パートナーシップにも違いが出るのである。自治体が主体となって市民の参加ルールを作成し、これをきちんとした手続きとして保障する等、自治体が持つ自由度の度合いは、地方分権の進行具合に左右されている（Geißel 2007：31）。自治体が財政的に自律していれば、市民参加を奨励するためのプログラム策定や、参加を支援するインフラストラクチャーの整備を促進できるのである。

　ドイツにおいては、市町村自治の思想は19世紀まで遡ることができる。そし

て、市民は、市町村の行政に参加する「義務」を負っていた。プロイセンでは、1808年に都市法が成立して以来、市議会は無給名誉職の議員によって運営されることになった。また、貧民保護も名誉職の市民が担っていた。そして、このようなポストに選出された市民に拒否権はなかったのである。もっとも、候補者は、地元の名士やインテリ層といった、市民権を有する人々に限られていた。そして1945年以降は、市町村の自治の原則はドイツ連邦共和国の基本法にしっかりと刻まれることになったのである。以来、地域政治は市民性・自己責任性・地方自治権といった構造的原則に沿ったものとなっている（Zimmer 2007：98-99）。

　これに対し、日本では、明治時代（1868-1912）に起こった政治近代化の一環として地方自治の原則が導入されたものの、これが実際に中央集権国家の原則に対抗できたことは一度もなかった（小滝 2006：第3章）。1945年以降、地方自治は新憲法のなかで、戦後民主主義の一部を担うものとして再び承認された。市長及び市会議員は直接選挙で選出され、ドイツと異なりこの職位を有給常勤で務めている。しかしながら、地方自治の実践という側面においては、1945年以降も不完全に終わっていると言える（新藤 2002：28-41；村松 2004：8）。既に1950年代には、自治体の機能の主要部分は国家に事実上返還され、法律上の手続きを経て委任事務として地方自治体がその実施にあたることとなった。また、これに必要な予算は、中央（政府）が充当するが、これは使途を指定した制限的な予算であり、自治体に使途裁量の自由はなかったのである。このメカニズムにより、地域の生活条件の発展は、市長が中央政府からどれほど事業を獲得できるかにかかっているという構造が出来上がり、これが地方自治の形骸化を促進することとなった。また、政治的に成功するためには、中央政府と良い関係を保つことが不可欠となり、これは市議会に対する市長の立場を更に強化する基盤となった。日本の自治体における市議会の弱体化、それに伴う民主主義的コントロールの欠如の理由の一つはここにあったのである。中央政府に財政的に依存し、政治的な自由裁量の余地を与えられていなかったことが、日本の地方分権が不完全なままである理由であった（Muto 1997：70-74）。

　ここで心に留めておかなければならないのは、ドイツでは、住民に対する生

活保障のための公共サービス[3]を提供する基礎レベルの組織として、自治体の自立性が脅かされたことは、一度もなかったということである。これとは反対に、日本では、地方自治の原則が形式的に導入はされたものの、その実現は阻止されてきた。特に、1970年代には自治体を出発点とした政治運動が行われ、中央国家機関に影響力を及ぼしたにもかかわらず、である（Itō 2004：15-16）。

　しかしながら、1980年末以降には、日独両国において地方自治をさらに強化する動きがあった。また、当時の両国の政治状況にも類似点が見られる。（新藤 2002：7-8；斉藤 2004：9；Bogumil/ Holtkamp/ Schwartz 2003：13-21）。

　このとき、日独両国は政府財政の危機のなか、大幅な歳出削減政策を遂行し、中央政府又は連邦政府・州政府の歳出削減政策は自治体レベルにも波及する運びとなった。それぞれに理由は異なるが、日独の財政危機はほぼ同時期に起こっている。ドイツでは、東西統一により発生した経済的負担が原因であるとする議論がなされる一方、日本では、1990年代初期のバブル経済崩壊後が財政危機の発端とされている。ともかく、本格的な財政危機以降、幼稚園（保育所）・社会福祉・文化といった、古くより自治体が行ってきた事業領域がかなりの規模で予算削減を強いられているのだが、この状況は、人口変動問題により、悪化に拍車がかかっている状況である。また、少なくとも統計上の数値を参考にするならば、人口問題についてはドイツよりも日本での方が深刻であることに言及しておく。

　財政危機に伴い、日独両国で見られる類似現象は以下の通りである。

(1)　財政危機以来、両国では行政の効率化問題がますます注目を集めている。ここに、中央政府（連邦政府）と自治体との新たな関係を問う議論が結び付けられている。両国では、2000年以降、様々な権限と管轄領域が大幅に自治体に移行された。また、この自治体行政改革には、市町村合併・新たな行政モデルの導入・市民参加の新形式、といったものも含まれている。

(2)　両国では、行政の正当性が危機に晒されていることが指摘されている。これは、従来の政党政治に対する市民の関心がどんどん薄れていることからも見てとれる。一般に「政治離れ」の指標としては選挙の投票率がよく用いられるのだが、両国における投票率はここ何年も下降線を示している。例えば2005

年のドイツ連邦議会選挙では投票率は77.7％、日本で2005年に行われた衆議院選挙では67.5％であった。

　(3)　両国とも、1990年代の初頭に「市民活動」ブームを経験している。ドイツでは1990年代初頭、東西統一を契機に、特に旧東地域では市民団体結成数が急激に増加した。ドイツ全体の登録社団数は2005年までに594,277団体を記録している (Happes [18.5.2008])。日本では1992年のリオ地球サミットと1995年の阪神・淡路大震災が、市民活動が発展する契機であったと考えられている。法人格を持つ非営利組織（NPO）は1999年には1,005団体であったが、これが2006年には25,682団体にまで増加している（内閣府国民生活局市民生活促進課 [18.5.2008]）。

　ヒエラルキーを基礎とする行政から、市民の関与を前提とした共同運営の行政へ──このパラダイム・シフトは日独両国において、上記に挙げたような類似の構造的条件のもとに起こっているのである。自治体は行政における自己裁量の余地を与えられているが、財源不足のため、限られた範囲でのみこの自由を活用できる状態であること。そして、自治体は市民に歩み寄る形で、新たな市民参加の形態を提供していること。また、参加意思のある市民の数は増えており、これは自治体の提供する市民参加の機会をポジティブに評価する材料となると言える。

　日本では、2000年の地方分権改革により、事実上はドイツの自治体と似たような状況に達したと言える。ドイツと同じく、改革以降の日本では、自治体が市民の生活領域全てに関する事業の計画策定・執行・評価を管轄するようになった (Foljanty-Jost 2006)。自治体は、依然として行政の末端組織ではあり続けたが、独自の政策形成に必要な自由裁量の余地を手にしたのである。また、機関委任事務は廃止された。日独両国に言えることは、自治体には独自の政策を進めるために必要な財源が常に不足しているということである。もっとも、財政難については、自治体間の格差が大きいという事実も指摘されている（今井 2004：12；Holtkamp/ Bogumil/ Kißler 2006：125-126）。この事実を鑑みると、自治体と市民の新たな関係は、自治的な政治行動の自由裁量と、財政的な自由裁量の間の緊張関係の中に位置づけられ、遂行されるものであると言える。し

かしながら、地方自治に関しては日独それぞれ異なる伝統があることにも留意したい。ドイツでは、財政難は自治体改革を脅かすというより、むしろ改革を促進する要素となっている。しかしこれに対して、日本では、これまでの地方自治が不完全であっただけに、地方分権化は政治システムを基礎から変えるパラダイム・シフトであり、自治体の財政難は、正常な地方分権が失敗する危険性を高めている、と考えられている。なぜなら、日本には、政府が市民活動を支援するという伝統がなく、支援獲得のためには常に政府との交渉が必要となってくるからである。

3　市民と国家の協力の実際

　計画・政策策定・政策執行・政策評価それぞれの場面において、パートナーシップはそれぞれ異なった形で実践されている。(総務省 2005：9f.；似たようなドイツの事例が Geißel 2007：29 にもある)。パートナーシップのタイプによって、協力形式は異なっており、(Bogumil/ Holtkamp/ Schwarz 2003：23f.)、さらに、民主主義向上の可能性を有しているかどうかという点については、各場面において様々に異なった推測が可能である。規範的には、ローカルレベルの民主主義を促進するためには、自治体政策の執行段階での参加よりも、計画および政策形成段階での参加のほうが重要だと言える。なぜなら、政策執行段階での参加は、公益促進の目的もあるが、主に効率性の向上を目的としているからである。

　もっとも、様々な協力関係が共通に持つ潜在能力については、意見の一致が見られている。シュテーリング (Sterling 2005) は、協力を基礎としたガバナンス構造を促進するという意味では、全てのパートナーシップは、たとえそれがどんな形式であっても重要な機能を果たしている、と主張している。例えば、ボトム・アップ方式により進行する民主化過程において、触媒として機能するパートナーシップもそこに含まれる。また、政治的機会構造の一要素としてのパートナーシップなどもそうであろう。

　そして、ドイツと日本のパートナーシップの具体的特徴には大きな差異があ

る。このため、両国について一般化した見解を表明するときには、かなりの注意が必要である。

　さて、計画・政策形成段階における協力の典型的なものは、行政が市民との合同委員会を正式に設け、短期又は中期にわたって明確な使命のもとに協議を行う、というものである。例えばボグミル、ホルトカンプそしてシュヴァルツは、自治体政策の策定への参加は、市民自治体においてその中心的役割を果すものだとの考えを示している。(Bogumil, Holtkamp, Schwarz 2003：84)。ドイツにおいて市民が政策策定に参加する場合、その典型例として市民フォーラムや市民会議といったものがあるが、全国の市長を対象に行ったアンケートによれば、現時点で、少なくともノルトライン＝ヴェストファーレン州とバーデン＝ヴュルテンベルク州内のほとんど全ての自治体において、市民フォーラム又は市民会議が設置されていることが明らかになっている。市民フォーラムは、自治体が無作為抽出で市民から参加者を選出し、比較的短い期間内に自治体政策に関する勧告案を仕上げるという流れで行われている。また、市民フォーラムが取り扱う最も重要なテーマはシティ・マーケティングとアジェンダ21である[5] (Holtkamp/ Bogumil/ Kißler 2006：161f.)。この他にも、地区協議会や居住地区のまちづくりに関する計画策定委員会［計画細胞会議］があり、市民はそういった組織にも代表として参加している。またこうした動きとは別に、19世紀からのいわゆる伝統的「市民」は、エキスパートとして市議会議員になり、外国籍市民審議会、高齢者審議会又は障害者審議会など常設の自治体審議会で活動する、という構造になっている。

　日本では、市民フォーラムに似た手段として、市民会議又は市民協議会というものが存在しており、これらは例えば自治体発展の展望等についての討議を行う場として機能している。協議会はテーマごとに期間限定で設置されることが多い。参加者は公募で集められ、市民ならば誰でも応募資格を有しているが、参加者の選定自体は、通常は自治体が行っている。三鷹市のような先駆自治体では、パートナーシップの手順・方式や市条例の作成にも市民が参加している。また、行政関係者や市民が集まり、登下校路の安全確保・災害防止・環境保護運動といったテーマを審議する場として、常設の委員会を設置している自治体

も多い。これらの委員会は、日本語では一般に地域協議会と呼ばれ、ドイツにおける地区協議会と似た機能を担っている。しかしながら注意しなければならないのは、これは全ての参加形式にあてはまることなのだが、協議会での成果は政治的意思決定のプロセスに直接採用されるわけではなく、まずは行政内に設置される審議会の議論の基礎として使用されるということだ。さらに、この審議会の参加者は公募ではなく、地域の経済・学術関係・メディア関係の代表者等が、市長の指名により集まるのが常であることも述べておく。そして、最終報告書を仕上げるのは審議会のメンバーであり、市議会の採決にかけられるのは、この最終報告書のみである。

　では、政策の実施段階についてのパートナーシップはどのようなものになるのだろうか。例としては、何らかの課題・案件が非営利セクター（ヨーロッパでは第3セクターと呼ぶ）の組織に委ねられたり、地区事業等が行政と市民グループによる共同作業のもとに遂行されたりする場合に、市民が「パートナー」として取り込まれる、ということが考えられる。この段階での協力関係は、日独両国ともに、「協力」の中心的ウエイトを占めるものである。ドイツについていえば、市民団体はドイツ国内の多くの自治体において、文化の担い手として最も重要な位置を占めているだけではなく、慈善施設や福祉施設の運営者であったりもするのである。例えば、市民団体が文化施設の後援会であったり、配食サービスを行っていたり、高齢者の介護サービス又は学習補助を行っていたり、といった具合だ。ローカル市民団体の調査や政治分野別の分析（vgl. Wollmann/ Roth 1998; Zimmer/ Priller 2007）が示すデータによると、ドイツでは、登録社団である市民団体や他の公益組織が、地域の公共サービスの提供について大きな役割を占めているが、ということは、彼等は地方自治の枠内で行われるサービス提供活動にもかなりの部分で関わっている、ということになる。

　これと似たような現象は日本でも見られるのだが、日本とドイツではサービスの担い手の構造が異なっていることに留意したい。ドイツでは、地域の公共サービスの大部分は、労働者福祉協会などの大きな福祉団体組織、そしてこうした福祉団体と連携（あるいは競合）する無給ボランティアである市民の両者

表1-2　政策過程における市民参加の手段

協力形態	ド　イ　ツ	日　　本
政策の計画・策定	＊計画細胞会議（市民討議会） ＊地区協議会 ＊市民審議会	＊市民会議 ＊市民フォーラム ＊審議会
政策の執行	＊スポーツ・文化・社会福祉分野での業務を委任	＊主に社会福祉分野の業務を委任 ＊まちづくり
政策の評価	＊市民アンケート ＊市民総合窓口	＊市民アンケート ＊オンブズマン制度

によって提供されるのが伝統的スタイルである。しかし日本では、こうしたサービスを提供する市民アクターは、ほとんどが組織立っていないボランティアであり、彼等は無償又は必要経費のごく一部を補填されているに過ぎない。また、彼等はしばしば社会福祉法人などの、公的機関との結びつきが強い団体と協力関係にあり、こうした団体から活動のためのインフラとしてボランティアセンターや連絡事務所を提供されている。これに並び、近年では自治体の公共サービス提供を請け負うNPOが増えてきており、公共サービスの代行者としての特徴を強めている。無給のボランティアと違い、これらのNPOは、自治体から対価を得てサービスを提供しており、よって職業化のプロセスを経て発展する可能性を有している。[6]

そして最後に、行政活動の結果を市民が評価するための、政策評価段階でのパートナーシップがある。このパートナーシップの目的は、自治体機能の向上であり、ここでは市民はむしろ顧客として捉えられている。よって、自治体と共にサービスを形成していく者としての市民のポジションは、ここではそれほど重視されていない。政策評価の典型的な手法としては、市民アンケートの他に、市民が苦情を表明する場としてドイツでは市民総合窓口があり、日本でも多くの自治体ではオンブズマン制度が制定されている。

こうして概観すると、日本でもドイツでも、新たな制度・機関が自治体単位で設けられ、これらを通して市民は政治プロセスの全ての段階において何らかのポジションを得ることができるようになっているのが分かる。また、自治体政策への市民参加が単に象徴的な行為に留まってはいないことも明らかである。

これは、自治体が新たな参加の場を制度化し、実際に設置していることから分かるだろう。こうした自治体の活動は、市民が自治体の政策に直接影響を及ぼす可能性を高め、ローカル・デモクラシーの前進を可能ならしめている。

　しかしながら、現在行われている市民と自治体の協力関係の大部分は、自治体政策の執行段階での話である（Geißel 2007：37；山口 2006：28）。また、協力作業を行う重点分野は、市民団体や市民グループが重点を置く活動分野と重なっている。

　日本では、地域特有の問題等から生じる地方ごとの傾向の違いもあるとはいえ、協働（パートナーシップ）は社会福祉サービスの提供とまちづくりの分野に集中しているのが実際である。日本では、協働は広範囲にわたり制度化されており、契約の形をとることも多い。協働の典型的内容は、高齢者介護・障害者の支援また公共の緑地帯のメンテナンス等で、また、法人格を持つNPOと市民任意団体は、法人格の有無に関わらず、自治体サービスの提供に同程度に関わっている。

　これに対しドイツでは、市民の社会参加分野はさらに多種多様である。自治体と市民の協力は、福祉分野のサービス提供と並んで、スポーツ・教育・文化の分野にも集中している。また、キリスト教の教会や宗派に基づいた組織の役割も大きい（福祉サービスの他にも、例えば幼稚園や学校の運営など、特に教育と文化の分野で活発である）。

　そして、協力関係の特性と規模も日独では異なっていることに留意したい。前述の通り、日本での協力関係は主に自治体政策執行の際に行政を支援する、という形で結ばれており、内容的には福祉サービスとまちづくりに重点を置いたものとなっている。対して、ドイツでは同じような傾向は確かにあるものの、日本と違い、政策策定と自治体の政策執行の場面における協力の例が日本より顕著な形で見られる。また、協力のテーマや活動分野が、日本と較べるとかなり多種多様であることも、ドイツの特徴である。

　ドイツの市民自治体と日本の協働―この実践にあたっては、それぞれ根本の概念の違いを如実に反映したものとなっている。例えばドイツでは、政治参加は規範的・制度的観点からも大きな役割を果しており、これが日本と大きく異

なっている点と言えよう。

4 パートナーシップの異なる実践形態

　市民自治体もしくは協働が、日本とドイツではなぜ異なったふうに実践されているのか、またその結果として、市民と政府（自治体）がどのような発展をたどるのか。この問いに関して、まず次の三つのテーゼをここに紹介する。

　テーゼ1　性別による役割分業の度合は、協力の活動分野に影響する

　市民自治体のための社会参加は、ある程度の時間を割いて行わなければならないものである。これは、就労している市民は、仕事をしながらも、社会参加のための時間を捻出し、折り合いをつけなければいけないということを意味している。

　ドイツでは、文化分野だけでも、市民は1人あたり月に8時間から23.5時間を参加のために費やしている（Sprengel/ Strachwitz 2008：S.21ff）。日本に関しては、内閣府が行った大規模なアンケート調査によると、2005年の時点では、文化・芸術・学問・スポーツの分野の参加のために（日本人が）費やす時間は、年に39.4日。これを換算すると月に約26時間になる（2005年調べ）（総務省統計局 [30.4.2008]）。調査対象の分野が完全には一致していないため、日独の直接比較は難しい。しかし、日本と同様にドイツの数値にスポーツ分野での消費時間を合算すれば、参加に費やす時間は日本よりもドイツの方が長くなるだろうことが推定される。

　また、日本よりもドイツの勤労者のほうが時間的に有利な立場にいるということは、前提条件として言えるであろう。2005年の時点では、ドイツでの年間労働時間は1,616時間、日本では2,013時間である。また、労働時間が1日8時間以上にのぼる日本人男性は全体の65％以上（33％が8～10時間、32％が10時間以上）（NHK放送文化研究所 2006：30）。さらに、日本人男性の平均通勤時間（往復）として、1時間27分が加わる（NHK放送文化研究所 2006：35）。男性の不在時間が長い家庭では、子育て中の母親が専業主婦又は地元でのパートタイム勤

務により、父親の不在を相殺している、という図式が多く見られるが、日本では、ボランティアの大多数はこのような立場にある女性から成っているのである。これとは反対に、ドイツではどの年齢グループにおいても男女のバランスが比較的とれている。対して日本では、60歳以上の年齢グループになってはじめて、退職した男性が多数派となる。

　日本では、女性は社会福祉を目的とした団体で重点的に活動している。彼女達は、団体での活動を自己実現への道であると考えており、市民のために何か「役に立つこと」をしたいと願い、政治的視点から自らの活動を捉えることはない。社会福祉分野において、女性の参加が多数を占めていることは、ドイツでも実証的に確認されていることだが、ドイツにおいては、このことにより市民の社会参加が「女性によって特徴づけられている」と言うことはできない (Bogumil/ Holtkamp/ Schwarz 2003：85)。しかし日本では、市民参加においては女性が絶対的多数派であるという性別的特徴により、市民参加の形式や分野が狭まるという状況が生まれている。ここが、ドイツとは異なる点である。

　テーゼ2　地方自治の長い伝統が、パートナーシップの促進要素となっている

　地方自治の原則は、日独それぞれに異なる歴史を経て定着してきた。日本とドイツの異なる歴史は、自治体行政が市民とのパートナーシップを進めていく上での手法形成にも影響を与えている。ドイツでは、近代的市町村自治の思想は19世紀まで遡ることができる。そして戦後、1945年以降も、市町村自治の原則は連邦共和国の基本法にしっかりと根付いたのである。市民はこうした長きに渡る伝統のもと、常に地域自治の一部として活動する主体（アクター）として理解されてきたし、現在もそれは変わっていない。また、自治体が市民活動を奨励・促進するという図式は既に確立されており、市民団体は自治体の経済状態に強く依存はしているものの、これに根本的にふりまわされることはなく、様々な助成制度・資金源に頼ることができるのである。

　では、ドイツにおける様々な経済的助成制度、又は資金源とは、どのようなものであろうか。まず、ドイツの公益団体・組織は公的資金による直接的補助の他にも、間接的な経済補助を受けていることを明記しておこう。間接的経済

補助としては、例えば税制優遇の制度がそれにあたる。寄付金や一部の会費に関して、寄付者や会員は税法上かなりの優遇措置を受けることができ、また団体の公益性が認められた場合は、法人税や相続税など多くの税が免除される。また現在、ドイツは財団設立ブームの真っ只中であるが、これらの財団が市民活動の重要な資金源となっていることも確認されている（Sprengel/ Ebermann 2007：97ff.）。さらにドイツでは、自治体からの市民活動に対する直接的財政援助が、継続的かつ一括支払いの原則で行われるということに注目したい。このため、一度援助を受けた団体は、基本的には翌年度も継続して受給を見込めるのである。継続受給がほぼ確実であるシステムのもとでは、市民側はより確実な行動計画を立てることができるようになり、また行政側の負担も少なくて済むのである。そして最後に、いささか聞き慣れない感じはするかもしれないが、高収入の見込める資金調達方法がここに加わる。それは、裁判所が和解による訴訟中止の際に被告に課される罰金のかなりの部分が、公益組織に流れる、というものである。また、賭博や宝くじ（ドイツでは両方とも国家専売）の売り上げ金からも、かなりの割り当てが公益組織に与えられることが法律で定められている。このようにドイツでは、公益組織に対して、政府が多層的な奨励・補助の制度を用意しているのである。これは、市民の社会参加をより可能かつ容易ならしめる制度の枠組みをつくるべきだという、ドイツにおける「活性化を促す」政府としての「政府任務」の理解に応じた政策と言えよう。

　これに対し、日本では、市民を包含した地方自治の原則は1945年以降に新憲法に明記されたものの、実際のところは不完全に終わっている。例えば、地域の市民を取り込んだ組織づくりを伝統的に実践してきたのは、日本においては唯一「町内会」であった。しかしながら、町内会は都市化の波のなかで自治組織としての機能を失い、今日の一般的認識では、市行政の代理人として様々な命令や情報をトップダウン式に伝達する役割を果たす組織と見られており、自治組織の機能は失われている（中川 1980：161）。また現在、町内会は行政の末端組織として地域で機能しているのだが、地域における町内会と市民団体の関係は、横並びであるか、または競争関係であると言われている。財政面でいえば、町内会は、当該地区に関する具体的な補助業務に対する対価として補助金

を得ており、また町内会長には役員手当が出ることになっている。一方、NPOに対する典型的な助成手段は、主にインフラストラクチャーの提供である。いわゆるNPOセンターやボランティアセンターの賃借や維持、またウェブサイト立ち上げのサポートは、市民グループ間のネットワークと協力を促進するために自治体が行う補助の典型例である。寄付金や会費に対する税の優遇措置は、1998年のNPO法の成立後、初めて導入されたが、これは非常に制限的なものであり、寄付金や会費が少額であったり、団体が小規模であったりする場合は、優遇措置の対象外になってしまう。さらに、市民財団また自治体が市民活動に対して行う援助は、事業単位であるのが一般的であり、支給金についても使途が細かく定められているので、市民はこれを申請しなければならない。これらの条件が重なった結果として、日本においては、協働のパートナーである市民が独自のリソースをほとんど持たないということが起こるのである。しかしながら、協働事業に関わる市民グループの代表を対象に行ったインタビューから明らかになったのは、彼等は資金不足を行政と協働していく上の主問題とは捉えておらず、団体が社会に与える影響の弱さの原因であるとも考えていないということだ[7]。インタビューでは、むしろ、行政との連絡関係やグループの社会的な認知度の低さのほうが重要な問題として捉えられているという印象を受けた。しかしながら、なぜ日本ではNPO法人の大部分が福祉サービスに従事しているのかという理由は、やはり資金不足の問題と深く関連していると言える。福祉サービスに関われば、NPOは自治体又は介護保険から資金の（一部）提供を受けることができるのだ[8]。これらのNPOは行政の下請けとして機能しており、これにより団体に対する社会的な認知度を上げることができるのである。

　テーゼ3　パートナーシップは、地域の市民社会の活発さと規模に左右される

　市民自治体又はパートナーシップの基調は、参加する市民アクターに要求する部分が大きいことを示唆するものとなっている。市民活動の長い伝統が社会参加に有利に働く理由は、市民参加が伝統的に根付いた社会では、参加は「普通のこと」であり、政府からも世論からも受容される行為だからである。また、

市民グループが、先人の豊かな経験から学ぶことも多いはずだ。市民社会のアクターが多種多様であれば、潜在的パートナーとして彼等が持つ特性に関しても、幅が広がることになる。団体の会員になる者が多ければ、活動を充実しリソースを強化することも容易になるだろう。

　ドイツではここ数年、市民活動がますます強化されている。また、活動の80％は地域での参加となっている。さらに、財団創立の形をとって市民社会の強化を図る社会参加も増えてきている。2005年には594,377団体が e.V.（登録社団）として登録されており（Happes [Zugriff 18.5.2008]）、更に非登録の団体が、一般的な推測では300,000から350,000団体加わることとなる。また、2007年末の時点では、存在する財団法人の数は20,000団体である（Sprengel, Ebermann 2007：96）。また、14歳以上の市民の約36％が公益団体や公益組織で活動しているが、これは絶対数にすると23,400,000人にものぼる。男性の活動率も女性とほぼ同じくらいであり、参加者の代表的年齢層は約30歳から59歳と広範囲である（Bundesministerium für Familie, Senioren, Frauen und Jugend 2005）。また、社会参加に関わる者の人数の多さ、そして非常に会員数の多い団体も存在していることから、これらの団体は特定の政党を支持する有権者グループとしてのポテンシャルを有しており、政治的意思決定に関わる者が無視できない存在ともなり得るのである。

　ボグミル、ホルトマン、シュヴァルツが行ったケーススタディ（Bogumil, Holtman, Schwarz 2003：40ff）は、ドイツでは特に（現在は直接選挙で選ばれる）市長が市民参加の可能性の拡大を奨励しており、また獲得票数を最大化するために、市政において市民の意見が占めるウエイトを増やすことに関心を持っている、と指摘している。こうした関心の対象となっているのは、まず第一にスポーツ団体、そして文化・教育団体、また宗教団体や教会といった、会員数の多い代表的な伝統的団体である。また、こうした伝統的団体に並んで、1970年代に起こった新しい社会運動の流れに属し、いわゆる「現代的分野」で活動する市民グループも多く存在する。環境保護、人権問題、移民統合や男女平等実現などの分野で活動する市民運動は、このカテゴリーに属する。そして、この２タイプの団体の両者とも、参加者の年齢層そして社会層は多岐に渡ってい

表1-3　アクター構造の比較

	ドイツ	日本
法人組織	登録社団 (e.V.) 594,377 (2005)[9] gGmbH, gAG[10]	NPO法人： 25,682 (2006)[11]
非法人組織 （任意団体）	約500,000[12]	約200,000～450,000[13]
財　団	民法による財団 約18,000 (2007)[14] 公法による財団 約1,000 (2007)[15]	財団法人 12,321 (2008)[16]

表1-4　地域の市民社会比較

	ハレ（ザーレ）市	三 鷹 市
人　口	250,000人	172,000人
登録市民団体数	約2,000団体	約59団体
主な活動分野	スポーツ・教育・文化	福祉サービス
協力（協働）に関係する自治体の組織	＊地域センター[17] ＊地区協議会 ＊市民オンブズパーソン ＊市民総合窓口[18]	＊市民センター ＊ボランティアセンター ＊市行政市民課 ＊市民協働センター

ると言えよう。もっとも、市民の政策策定への参加手続きの分野に限っては少々事情が違い、構成員が属する社会層のバランスが取れているとはいえない、ということは留意しておくべきであろう（Bogumil/ Holtkamp/ Schwarz 2003：27）。しかしながら、市民活動のスペクトルが非常に幅広く展開していることは確かである。何らかの団体に参加し活動したいと思えば、自分の興味に沿った団体を必ず見つけられるはずである。

　これとは反対に、日本では、ドイツにおける市民団体のような伝統はほとんどと言って良いほどない。市民が結束・結合するという現象は、すでに19世紀末の近代化プロセスのなかで起きていたものの、自己組織的に地方政治に直接に関与したり、公共目的のために自由意志で社会参加をしたりということが見られるようになったのは、やはり1970年代以降のことである（山口 2004：115）。社会生活基本調査（総務省統計局 [30.4.2008]）のデータによると、2005年の時

点でボランティアの人口は29,722,000人となっており、これは10歳以上の人口の26.2％である。また、ボランティアの形式としては、個人としてのボランティア活動が50％、組織・グループに属してのボランティアが50％である（総務省統計局 [30.4.2008]）。

　日本における市民活動は、1998年のNPO法成立により、国家により公的に認知される運びとなった。これにより法人格を得たNPOの数は、1999年には1,005団体だったが、2008年には34,374団体にまで増加している（内閣府生活局市民生活促進課 [08.6.2008]）。さらに、法人格未取得で活動する任意団体の数は200,000から450,000団体と推測される。任意団体の大多数はローカルレベルの地域で活動している。また、団体に組織化された市民の内訳としては、主にまちづくりの分野並びに福祉分野のボランティアとして活動する中年層の女性が多数派となっている。

　市民社会の発展は日独でそれぞれ異なっているが、この違いは、両国においてアクターが所有する資金状態にも反映している。

　日独共に、行政よりも市民のほうが資金に乏しい状況にあるというのは基本的な事実である。しかし、資金の不均衡がより顕著であるのは、ドイツよりも日本だ。ドイツの公益組織は、寄付金・会費・公機関からの直接援助・宝くじやギャンブルの売り上げ配分・罰金・提供するサービスによる料金収入やスポンサー収入など、幅広い選択肢から組み合わせた資金に依拠することができる。これらの資金源は、個人・企業・財団・社会保険・国家・公共職業安定所である。さらには、賭博を楽しむ人々や、有罪判決を受けた者も資金源であると言える。これに対して、日本では会費が重要な収入源となっているが、会員数の少ない団体が大多数であるため、収入源としては限られたものとなっている。

　こうしたことから浮かび上がるのは、財政的依存という問題である。財政的依存は、行政と市民の対等関係とは、考え方としては正反対に位置するものだ。よって、政党・労働組合や他の協会連盟との協力やネットワークといった無形のリソースが、財政面での弱点をどの程度補填できるのか、という問いが重要になってくる。ドイツの場合は、多様な資金源と充実したネットワークには関連性がある。

われわれのデータから分かることは、日本の自治体における市民グループのネットワークは、市民活動を成功に導くための必要条件として認知はされているものの、実際にネットワークを通して協力作業を行うのは稀であるということである。また、メディアや政党へのアクセスも発展していないが、そもそも市民団体がそうしたアクセスを獲得しようと努めないこともしばしばだ。日本では、市民団体の最も重要な相談相手は自治体の行政なのである。これらが意味することは、他の市民団体との連帯や支援関係を利用して自らの組織強化を図るという方法は重要視されていないということ、ネットワークを活用しないため、団体の動員人数は少数に限られるということ、コミュニケーション・ネットワークに団体が組み込まれないままでいることだ。そして他方では、日本の市民団体は他の社会アクターとの同盟関係を模索するよりも、行政に依存することで財政難に対処しようとする、という傾向があるように思われる。
　これとは反対に、ドイツでは地域の市民グループは他の連合体、または独自のネットワークに依拠可能である。地域の団体は、上部団体である連合組織と縦の関係で繋がっており、この繋がりによって地元での社会参加を強化している。この地域団体と連合組織の関係と同形式のものは、日本には存在しない。地域のスポーツ団体は、上部団体である市スポーツ連盟に加盟しおり、この連盟が市との仲介役として機能している。また、市スポーツ連盟は、援助金の配分にも関与している。文化政策の分野にも、似たような構造がある。
　ここで留意すべきなのは、パートナーシップにおける市民と政府の対等性というものは、基本的には存在しないということだ。しかしながら、市民活動の伝統と規模の大きさは、ドイツでは自治体に対する市民のポジションを有利なものにしているし、市民団体の財政的な弱点を補完する効果もある、というのも事実である。ドイツにおける市民活動は、その社会的構造も、テーマ分野も幅広く多様である。社会参加——政治参加も——とは政治的なものであり、社会的に認知されているのである。
　日本では、自己資金・国の援助そして横のネットワーキングといった補完システムに乏しい状況のせいで、市民社会のアクターが抱える有形・無形の弱点は、おそらくドイツよりも目立っていると言えるのではないだろうか。市民活

動に関しては、社会的構造もテーマ分野も限られており、これが政府と市民の協力関係とその活動範囲を制限しているのである。

5　結　論

　本章では、ドイツと日本を、市民－政府関係の変遷を経験した国として紹介した。この変化の背景に、国家の政治的危機及び財政的危機、並びに市民活動の発展があることについては、両国とも同じである。また、市民と政府のあいだで、新形式の協力関係の制度化が進んだ結果として、遂にパラダイム・シフトとも呼ぶべきことが生じたことも、日独に共通している。政策策定・執行における共同作業の制度化が行われたということは、公共サービスの提供を主とした政府－市民の古典的な協力関係にとどまらず、両者の協力関係が政治参加の形式にまで拡大されたことを意味している。これは、自治体に直接民主主義的な制度的要素が付加され、自治体レベルで市民の政治統合が促進される可能性を示唆しているのである。同時に、参加により、市民の持つ専門知識と無給又は低賃金の労働力が流入することによって、歳出削減が進むだけではなく、より良い問題解決の発見が可能となる。市民と国家の新たな関係が、市民に近い自治体政策を実現するチャンスは、日独両国において等しくあるだろう。

　日本とドイツの違いは、これらをどのように実践しているか、ということにある。ドイツでは、政策執行の段階だけではなく、その前段階である政策の計画・策定の段階にも市民自治体のモデルが適用されている。もっとも、公共サービス提供の場面で参加する市民が多様な社会層に属している一方で、政治的意思決定の場面に参加する市民は、収入も良く、平均以上の学校教育を受けた中間層の出身であるのが実際の状況であり、社会構造的には独占状態となっているといえる。

　日本では、参加の大部分は自治体の公共サービス提供の場面に集中している。こうした現状は、市民自治と政治参加の強化を目的とした政府の意図に沿ったものではないが、大部分の自治体はこれを歓迎し、公共サービス提供をアウトプットとする協働促進の制度を構築した。また性別で見ると、自治体のパート

ナーにはことのほか女性が多い。

　こうした違いから生じるのは、政府－市民の新たな関係における自治体のポジションである。日本でもドイツでも、自治体は市民と国家の協力関係において仕掛け人（イニシエーター）の役割を引き受け、さらにこれを支援し発展を促している。しかしながら日本では、市民との協働に対して行政が「責任を持つ」ことが強く望まれており、自己組織的な市民グループの伝統が比較的浅いことも相まって、自治体行政側もこの「責任」については市民と見解を同じくしている。

　また、「参加」する市民の社会層がごく限られていることに関する問題もある。ドイツでは政治参画の分野における中間層市民への偏りがあり、日本では全体に女性への偏りとこれに伴う市民活動分野の限定性がある。しかしながら、ドイツでは政治参画においてインテリ中間層が絶対的多数派である状況により、社会的不平等が固定化するのではないか、また、この偏在状態はそもそも代表制民主主義の原則に反するものではないか、という現状批判が行われている。また日本では、参加する市民の大半が女性であること、彼女等の活動が福祉サービスの提供に焦点をあてたものになっていることに対し、市民参加という新たな装いのもと日本社会における男女の伝統的性別役割分業が強化されているに過ぎないのではないかという疑問が持ち上がっている。もっとも、この問いに回答するためには、協力体制のもと地域にサービスを提供するシステムが、政治的機会構造の変革をもたらす媒体ともなり得るかどうかを調査する必要がある。自治体と市民の新たな協力形態を評価する際に、政策策定プロセスへの参加に見られる様な直接的「政治的要素」のみを根拠とするべきではない。財源節約という目的を超えて、市民により近い自治体政策への道を示す方策として、自治体政策の実施におけるパートナーシップが果す機能にももっと関心をむけるべきであろう。

〈参考文献〉

　Blechinger, Vera/ Thompson, Mark（Hrsg.）(2006): *Japanische Politik in vergleichender Perspektive.* Frankfurt am Main/ New York: Campus

第1章　市民自治体の独日比較　27

Bogumil, Jörg/ Holtkamp, Lars/ Schwarz, Gudrun (2003): *Das Reformmodell Bürgerkommune. Leistungen— Grenzen— Perspektiven.* Berlin: edition sigma

Bundesministerium für Familie, Senioren, Frauen und Jugend (Hrsg.) (2005): *Freiwilliges Engagement in Deutschland 1999-2004. Ergebnisse der repräsentativen Trenderhebung zu Ehrenamt, Freiwilligkeit und bürgerschaftlichem Engagement;* Langfassung. München: infratest Sozialforschung

Enquete-Kommission "Zukunft des bürgerschaftlichen Engagements" (2002): *Bürgerschaftliches Engagement. Auf dem Weg in eine zukunftsfähige Bürgergesellschaft. Bericht. Enquete-Kommission "Zukunft des bürgerschaftlichen Engagements"* Schriftenreihe. Bd. 4. Opladen: Leske und Budrich

Foljanty-Jost, Gesine (2006): Dezentralisierung als Herausforderung lokaler Demokratie? (Decentralization as a challenge for local democracy?) In: Blechinger, Vera/ Thompson, Mark (2006): 63-82

Geißel, Brigitte (2007): Zur (Un) Möglichkeit von Local Governance mit Zivilgesellschaft. Konzepte und empirische Befunde. In: Schwalb, Lilian/ Walk, Heike (2007): 23-38

Happes, Wolfgang (2005): *Vereinsstatistik 2005.* Online im Internet: URL: http://www.npo-info.de/vereinsstatistik/2005/; 18.5.2008

Holtkamp, Lars/ Bogumil, Jörg/ Kißler, Leo (2006): *Kooperative Demokratie. Das politische Potential von Bürgerengagement.* Frankfurt am Main/ New York: Campus

Japan Foundation Center: *An Outlook of Japanese Grant-Making Foundations.* Online im Internet: URL: http://www.jfc.or.jp/eibun/bun/e_bun1.html; 07.04. 2008

Jun, Jong S./ Wright, Deil S. (Hrsg.) (1997): *Globalization & Decentralization.* Washington D.C.: Georgetown University Press

Klein, Ansgar/ Kern, Kristine/ Geißel, Brigitte/ Merger, Maria (Hrsg.) (2004): *Zivilgesellschaft und Sozialkapital. Herausforderungen politischer und sozialer Integration.* Wiesbaden: VS Verlag für Sozialwissenschaften

Muto, Hiromi (1997): Innovative Policies and Administrative Strategies for Intergovernmental Change in Japan. In: Jun, Jong S./ Wright, Deil S. (1997): 68-83

Newman, Janet (Hrsg.) (2005): *Remaking governance. Peoples, politics and the public sphere.* Bristol: Policy Press

Plamper, Harald (2000): *Bürgerkommune: Was ist sie? Was soll sie sein? Was ist zu tun?* Arbeitspapier 32. Düsseldorf: Hans-Böckler Stiftung

Roth, Roland (2004): Die dunklen Seiten der Zivilgesellschaft. Grenzen einer zivilgesellschaftlichen Fundierung von Demokratie. In: Klein, Ansgar/ Kern, Kristine/ Geißel, Brigitte/ Merger, Maria (2004): 41-64

Schwalb, Lilian/ Walk, Heike (Hrsg.) (2007): *Local governance— mehr Transparenz und Bürgernähe?* Wiesbaden: VS Verlag für Sozialwissenschaften

Sprengel, Rainer/ Ebermann, Thomas (2007): *Statistiken zum deutschen Stiftungswesen 2007.* Stuttgart: Lucius & Lucius

Sprengel, Rainer/ Strachwitz, Rupert Graf (2008): *Private Spenden für Kultur. Bestandsaufnahme, Analyse, Perspektiven.* Stuttgart: Lucius & Lucius

Sterling, Rebekah (2005): Promoting democratic governance through partnerships. In: Newman, Janet (2005): 139-157

Takao, Yasuo (2001): The Rise of the "Third Sector" in Japan. In: *Asian Survey* 2001. 41. 2. 290-309

Vetter, Angelika/ Kersting, Norbert (2003a): Democracy versus efficiency? Comparing local government reforms across Europe. In: Vetter, Angelika/ Kersting, Norbert (2003b): 11-28.

Vetter, Angelika/ Kersting, Norbert (Hrsg.) (2003b), *Reforming local government in Europe. Closing the gap between democracy and efficiency.* Opladen: Leske und Budrich

Wollmann, Hellmut/ Roth, Roland (Hrsg.) (1998): *Kommunalpolitik. Politisches Handeln in den Gemeinden.* Bonn: Bundeszentrale für politische Bildung

Zimmer, Annette (2007): Vom Ehrenamt zum Bürgerschaftlichen Engagement. Einführung in den Stand der Debatte. In: Schwalb, Lilian/ Walk, Heike (2007): 95-108

Zimmer, Annette/ Priller, Eckhard (2007): *Gemeinnützige Organisationen im gesellschaftlichen Wandel. Ergebnisse der Dritte-Sektor-Forschung.* 2. Auflage. Wiesbaden: VS Verlag für Sozialwissenschaften

伊藤修一郎(2004)『自治体政策過程の動態』慶應義塾大学出版会
今井照(2004)『地方自治制度はこうなっている』学陽書房
NHK放送文化研究所(2006)『2005年国民生活時間調査報告書』NHK放送文化研究所
小滝敏之(2006)『住民自治の視点と道程』公人社
倉沢進/小林良二(編)(2004)『地方自治政策(2)』放送大学大学院教材
斉藤進(2004)「自治体行政と協働型まちづくり」倉沢進/小林良二(2004):99-111所収
坂口正治(2005)「地域ガバナンスと自治体政府の再構築～自治体内分権と地域住民自治組織を通して」 シンクタンクふくしまNEWSLETTER 2005.30.21-24
佐藤徹 他(編)(2005)『新説市民参加──その理論と実際』公人社
新藤宗幸(2002)『地方分権』岩波書店
早田宰(2005)『地域協働の科学－まちの連携をマネージメントする』成文堂
総務省(2006)「地方自治体とNPO等との協働に関する調査」[インターネット資料]
    URL：http://www.soumu.go.jp/s-news/2006/pdf/060512_1_1.pdf;29.01.2008
総務省「公益法人データベース」[インターネット資料] URL：www.koeki-data.soumu.go.jp, 07.04.2008.
総務省自治行政局地域振興課(2005)[EB2]「住民と行政との協働に関する調査最終報告」[インターネット資料] URL：http://www.soumu.go.jp/s-news/2005/pdf/050603_9_01.pdf; 29.01.2008
総務省統計局「平成18年社会生活基本調査 表79」[インターネット資料] URL：http://www.e-stat.go.jp/SG1/estat/List.do? bid=000001008010&cycode=0;30.4.2008
高橋秀行(2002)『協働型市民立法──環境事例に見る市民参加のゆくえ』 公人社
高橋秀行(2005)「参加と協働」佐藤徹 他(2005):29-60所収

坪郷實(編)(2003)『新しい公共空間をつくる』日本評論社
内閣府国民生活局市民生活課「NPO法人制度をめぐる状況」[インターネット資料]:URL：http://www5.cao.go.jp/seikatsu/shingi kai/kikaku/20th/npo/060405sanko-shiryo.pdf; 18.5.2008
中川剛(1980)『町内会——日本人の自治感覚』中央新書
新潟市企画財政局市民協働推進室(2005)「NPOとの協働を進めるために」[市報広告].新潟:新潟市
林和孝(2003)「市民活動からNPOを捉える」坪郷實(2003):83-101所収
三鷹市協働センター「おしらせ」[インターネット資料]:URL http://www.collabomit ka.jp/information.php#0144, 30.4.2008
村松岐夫(編)(2004)『包括的地方自治ガバナンス改革』東洋経済新報社
山口道昭(2006)『協働と市民活動の実務』ぎょうせい
山口定(2004)『市民社会論』有斐閣

〈注〉
1) 本章は主にドイツ学術振興会の研究プロジェクト「DFG-Projekts "Wandlungspotenziale durch Partnerschaften in der japanischen Kommunalpolitik (パートナーシップがもたらす日本地方政治の転換潜在能力)」の研究データに基づいたものである。プロジェクトは、筆者(プロジェクトリーダー)をはじめ、研究員カロリーネ・ハウフェ、ヤーナ・リエール、青木真衣をメンバーとし、マルティン・ルター大学ハレ・ヴィッテンベルク校を本拠地として進められている。研究員からのコメントや問題提起に感謝したい。現在、研究プロジェクトでは新潟市・入間市・三鷹市・新宿区の四都市のケーススタディが進行中である。また、原稿校閲を引き受けてくれたライナー・シュプレンゲル博士にも感謝の意を表する。
2) (訳注)連邦議会に、議員を中心メンバーとして設置される調査委員会。調査テーマによりその都度設置される。
3) (訳注)ドイツにおける生活保障のための公共サービス(Daseinvorsorge)とは、「人間らしい生活」のために市民に提供される必要物資・サービスのことである。公共の交通機関・ガス・水道・電気・ゴミ処理・下水道・教育文化施設・病院・墓地・プールなどのインフラも公共サービスに含まれる。
4) (訳注)登録社団(Eingetragener Verein 略称e.V.)はドイツにおいてもっとも簡易に取得可能な法人格である。法人格取得の条件は、非営利目的であること、会員数が7人以上であること、代表選出方法を含む規約を持つこと等。公証人を通し簡易裁判所にて登録する。
5) (訳注)シティ・マーケティング(Stadtmarketing)とは、自治体をひとつの「製品」と見なし、その「品質向上」を図る考え方である。行政職員や地域政治の直接的な関係者だけではなく、飲食店やホテルの経営者、経済関係者、また市民全体がその実現にある。品質向上の目標としては、観光客の増加・企業の誘致・自治体のイメージアップ・公共サービスの促進など、市民の生活レベルアップや経済活動の向上に繋がる様々

なアウトプットが含まれる。
6） 例外として、介護保険事業者として認定を受けたイニシアチブが挙げられる。例えば東京に事務所を置くACT（アビリティクラブたすけあい）があるが、ACTは相互扶助を原則とし7,000人以上の会員を抱える公益団体である。ACTの活動は高齢者介護に特化されており、介護保険事業者の認定を受けている。Vgl. 林 2003：132-134.
7） インタビューは前述（注1））のDFGプロジェクトの一環として新潟・入間の協働事業に関与する市民グループを対象に2006～07年にかけて行われた。
8） 新潟市NPOセンター所長、金子徹氏によれば、新潟市のNPOが得る収入の約90％は契約に基づく協働プロジェクトのために新潟県から支払われる報酬から成っている。（2006年7月21日、新潟市NPOセンター所長・金子徹のインタビューより）
9） Happes [Zugriff 18.5.2008]
10） 公益団体、殊にサービスを提供するということから、保育所・老人ホーム・介護サービス等の施設の運営者として、商法に基づき、特にgGmbH（公益有限会社）として設立される。設立者は、比較的高利益が見込まれる事業を独立分離させ、別法人として立ち上げようという市民団体又は協会であることが多い。gGmbH（公益有限会社）の数は数万社にのぼると見て良い。対して、公益株式会社（gAG）は数十社である。この指摘は、著者リストにもあるライナー・シュプレンゲル博士によるものである。
11） 内閣府国民生活局市民生活促進課 [23.10.2007].
12） Enquete-Kommission "Zukunft des bürgerschaftlichen Engagements", 2002：70.
13） Takao 2001：292ff.
14） 外部資金を提供する援助型財団法人に並び、ドイツでは、自ら事業を行ったり施設を運営したりする、運営型財団法人が長い歴史を持っている。運営型財団法人の例としては、病院、博物館や老人ホーム等がある（Sprengel/ Ebermann 2007）。
15） Ebd.
16） Japan Foundation Center [07.04. 2008]；総務省統計局 [07.04. 2008].
17） （訳注）地域センター（Nachbarschaftshaus）とは、主に地域の交流を深める目的を持つ公益団体が集まって設立する登録社団である。世代間交流や外国籍住民との交流プログラム、スポーツや文化について学ぶコースの他、青少年や子供向けのプログラムやカウンセリングなどを行っている。
18） （訳注）市民総合窓口（Bürgerbüro）とは、自治体内に複数、地域ごとに設置された、市民のための行政サービスの一括窓口である。パスポート・身分証明書の申請、転入転出届け、盗難届け、所得税カードの発行など、市民の生活にまつわる様々な行政サービスがここで受けられる。

第2章
改革圧力の下にあるドイツの地方自治
―― 近年の市民参加と経済効率化の傾向

ヨルク・ボグミル

1　ドイツの地方自治

　第二次世界大戦後、地方自治は民主主義国家建設の一翼に組み入れられ、ドイツ連邦共和国基本法にも地方自治権が明記された。国と地方を対立するものとして捉えることはもはやなくなった。それでもやはり、地方自治体は州の下位機関として、その権限に従い、また行政団体としては、連邦政府および全部で16ある州に続く第3層の地方公共団体に位置づけられる[1]。また連邦と各州だけが、国内行政についての権限がはっきりしない場合に、その都度これについての取り決めができるとされている。

　自治体の任務、権限、構造についての具体的な組み合わせは、それぞれの州憲法ならびに各州の自治体制度によって取り決められている。このため各州は、過去の前例にさかのぼり、あるいはかつての占領軍による市制の前例をも考慮してきた。ドイツ各州における市制の基本的なタイプとしては、90年代初めまでは、各権限を調整するような制度が主流であり、北ドイツの市町村議会型市制や南ドイツの市町村議会型市制、ライン地方の市長型市制、そして参事会型市制などの異なるタイプがあった。

　自治体は、内務行政、社会・保健制度、経済振興、交通、公共施設といった分野の任務を主に担当する。これらは、連邦および州から委任された任務（委任事務 Auftragsangelegenheit(en)）と、自治体の責任による任務（自治事務 Selbstverwaltungsangelegenheitet(en)）とに区別される。委任事務には、住民登

32　第Ⅰ部　自治体の再構築

図2-1　ドイツの行政区分

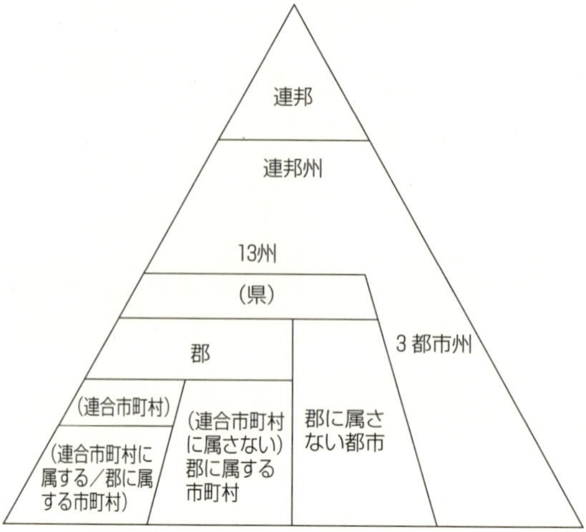

- 連邦
- 連邦州
- 13州（県）
- 郡
- 3都市州
- （連合市町村）
- （連合市町村に属する／郡に属する市町村）
- （連合市町村に属さない）郡に属する市町村
- 郡に属さない都市

図2-2　ドイツ連邦共和国の地図

- シュレースヴィヒ＝ホルシュタイン
- メクレンブルク＝フォアポンメルン
- （ブレーマーハーフェン）
- ハンブルク
- ブレーメン
- ニーダーザクセン
- ベルリン
- ブランデンブルク
- ザクセン＝アンハルト
- ノルトライン＝ヴェストファーレン
- ザクセン
- ヘッセン
- テューリンゲン
- ラインラント＝プファルツ
- ザールラント
- バーデン＝ヴュルテンベルク
- バイエルン

録、建築基準、外国人関連事務、市民保護ならびに治安法制がこれに属している。ここで担当する分野には、車両認可、外国人管理、パスポート・住民登録、食糧関連の規格管理、教育関連の監督、あるいは事業所規制もある。委任事務では、国の監督官庁が法的かつ専門的にも監督するため、自治体に裁量の余地は皆無である。

　一方の自治事務は、自由裁量事務（freiwillige Aufgaben）と義務的事務（Pflichtaufgaben）とに区別でき、自由裁量事務には緑地、博物館、プール、劇場、スポーツ施設、青少年施設、図書館、高齢者の交流の場、市民の家［市民参加や市民交流のための施設］、社団（市民団体）活動の促進、経済振興、他都市とのパートナーシップの形成ならびに維持があり、義務的事務には、市町村道、都市計画、幼稚園、青少年保護、生活保護、住宅手当、学校運営、ドイツ型市民スクール、住宅建設振興、廃棄物処理、下水処理等がある。

　自治体の規模は、16州それぞれでかなり異なる。ドイツ全土では2006年の時点で12,661の市町村があるが、例えば、人口が最も多いノルトライン＝ヴェストファーレン州には396市町村しかない一方で、バイエルン州の市町村数は今なお2056を数える。自治体にはミュンヘンやケルン等の百万都市もあれば、住民500人未満の村落も4000以上ある。

　自治体は財政措置として税を課すことができる。主要なものとしては現在のところ、事業所税（営業税）や不動産税ならびに小規模消費税・奢侈税（例えば犬税）が挙げられる。同時に市町村は国税からの歳入を（全体で約38％）受領している。またさらなる財源として、自治体サービス利用の際の手数料等（約10％）の徴収や、公債（約20％）がある。この他にも国からの補助金が（約32％）もたらされる。歳入面における立場からすれば、連邦・州レベルでの決定および経済情勢に比較的大きく左右されるのは明らかである。また個別の歳入状況の自由度も限られている。

　歳出については、人件費が26％、諸経費が19.8％である傍ら、社会保障給付費が24％を占め、市町村の支出におけるその割合をますます増加させているが、これにはほとんど手をつけられない。これに、投資経費が12％で続いている。自治体レベルでは人件費が大きくなるのは、なにより社会・保健分野、そして

表2-1　ドイツ市町村の歳入構造
　　　　（2006）

歳入項目	比　率
独自歳入	
税　収	37.5%
手数料、保険料	10.1%
その他	20 %
独自歳入の合計	67.6%
国からの補助金	
恒常型補助金	27.4%
出動型補助金	5 %
補助金の合計	32.4%
総収入	100 %
総収入額	1557億5千万ユーロ

表2-2　ドイツ市町村の歳出構造
　　　　（2006）

歳出項目	比　率
人件費	26.1%
諸経費	19.4%
社会保障給付	23.9%
利　子	2.8%
その他	15.4%
投資分野	12.2%
総支出	100.0%
総支出額	1577億5千万ユーロ
差引残高	－20億ユーロ

公共事業や公共施設の運営に起因するものである。

2　地方自治体を覆う改革指向への圧力

　1990年代初めから、ドイツの地方自治体はますます改革指向への圧力にさらされており、とくに行政領域では最も強力に改革への取り組みが求められている（Holtkamp 2007a 参照）。その理由は厳しさを増す財政状況をはじめ、ドイツ統一[2]や、政策の民主的な正統性や統制についての問題、またはEU（ヨーロッパ連合）主導の自由化や民営化への流れに起因する。とくに自治体がこのトレンドの影響を受けているのは、自治体こそこれらの問題や市民により身近に接しているからである。また、連邦諸州にとっては、市制改革や、自治体の財政状況をさらに転換させることが可能であったからである。このため、自治体行政の刷新は上からも下からも強行されることとなった。
　ところで改革のトレンドには、参加指向と経済効率性指向という2つの相反するトレンドがみられる。参加指向のトレンドとしては、首長の直接公選制や住民投票の導入を通じて市民参加や市民活動をより重要視するといった、市制

の抜本的改革が挙げられる。経済効率性指向のトレンドとしては、自治体行政のマネジャリズム（企業経営）化（新制御（NSM）モデル）や、自治体サービスの民営化およびパブリック・プライベート・パートナーシップ（PPP）の増強が挙げられる。下記にまとめたのは、アネッテ・ツィンマー（Annette Zimmer）とザビーネ・クールマン（Sabine Kuhlmann）がこれを詳述したものである。

1992年から自治体は、経営型マネジメントモデル（パブリックマネジメント）を想定した行政改革（*Verwaltungsmodernisierung*）に取り組み始めた。パブリックマネジメントには、内部改革のプロセスだけではなく、公的に担うべき任務について新たに整理し問い直すことも含まれる。しかしドイツにおけるパブリックマネジメントの受け入れられ方は、KGSt（自治体共同機構）やKGStが推奨する新制御（NSM）モデル（Neues Steuerungsmodell）によって定型化され、目下のところ内部改革の文脈の方が支配的である。また経済効率化についても組織内部での行動基準に留まっている。NSMモデルの主だった構成要素は以下のとおりである。

- 政治と行政との関係や、行政内部、市の出資についての契約的なマネジメント
- 各分野における任務と財務との結合
- 分権型の統制ではなく、中軸となる主導的機構の構築
- インプット型の統制から、コスト・業績計上での包括的な財政プランによるアウトプット型の統制への転換

NSMは、西ドイツ地域の自治体における90年代半ば以降の深刻な財政危機にともない、さらに自治体インフラストラクチャーの民営化によって補完されることとなった。資産売却の収益により、短期的には行政予算の不足分が補填されたとされる（Bogumil/ Holtkamp 2002）。戦後処理過程以来、公共的な自治体経済に関しては、ほとんど変わることなく今日に至ったものが、自治体の財政危機とEUの自由化政策とによって、急激に疑問を突きつけられることとなった（Wollmann 2002）。加えて90年代の財政危機の最中、市民活動・市民参加が強力に推し進められた。戦後、行政が次第に多く引き受けるようになってき

た任務は、再び関連する諸団体（Verein）へと返還された。（例えばスポーツ用地の管理など。Bogumilその他を参照）

　90年代の初めから西ドイツ地域の自治体レベルでは効率指向のコンセプトがはっきりと支配的となった一方で、全州レベルでは参加指向のトレンドが現れた。1991年以降、東ドイツ地域から始まったのをきっかけに、市制改革には一貫したトレンドが生じた。それはすなわち、南ドイツの市町村議会型市制（バーデン＝ヴュルテンベルク州型）の首長直接公選制に、住民発議と住民投票の導入とを組み合わせるという方向性である。バーデン＝ヴュルテンベルク州を含むドイツのほぼ全州で90年代に市制改革が行われ、これにより在来州の地方レベルにおいて40年以上に渡り続いてきた、代表制民主主義による政治的な政策決定の方式は、直接民主主義型の方式によって補完されることとなった。

　90年代前半には、市民参加を拡大させる改革によって直接民主制の可能性が強調された。代表制的であると同時に直接民主制的でもある民主主義へ踏み出すことで、協調型民主主義はその内容を充実させた。住民・市民がイニシアティブを発揮することについて、80年代までは自治体に掛け合ってやっとのことで参加できるものであったのが、今や自治体が住民に協力をお願いするようになったというのは、とりわけ重要なことである。とくに自治体の現場では市民フォーラムが増えてきている。80年代には制度化されていた市民集会とは異なり、市民フォーラムは自治体からというよりも自発的に設置され、従って法的な義務を負うことなく、そればかりか集中的で迅速な参加を可能にした。市民フォーラムは、ローカル・アジェンダ［自治体における持続可能な発展のための活動］や、防犯、都市マーケティング、社会的都市地区活動等の枠組みにおいて、ますます導入されるようになっている。西ドイツ地域の市民フォーラムのモデルの一つとして、東ドイツの行政における実践例、とくに東ドイツ民主化の時期の「円卓会議」が再び引き合いに出されるようになった。ドイツ統一による体制移行は、自治体においては西から東への一方通行ではけっしてなく、西ドイツの自治体でも東ドイツからのイノベーションを取り入れたのである。

3 改革指向のトレンドの影響

　21世紀の自治体の権力関係・決定プロセスにおける、目下の改革路線の影響については、地域政策研究だけでなく、自治体学においても、盛んに議論されている（Wollmann 1998, Holtkamp 2000, 2007b, Bogmil 2001, 2002, Bogumil/ Heinelt 2005, DfK Heft 2/2006 の寄稿、Kuhlmann 2007参照）。こうしているうちに、この改革の衝撃についての経験論的に一致した研究成果が出揃うようになった。テーマとして挙げられるものの一つは、政治体制における地方自治の地位への影響についてであり、例えば、経済効率化の更なる推進によって地方自治には衰退が忍び寄ってくるのかどうかである。また一方では、地方自治の内部における権力関係への影響について、地域レベルにおいて新たな制度的配置がみられるかどうか、なかでも代表制民主主義型の政策決定方式は、直接民主主義型や協調型の政策決定方式によって補完されるのか、あるいは取って代わられてしまうのかについてもテーマとして取り上げられている。そこで筆者は、これらの研究によって一致した基本的なテーゼについて下記にまとめてみたい。

　(1) 研究プロジェクト『10年間の行政改革』の結論が示すように、NSMにより顧客指向が明確に拡充されるとともに、首長および職員評議会の評価制も強力な効率重視型思考をもたらしたが、政治と行政の関係様式にはなんら持続的な再編をもたらすことはなかった（Bogumil他 2007）。これらの改革はそもそもわずか30％の自治体でしか取り入れられることはなく、その半分（すなわち15％）の自治体でしか、議会と行政側のトップとの間で目標協定という政治的な契約型マネジメントを結ぶ形式は用いられなかった。しかし目標協定を導入した自治体においてすら、戦略的な政策決定が議会に集約されることもなければ、日常業務が円滑化することもなく、結局のところこのしくみによる効果はなんらみられない。

　(2) ヨーロッパおよび国家レベルでの自由化や、民営化の形態の多様化により、90年代以降、「コンツェルン型都市」が出現した。これは自治体の業務ごとに分権化された組織を傘下に収め、それらが個別に統制を受けつつ効率や利

潤等の特定の利益を追求するものである。市町村はこれらの機能を保障しつつ、公共的に経営をしていかなければならない。確かに業績コントロールのしくみは確立されたが、実際の利用状況は多様である。これに加えて、公共経営によって議会や首長の任務は変わり、議会はここにその影響力を喪失した。

(3) 住民発議と住民投票が包括的に導入されて、これまでに多く実施されてきたが、「民主主義の付加価値」がもたらされることもとくになければ、懸念されていたように代表制民主主義の制度・方式に対して疑問符が突きつけられることもなかった。包括的な制度化にもかかわらず、住民発議と住民投票は自治体の現場では日陰の存在に留まり、その利用が広まることもあまりなく、持続的かつ政治的な影響力を発揮していない（バイエルン州は例外）。もちろん間接的な影響について過小評価するわけにはいかない。少なからぬドイツ国内の少数派がこの直接民主制型のしくみを利用し、あるいはその利用をちらつかせることで、地域的なアジェンダや市町村の政治的決定に少なからず影響を与えている（とりわけノルトライン＝ヴェストファーレン州では、全ての住民発議のうち議会に受理されたのは、わずかに4分の1に過ぎない）。つまり、住民発議の様々な影響、とくにその水面下の影響と直接的な影響についてまとめると、これによってもたらされたのは、議会および首長にとってのある種の権力喪失であり、同時に市民（あるいは組織的で闘争力のある社会的な利益集団）の発言力の持続的な増大である。

(4) 首長の権力は直接公選制によって明確に強化されたが、その度合いについては、市町村ごとの体制や規模といった制度的背景や、首長の個性ならびに議会と首長間の権力関係等の、様々な要因によって左右され、それゆえにバラエティに富んでいる。例えば、ノルトライン＝ヴェストファーレン州では、以前の政党支配体制は直接公選型の首長制の導入によって制限されたものの、それでも首長の制度的な地位はバーデン＝ヴュルテンベルク州のように広範には及ばない。その理由として挙げられるのは、自治体の規模が大きく、政党の支持なしでの再選は難しいこと、バーデン＝ヴュルテンベルク州に比べて直接公選制の「不完全な」制度化[4]、そして首長の経歴等である（首長の40％は自治体の元議員で、85％は政党に所属、87％が政党公認候補、90％が当該の自治体出身）。とは

いえ、市町村議会は首長の権限強化によって影響力を失い、一方で住民は直接選挙を通じてその発言力を明確に増した。

(5) 数多くの指摘からも明らかなように、今や市民はこれまで以上に政治のパートナーとして深く関わるようになった。つまり協調的民主主義は、代表制と直接民主制による意思形成について既存の形態を転換したのではなく、補完したのである。これは市町村議会にとっては権力の明らかな喪失を意味した。なぜなら首長だけなく市民までもが口出しするようになったからである。それでもやはり市町村議会は、少なくとも規範的な観点では依然として自治体の政策決定において最も重要な機能を有している。都市の総合的な発展に関するあらゆる問題や、社会の融和を図る担い手として、自治体の政治はその責任を負う。市民をしっかりと巻き込むには、時として明確な言葉や正統性のある政策決定が必要であり、とくに調停がほぼ困難な利益を巡る状況ではそうである。この機能を担うことは重要であり、とりわけ対話的な市民参加プロセスは長所だけではなく、一定の問題点も含んでいるからである。これには、ある問題をめぐって社会が大きく分断されてしまう場合や、無関心な第三者にかかるコストが無視されてしまう場合などが挙げられる。市民参加プロセスでは、これに参加した中間層が優遇される傾向がみられる。

最後に、個々のアクターについてまとめてみると、以下のような全体像がみられる。

「市町村議会」は、首長の直接公選制や、住民発議が可能になったこと、協調的民主主義の拡充により（とりわけ委任者としての役割について）、またますます増える民営化によって、その権力を喪失したことを疑う余地はない。唯一の代表者としての立場や網羅的な権限はもはや限られたものとなった。しかし様々な抵抗戦略によってその権力を失うまいとしている。この抵抗戦略としては、州レベルの立法当局に対して制度的拒否権の制限について働きかけることや、直接公選制の首長を政党政治に巻き込むこと、住民・市民参加を協調的民主主義の枠組みの単なるシンボルとしてのみ保証しようとすること、行政改革の議論に乗じて行政当局と市町村議会の権力関係の再編に対して（上手に）反対することが挙げられる。

行政のトップ、すなわち首長については、直接公選制によって、行政当局内だけでなく市町村議会に対しても、明らかに強い立場になった。有権者から直接的に正統性を授かった強力な首長が出現した。確かに首長は依然として政党をよく頼りにするが、しかし政党も以前よりも首長を頼りにするようになった。また、協調的民主主義のしくみの拡充も首長の立場を強化しうる。これで支持を得れば、首長の再選可能性は高まり、議会に圧力をかけるためにも利用できる。もちろん住民発議が可能となったことで、首長の立場は制限される傾向にある。そして、民営化によって首長の裁量の余地は原則的には縮小している。

　最大の勝者は、「市民および市民グループ」である。市民は、直接的民主主義と協調的民主主義の新たな領域で、自治体の意思決定や政策決定について、これまでのドイツ連邦共和国の歴史上かつてない程に強力な立場にある（Gabriel 2002：140）。市民の利益や関心を考慮することは、その影響力が大きくなったことで、議会や政党、首長にとってさらにますます重要となっている。もちろん市民が、協調型民主主義のしくみによって政治の内実に影響力を行使できる現実的可能性は、民営化と財政危機によって自治体の裁量余地が急減していることを考えれば、たいへん限られたものとなっており、共に「力を失いつつある民主主義」の下にあるといえる。

　地方自治全体としては、「制度およびマネジメントの多元化の傾向」を示している。様々な組織形態（とりわけ有限会社 GmbH 型）の組織が明らかに増加していることは間違いなく、これらの組織が公的セクターにおける業績の達成に励んでいる。「コンツェルン型都市」では自治体の政策決定者に対する要件も増大し、公的組織と民間組織との間での契約の作成についての問題点や新たな方式について考えられている（Schneider 2003参照）。全体的な印象としては、これらの経済効率化によって行政の営みは効率化したが、その効果を正確に数値化することはできず、組織形態の移行にかかったコストについても実際には考慮されていない。しかし、政治的な政策決定の様式も変わったかどうか、経済的な合理性が政治的な政策決定プロセスを最適化したかどうかについては、さらに疑わしい。むしろ印象としては、とくに民営化の施策を通じて政治的な統制が失われたといえる。このような統制力の喪失と、マネジメント方式及び

第2章 改革圧力の下にあるドイツの地方自治 41

組織形態のますますの多様化により、すこし極端な言い方をすれば地方自治は断片化されてしまったのではないだろうか。

〈参考文献〉

Bogumil, Jörg (2001): *Modernisierung lokaler Politik. Kommunale Entscheidungsprozesse im Spannungsfeld zwischen Parteienwettbewerb, Verhandlungszwängen und Ökonomisierung.* Baden-Baden: Nomos-Verlag

Bogumil, Jörg/ Holtkamp, Lars (2002): *Liberalisierung und Privatisierung kommunaler Aufgaben-Auswirkungen auf das kommunale Entscheidungssystem.* In: Libbe/ Tomerius/ Trapp (2002): 71-91

Bogumil, Jörg (Hrsg.) (2002): *Kommunale Entscheidungsprozesse im Wandel. Theoretische und empirische Analysen.* Opladen: Leske und Budrich

Bogumil, Jörg/ Holtkamp, Lars/ Schwarz, Gudrun (2003): *Das Reformmodell Bürgerkommune — Leistungen — Grenzen — Perspektiven.* Schriftenreihe Modernisierung des öffentlichen Sektors Bd. 22. Berlin: Edition Sigma

Bogumil, Jörg (2006): *Verwaltungsmodernisierung und die Logik der Politik. Auswirkungen des Neuen Steuerungsmodells auf das Verhältnis von Kommunalpolitik und Kommunalverwaltung.* In DfK 2006. II. 13-25

Bogumil, Jörg/ Heinelt, Hubert (Hrsg.) (2005): *Bürgermeister in Deutschland. Politikwissenschaftliche Studien zu direkt gewählten Bürgermeistern.* Wiesbaden: VS-Verlag

Bogumil, Jörg/ Grohs, Stephan/ Kuhlmann, Sabine/ Ohm, Anna K. (2007): *Zehn Jahre Neues Steuerungsmodell. Eine Bilanz kommunaler Verwaltungsmodernisierung.* Berlin: Edition Sigma

Gabriel, Oscar W. (2002): *Die Bürgergemeinde als neues Leitbild der Kommunalpolitik — Anspruch und Wirklichkeit.* In Schuster/ Murawski (2002): 139-169

Gabriel, Oscar W./ Walter-Rogg 2006: *Bürgerbegehren und Bürgerentscheide. Folgen für den kommunalpolitischen Entscheidungsprozess.* In: DfK 2006. II.39-57

Holtkamp, Lars (2000): *Kommunale Haushaltspolitik in NRW. Haushaltslage — Konsolidierungspotentiale — Sparstrategien.* Opladen: Leske und Budrich

Holtkamp, Lars (2006): *Kommunalpolitik zwischen Konkordanz-und Konkurrenzdemokratie — Ausmaß, Ursachen und Probleme des Parteieneinflusses.* In: DfK 2006. II.70-84

Holtkamp, Lars (2007a): *Kommunen im Reformfieber. Ursachen, Ausmaß und Folgen von Partizipations-und Ökonomisierungstrends.* In: Wolf (2007): 127-151

Holtkamp, Lars (2007b): *Kommunale Konkordanz- und Konkurrenzdemokratie: Parteien und Bürgermeister in der repräsentativen Demokratie.* Wiesbaden: VS-Verlag

König, Klaus (Hrsg.) (2002): *Deutsche Verwaltung an der Wende zum 21. Jahrhundert.* Baden-Baden: Nomos

Kuhlmann, Sabine (2008): *Politik- und Verwaltungsreform in Kontinentaleuropa. Subnationale Institutionenpolitik im deutsch-französischen Vergleich.* Baden-Baden: Nomos

Libbe, Jens/ Tomerius, Stephan/ Trapp, Jan-Hendrick (Hrsg.) (2002): *Liberalisierung und Privatisierung kommunaler Aufgabenerfüllung. Soziale und umweltpolitische Perspektiven im Zeichen des Wettbewerbs.* Berlin: Difu

Sack, Detlef (2006): *Liberalisierung und Privatisierung in den Kommunen — Steuerungsanforderungen und Folgen für Entscheidungsprozesse.* In DfK 2006. II. S. 25-39

Schneider, Karsten (2003): *Arbeitspolitik im "Konzern Stadt". Zwischen der Erosion des Zusammenhalts im kommunalen Sektor und den effizienzfördernden Wirkungen organisatorischer Dezentralisierung.* Baden-Baden: Nomos

Schuster, Wolfgang/ Murawski, Klaus-Peter (Hrsg.) (2002): *Die regierbare Stadt.* Stuttgart: Kohlhammer

Wolf, Klaus Dieter (Hrsg.) (2007): *Staat und Gesellschaft — fähig zur Reform?* Baden-Baden: Nomos-Verlag

Wollmann, Hellmut (1998): *Modernisierung von Kommunalpolitik und -verwaltung zwischen Demokratie und Betriebswirtschaft — konträr, kompatibel, komplementär?* In: Handbuch Kommunale Politik, Düsseldorf

Wollmann, Hellmut (2002): *Verwaltung in der deutschen Vereinigung.* In: König (2002): 33-58

〈注〉
1) 基本法によれば、ドイツにおける行政は、まず州と市町村の任務とされ、中央政府の行政権は比較的限られた割合しかない。教育分野、病院、警察、環境保護政策、道路行政、税務署ならびに多くの社会的な業務を、各州および地方自治体の各機関が担当している。
2) ドイツ再統一は在来州の自治体にも大きな影響をもたらした。在来州のあらゆる予算はドイツ統一のための財政に協調体制をとることとなり、また統一に伴う経済問題が噴出したため、自治体にとっては今日まで続く深刻な財政危機の決定的な要因となった。西ドイツ側の自治体は年間で約35億ユーロをドイツ統一のために負担している。(Holtkamp 2007参照)
3) 経済効率化の下では一般的に、明示的でない「非経済的」分野よりも経済的合理性が重要性を獲得する。国家と行政の面でも、経済的なカテゴリー、経済的価値、経済的原理を指向しての運用の見直しがみられる (Reichard 2003：119)。
4) これには、運用制選挙、短い選挙期間、首長の小さい権限、硬直的な名簿式選挙制が挙げられる。

第3章
地方分権改革と財政制約
—— 地方政府の任務に応じた財源保障

片木　淳

1　はじめに

　日本においては、1990年代後半、国と地方の関係を「上下・主従」の関係から「対等・協力」の新しい関係へと改めることを目指して、第1期地方分権改革が行われた[1]。これにより、日本の自治体は、「地方政府」として国への依存を排し、自らの判断と責任において地域の諸課題に積極的に取り組んでいくべきものと考えられるようになっている。しかし、自治体がそのような活動を行っていくためには、当然、それを賄うに足る十分な財源が必要である。
　ところが、近年、日本の自治体は、バブル崩壊以後の景気低迷による税収減と人口の減少・少子高齢化の進展による支出増等により、夕張市の財政破綻に象徴されるように、厳しい「財政制約」に直面している。本稿ではさしあたり、「財政制約」とは「歳出を賄うに足る歳入（公債による収入を除く）が確保されない状態にあること」をいうこととするが、国、地方の「財政制約」は、2008年秋以降、「百年に一度」といわれる世界的な金融・経済危機の中で、さらに深刻な状況となっている。
　このような厳しい環境の中で、2009年4月から「自治体財政健全化法」が全面的に施行された。多くの自治体においては、自らの財政の危機的状況があらためて認識され、「財政再生団体」や「早期健全化団体」への転落を回避するため歳出カット等の取組みが進められている。
　しかし、後述するように、このような「財政制約」を克服し、「持続可能な

地方財政」を確立していくためには、同法の定める財政指標によるだけでは十分ではない。また、やみくもに歳出削減を行い、財政収支の均衡が形式的に達成されたとしても、それによって「地方政府」としての自治体の本来の任務が果せなくなったのでは、本末転倒、まさに「角を矯めて牛を殺す」ものである。

そこで、本章では、地方分権時代の「地方政府」の「財政制約」について、日独の状況とその対策を比較することにより、「持続可能な地方財政」を実現するための財政制度のあり方について考えてみたい。

2 日独比較の前提としての「地方政府」

(1) 「地方政府」としての自治体

「政府」という言葉は、「行政府」と同じ意味で使われる場合と、「市民から選ばれ、一定の立法権限を有する議会」も含む広い意味で使われる場合とがある[2]。本章では、後述のように、「地方政府」には議会の存在と機能が必要不可欠であるという観点から、後者の意味で「政府」という言葉を用いる。

「政府」は、一国の地域全体に関わる「中央政府」[3]とその中の一定の地域にのみ関わる「地方政府」とに区別される。

日本の自治体（都道府県および市町村）も、「地方政府」である[4]。すでに、1987年当時、旧自治省の地方行政活性化長期戦略研究委員会報告書[5]は、「地方公共団体は、執行機関の長（知事、市町村長）と、議決機関としての議会がともに住民から直接選挙され、相互にチェック・アンド・バランスの体制をとって運営されている」ことから、「政治的緊張を常に伴って運営されている一つの『政府』である」とした。そして、国の関係者に対して地方公共団体を一つの「地方政府」として認識、信頼すること、地方公共団体の長、議会の議員、職員等をはじめ地方自治の関係者に対して「地方政府」の構成員等としての自信と自覚を持って、責任ある行財政の実施に努めていくことを求めた。

以来、地方自治をめぐる論議と実践を経て、「自治行政権、自治財政権、自治立法権を十分に具備した」ものであるかどうかは別として、わが国の地方自治体も「地方政府」であるという考え方は、ほぼ定着を見てきた。そして、今

日では、そのような認識を前提に、今後これをいかに確立していくかが課題と考えられるようになっている。たとえば、2007年4月、第2期分権改革をめざして発足した地方分権改革推進委員会も、同年5月にまとめた「基本的な考え方」[6]の中で、「地方が主役の国づくりを実現するには、自治行政権、自治財政権、自治立法権を十分に具備した地方政府を確立する必要がある」(傍点、片木)とし、その後の同委員会の勧告等においてもこの考え方を踏襲している。

また、ドイツにおける州 Land、郡 Kreis および市町村 Stadt・Gemeinde も、当然そのような意味で同様に「地方政府」である。

従来、日本とドイツの自治体の比較においては、ドイツの郡と、市町村のみを取り上げることが多かったのであるが、ドイツの郡と市町村以上に、憲法で(基本法)立法権が規定されている連邦国家ドイツの各州こそ「地方政府」の名にふさわしいものであり、これを日独「地方政府」の比較の対象から外す理由はない。

そこで、本稿では、日独の「地方政府」として、日本においては都道府県および市町村、ドイツにおいては州、郡および市町村について、「財政制約」の状況とその対策について比較を行うものである。[7][8]

(2) 「地方政府」と市民

「地方政府」としての自治体においては、概念上、次の3つの市民を区別することができる。[9]

> ① 行政サービスの顧客としての市民
> ② 自治体の構成員としての市民
> ③ 政治的委任者としての市民

すなわち、市民は、①自治体の単なる「顧客」としてそのサービスを享受するだけでなく、②自治体という共同体を構成する一員としてその任務を分担し、行政サービスの提供に協力、参加するとともに、さらには、③主権者として、自治体の運営をその代表に委託し、必要な場合には自ら直接これに携わる。

これを、「地方政府」の「財政制約」の克服についていえば、①の「顧客と

しての市民」に対する行政サービスの質の向上や量の拡大が行われて経費が増加すれば、その分「財政制約」の度合いが高まることになるが、逆に、コストの削減等行政執行の効率化が行われれば、その分「財政制約」の克服につながることになる。また、②の市民が共同体の一員として行政サービスの提供に自ら協力、参加し、それを担っていくことになれば、「財政制約」の克服に直接寄与することになろう。

さらに、③の市民が政治的代表を通じて、あるいは自ら直接、自治体の運営に関わっていくようになれば、「地方政府」の財政そのものが「受益と負担」の原則の下、市民自身によって決定されることとなる[10]。つまり、「財政制約」を歳出カットによって克服するか、増税等によって克服するかは、市民自身が決断すべき問題となる（そのためには、当該「地方政府」にそのための決定権限が与えられていることが前提である）。

より効率的で質の高い行政サービスの提供するための手法としては、1980年代半ば以降、英国やニュージーランドではじまったNPM（New Public Management）がある。これは、(1)徹底した競争原理の導入、(2)業績／成果による評価、(3)政策の企画立案と実施執行の分離により、行政の透明性や説明責任を高め、国民の満足度を向上させることを目指すものである。日本においても、「骨太の方針2001」において、「新たな行政手法」として紹介されて以来、NPMの考え方を活用しつつ行政改革が推進されている。

ドイツにおいても、このNPMの理念に基づいていわゆる新制御システム（Neue Steuerungsmodelle、NSM）が地方自治体を中心に導入、推進され、一定の成果を上げてきたと評価されているが、最近は、上の「①行政サービスの顧客としての市民」の側面に重点を置くものであったとしてその限界を指摘され、他の2つの側面（②と③）も視野に入れた改革が進められてきた。特に、近年、連邦、州、地方自治体の多くが「財政制約」に直面し、その克服が喫緊の課題となっていることから、「②自治体の構成員としての市民」に「公共」を担ってもらうことにより財政負担の軽減につなげようとする動きが生じ、さらに、その延長線上に、「③政治的委託者としての市民」が論議されるようになっているといわれる（「市民自治体 Bürgerkommune」）[11][12]。

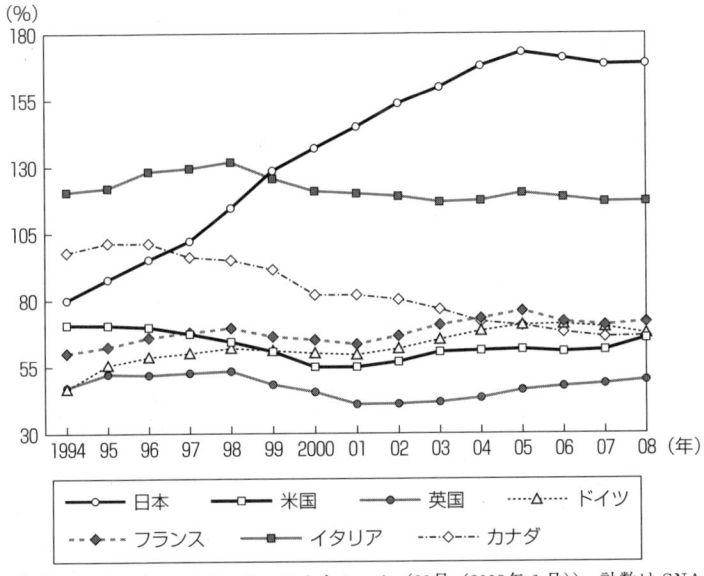

図3-1　債務残高の国際比較

凡例：日本、米国、英国、ドイツ、フランス、イタリア、カナダ

出典：OECD／エコノミック・アウトルック（83号（2008年6月））。計数はSNAベース、一般政府。
　　　（財務省HP、「日本の財政を考える」、「財政データ集」、「債務残高の国際比較（対GDP比）」による。）

3　「地方政府」の「財政制約」とその原因

　OECDの公表資料によれば、「中央政府」と「地方政府」を含む、日本の「一般政府」の債務残高はこれまで増加の一途をたどり、2008年の対GDP比は171％と主要先進国の中で最悪の水準になっている[13]（図3-1）。

　そのような中で、地方財政は、バブル経済崩壊後の数次の景気対策による公共事業の追加や、減税の実施等により、借入金残高が累積しており、2009年度末においては、借入金の総額は197兆円に達する見込みであり、極めて厳しい状況にある[14]。

　このような「地方政府」の「財政制約」は、その原因に応じて、次のように分類できよう[15]。

> ① 「地方政府」の区域が狭く、人口が少ないことに起因する「財政制約」
> ② 個々の「地方政府」の財政運営の失敗や拙劣さに起因する「財政制約」
> ③ 経済の低迷に起因する「財政制約」
> ④ 国民・住民の現在の税負担が受ける行政サービスの水準に見合っていないことに起因する「財政制約」
> ⑤ 「地方政府」の任務に応じた財源措置がなされていないことに起因する「財政制約」

(1) 「地方政府」の規模と「財政制約」

　1番目の「財政制約」は、当該「地方政府」の区域が狭く、人口が少ないこと、すなわち規模が小さいため、その担当する任務を果たしていくのにふさわしい行財政基盤が整っていないことから来る「財政制約」である。日本においては、近年、中央政府の主導の下に多くの市町村において行財政基盤強化のためと称して「平成の大合併」が進められた。

　日本国政府が合併を進めた理由は、「財政再建・行政改革」のほか、「地方分権のための行財政基盤の整備」、「広域行政の必要性」、「少子高齢化社会への対応」、「新しいまちづくり」などを理由とするものであったが[16]、合併した421市に対する日本都市センターのアンケート調査の結果によれば、合併の理由として「財政状況」を挙げるものが74.5％に上っている[17]。

　市町村合併の財政効果としては、総務省の「市町村合併研究会」の調査では今回の合併により2016年度以降、毎年、1.8兆円の財政支出削減効果があると推計している[18]（この点、全国町村会は、篠山市など合併時に立てた財政計画から大幅に乖離した財政運営を余儀なくされている市町村が多く、所期の効果が上がっていないと批判している[19]）。

　また、「道州制」についても規模のメリットを強調してその必要性を論ずる傾向が強い。たとえば、政府の「道州制ビジョン懇談会中間報告」(2008年3月24日)では、「都道府県については明治21年（1888年）以降ほとんど変更がなく、いまだに行政単位は47の『細切れ』状態にある。現在の都道府県の大きさでは、広域自治体の単位としては狭小となり過ぎ、地域経済活動活性化や雇用確保な

ど地域や住民から求められている課題に対応できないなど、行政の効率性が著しく阻害されている」としている。

　しかし、そもそも、どのような「地方政府」を制度設計し、どのような任務を担わせるのか、そのために、どのような財源を与えるのかということを論ずべきであり、「財政制約」の克服のために道州制の導入や市町村合併を推進すべきだというのは、本末転倒である。

　特に、今回の市町村合併についていえば、政府も言うようにあくまで「自主的合併」が前提であるから、合併しなかった市町村についても十分な財源を保障するのが国の義務である（後述、地方交付税法１条）。

　これに対して、ドイツにおいては、東西ドイツ統一後、約15年間で市町村数が半減した旧東ドイツの一部の地域は別として、その他の地域においては大規模な市町村合併は行われず、また、州の再編についても、議論はあるものの、今のところ進展はみられない。[22]

　ベルリン市（州）とブランデンブルク州の合併は、1996年の住民投票におけるブランデンブルク州民の反対により挫折した。

　また、後述するように極度の財政難に陥っているブレーメンに対して、隣接するニーダーザクセン州と合併すべきであるとの議論があるが、ブレーメン当局はこれを断固拒否している。その理由は、「金とアイデンティティを失う以上に、影響力、自己決定力、政治と行政の市民近接性を失う」からである。[20]さらに、「大解決 GrößeLösung」といわれる「ブレーメン州と周辺４州との合併構想」についても、ルクセンブルグやモナコ、あるいは、ラトビア、リトアニア及びエストニアの存在も指摘しつつ、「ブレーメンが州を消滅させて独立を失うことはなんらの解決策にはならない」と主張している。[21]

　今回のドイツの連邦制度改革においても、「州の再編成」問題は改革論議の対象からはずされている。

(2) 「地方政府」の財政運営に起因する「財政制約」

　２番目の「財政制約」は、個々の「地方政府」の財政運営に起因する「財政制約」である。特に、日本においては、周知のとおり、公共事業やいわゆる

「箱物」に対する過去の過大な投資の結果、膨大な借金を抱え、その償還のための公債費が増大したことが、「中央政府」においても「地方政府」においても、「財政制約」の大きな要因となっている（夕張市の財政破綻の真の原因については、後述するように、さらに究明、議論する必要があるが）。

2007年6月、自治体による健全な財政運営を確保し、その財政の破綻を未然に防ぐとともに、破綻した場合の再生のため、「自治体財政健全化法[23]」が制定され、2009年4月から全面的に施行された。すでに、前年の2008年9月には、全国の自治体の財政指標（「健全化判断比率」、2007年度決算）が総務省から公表され、北海道夕張市を含む2市1村が、財政破綻とみなされ国等の関与による再生を行わなければならない「財政再生団体」に相当するとされるとともに、40市町村についても、自主的な改善努力により財政健全化を進める必要のある「早期健全化団体[24]」に相当するとされた。

同法によれば、自治体は、①実質赤字比率[25]、②連結実質赤字比率[26]、③実質公債費比率[27]、④将来負担比率[28]の4つの「健全化判断比率」のいずれかが「早期健全化基準」以上になると「財政健全化計画」を策定しなければならない。さらに①〜③の基準（「再生判断比率」）のいずれかが「財政再生基準」以上になると破綻とみなされ、「財政再生計画」を定めなければならないこととなる。これらの計画を策定する際には、議会が議決し、住民に公表することが必要であり、計画の実施状況は毎年9月30日までに公表、取り組みが不十分な場合は、健全化段階では国または県が当該自治体に対して必要な勧告を行い、財政再生段階においては国が自治体に対し予算や計画の変更などの措置を講ずるよう勧告し、より強く財政運営に関与することとなる。

以上のほか、公営企業の経営の健全化や「早期健全化基準」以上になった場合の外部監査等も定められている。

同法の制定により、財政破綻（「財政再生団体」）に陥ってしまう前に、「財政健全化団体」としての早期予防措置が講ぜられるようになったこと、②の連結実質赤字比率により、普通会計だけでなく公営企業会計の状況が把握されるようになったこと、③の実質公債費比率により、一部事務組合への負担金等も算入されるようになったこと、さらに、④の将来負担比率により、地方独立行政

法人、3公社、第3セクター等に対するものも含めて将来の負担が一定程度明らかにされることとなったことは、従来の「財政再建団体」制度の欠陥を改善するものであり、評価できよう。

しかし、「財政制約」の原因となった自治体の債務残高を減少させ、「持続可能な地方財政」を確立していくために、この自治体財政健全化法の諸財政指標が有効に機能するか、という点については、疑問がある。なぜなら、①実質赤字比率と②連結実質赤字比率にいう「実質赤字」とは、歳入から歳出を差し引いた形式収支から翌年度への繰越し財源を差し引いたものであるが、この「歳入」には起債による収入が含まれる。したがって、いくら借金が多くても借りることさえ出来れば、歳入としてカウントされることとなり、赤字にはならない。③の実質公債費比率は、一般会計等が負担する公債費が標準財政規模に占める割合（3年平均）をいうものであり、過去3年間の平均値を表すに過ぎず、公債費の増嵩等今後の財政状況を予測するものではない。④の将来負担すべき債務の指標は、そもそも再生判断比率とはされていないうえに、健全化判断比率としても、しばしば急激な悪化が表面化する3公社や第3セクター等の財政状況を事前に的確に把握するものではない。[29]

このように、今回の自治体財政健全化法の財政指標だけで「持続的な地方財政」を確立していくことには限界がある。自治体においては、これらの指標だけに頼るのでなく、その他の情報も総合した財政見通しを立てるとともに、常に自らの財政状況に対する監視を怠らないことが必要である。

また、国・地方財政全体としても、後述するドイツにおける取り組みのような、さらに厳しい起債制限のシステムの導入が必要である。

(3) 経済の低迷等に起因する「財政制約」

3番目の要因として、経済の低迷に起因する「財政制約」が考えられる。日本では、1991年のバブル経済崩壊以降の景気低迷により、「中央政府」も「地方政府」も税収が減少もしくは伸び悩み、大幅な歳入不足に陥ってきた。この「財政制約」が短期的なものであり、長期的には税収が増加していく状況にあるのであれば、さほど問題にする必要はない。地方債の増発や財政調整基金等

の年度間調整の仕組でしのいでおけば、いずれ財政も回復するということになるからである。しかし、今日においては、もはや、大幅な右肩上がりの経済成長は期待できないということを認識することが先ず必要である。

　今回の世界的な金融経済危機に対して、日本においては、2009年4月10日、政府・与党により雇用、環境、金融対策などのほか贈与税などの減税措置も盛り込んだ15.4兆円の第2次追加経済対策（「経済危機対策」）が決定された[30]。その結果、新たに発行する国債は10.8兆円に上るとともに、平成21年度の国債発行額総額は44兆円を超える過去最大のものとなり、さらに深刻な財政危機に陥っている。この追加経済対策の必要性と規模の妥当性については様々な議論があろうが、財政再建の観点からいえば、「2011年度の基礎的財政収支の黒字化」という「基本方針2006年」以来の政府の目標を完全に放棄するものであり、この結果、わが国は文字どおり「未曾有の財政危機」に陥ったものと認識する必要がある。にもかかわらず、前内閣においては、「財政危機」についての真摯な説明も、今後の財政運営についての確たる方針も十分示されなかった。

　これに対して、ドイツにおける第2期連邦制度改革（後述）においては、このような世界経済の危機も踏まえ、財政政策における「持続可能性と世代間の公正の原則」が強調されている。すなわち、「持続可能性の原則」としては、国家が今回のような緊急事態において再び景気を安定的な軌道に乗せることができるよう、景気上昇期にこそ緊縮的な財政運営により景気後退期に備えた財政的な余裕を残す必要があるとされた[31]。また、「世代間の公正の原則」としては、公的投資の恩恵は将来の世代も享受するからその財政的な負担も担うべきであるとの従来の考え方に対し、高齢化社会において将来の世代が社会保険制度等による重い負担を負わされることから、むしろ、彼らの将来の負担をできるだけ軽減しておく必要があるとされたのである[32]。

　そして、連邦と州の予算は原則として起債からの収入によらないで収支均衡させるべきであり、例外は、①景気後退期における景気回復のための起債と②自然災害や異常な緊急事態が生じた場合の起債等に限定されるとともに、景気後退期の赤字は景気上昇期の黒字でカバーし、中長期的に均衡させなければならないこととされた。

このように中長期的に予算を均衡させつつ起債に頼らない財政を実現していくことは、主要先進国の中で最悪の水準になっている、日本の財政再建のためにこそ必要である。今後、日本における財政再建においても、このような国と地方の財政システムを早急に構築していくことが求められよう。

(4) 行政サービスの水準に見合った負担水準の確保

　第4番目の「財政制約」は、現在の国民・住民の税負担がその受ける行政サービスの水準に見合っていないことから来る「財政制約」である。近年は、各国とも財政収支のギャップに苦しんでいるところであるが、今後、これ以上の歳出削減を行うことは無理だということであるならば、歳入改革により増税を行う道しか残されていないということになる。

　特に、日本の消費税（その1％分は地方消費税、残り4％のうち29.5％は地方交付税の原資となる）の税率は、5％にとどまっている。欧米の主要国においては、20％前後のところが多く、たとえば、ドイツにおいては、2007年1月に財政再建と社会保障対策の財源に充てるため、3％の引上げが行われ、現在19％の消費税率となっている。

　「基本方針2006」においても、プライマリーバランスの黒字化を目指す中で[33]、歳出削減によっても足りない分は歳入改革による増収措置で対応するとして消費税の増税をほのめかしていた。また、2008年12月24日、閣議決定された「持続可能な社会保障構築とその安定財源確保に向けた『中期プログラム』」でも、「消費税を含む税制抜本改革を2011年度より実施できるよう、必要な法制上の措置をあらかじめ講じ、2010年代半ばまでに段階的に行って持続可能な財政構造を確立する」とされていた。

　にもかかわらず、前述のとおり、今回、景気対策を優先し、その目標自体を放棄した。その後、政府は、2009年6月23日の「基本方針2009」の中で、新たに、2019年度までにプライマリーバランスを黒字化し、国内総生産（GDP）に対する債務残高の比率を2020年代初めに「安定的に引き下げる」との目標を再設定した。新政権は、当面これを否定しているが、いずれ、消費税率の引上げを含む歳入構造の抜本的改革は避けて通れない課題となろう。

図3-2　国と地方の基礎的財政収支の推移

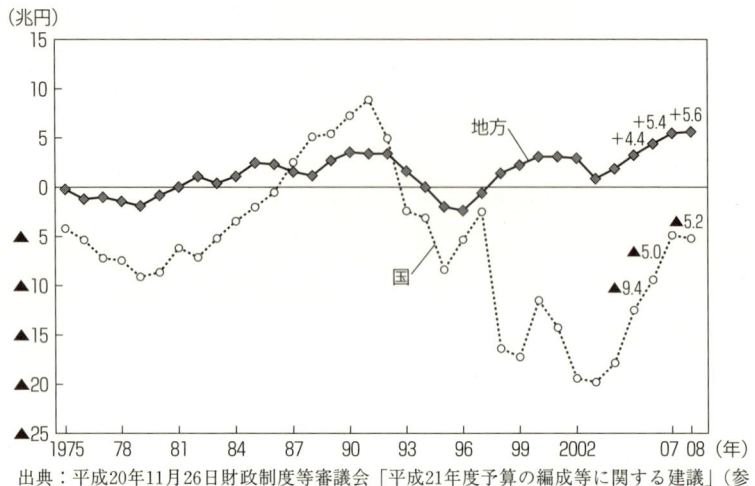

出典：平成20年11月26日財政制度等審議会「平成21年度予算の編成等に関する建議」（参考1）資料(1)により筆者作成

　また、地方税においても同様に、超過課税、法定外税等自治体の行政サービスに応じた自主課税の強化に努めるべきである。ただし、日本の税制においては国・地方を通じて主要な税源が法定税目とされ、国税・地方税一体として税制が決定されていることから、自治体による課税自主権の発揮には限界があることに留意する必要がある。[34]
　さらに、住民も、税負担を忌避するのであれば、これまで提供されてきた自治体の公共サービスを断念するか、あるいは、「地方政府」を支える市民として市民協働、市民参加等によりこれを担うべきであるということになろう。
　図3-2は、日本の国と地方のプライマリーバランスの状況であるが、2008年には、国5.2兆円の赤字に対し、地方は5.6兆円の黒字となっている。全国知事会は、これは、地方全体で平成13年度以降、職員給与削減を含む7.8兆円の一般歳出の削減を達成してきたのに対し、国の一般歳出は1.4兆円の削減にとどまっていること、また、国は税収増加分しか国債の発行を抑制してこなかったが、地方は一般財源が3.0兆円減少するなかで、さらに地方債を2.3兆円削減してきたことによるものであり、地方財政にのみプライマリーバランス改善の

ための削減を押しつけてはならないと主張している[35]。

自治体の「財政制約」克服のためには、全国知事会の主張するように国の財政運営の失敗により生じた赤字の地方への転嫁を阻止するとともに、このような地方のプライマリーバランスの黒字基調を今後とも堅持し、確実に既存債務の償却を進めることにより「持続可能な地方財政」の確立に努め、地域格差の拡大や人口の減少・高齢化に伴う地方財政の悪化、景気浮揚と地域再生等のための需要増など今後の財政環境の変化に備えていくべきである。

(5) 事務に見合った財源保障

最後に、5番目の「財政制約」として、「地方政府」が担当すべきとされる任務に応じた財源措置がなされていない場合に生ずる「財政制約」が考えられる。

福祉国家の進展の結果、わが国においても、医療、福祉関係事務を中心に、地方自治体、特に住民に身近な市町村の仕事が増加してきている。自治体の事務が増え、経費が増加したにもかかわらず、財源の手当が不十分であれば、当然、「財政制約」の要因となる。また、地方分権改革により国から地方自治体への権限移譲がなされ、「地方政府」としての任務が増えたにもかかわらず、適切な財源措置が講じられなければ、やはり「財政制約」が生ずることとなる。とくに、日本においては、第1期地方分権改革により、自治体は、「地方政府」として「新しい公共」の理念の下、自らの責任と判断において、住民のニーズに即応した行政サービスの提供等地域の諸課題に取り組んでいくべきこととされ、自治体に対する期待が高まっている。地方自治体が果たすべきとされた事務・事業に対し、それに見合った財源は当然保障されなければならない。

① 「十分性の原則」と「立法者責任の原則」

地方自治体にどのような財源が保障されなければならないかについては、「地方自治のグローバル・スタンダード」である「ヨーロッパ地方自治憲章」[37]に定めがある[38]。すなわち、同憲章第9条（地方自治体の財源）は、地方自治体が「十分な自主財源」を付与されなければならず、当該財源が「憲法および法律により付与された権限に応ずるもの」であり、「地方自治体がその任務の遂行

に要する費用の現実的変動に実際に可能な限り対応しうる、十分に多様かつ弾力的なものでなければならない」と定めている（「十分性の原則 principle of adequate resources」）。

さらに、ヨーロッパ評議会2005年勧告においては、「地方自治体が上位の行政レベルの機関として活動する場合には、委任した政府がこの活動に要する経費を負担すべき」ことを定めている（「牽連性の原則 connectivity principle」）。ドイツにおいては、普通、上位のレベルの政府の立法行為により義務付けられた下位のレベルの政府の事務に要する経費は、義務付けた上位の政府が保障すべき原則と理解されているが、「牽連性の原則」という言葉自体、訳語としてもわかりやすいとはいえない上に、ドイツにおいても混乱が見られるようであるので、以下、本章では、「立法者負担の原則 Grundsatz der Gesetzeskausalität」という語を用いる。

② 日本における「十分性の原則」と「立法者負担の原則」

日本の憲法あるいは法令には、「十分性の原則」をそのまま条文化した規定はない。しかし、後述のように、地方財政計画に基づく地方交付税の仕組みを通じて、事実上、自治体が標準的な事務を実施するのに必要な財源がすべて保障されることになっている。すなわち、「地方団体の自主性を損なわずにその財源の均衡化を図り、交付基準の設定を通じて地方行政の計画的な運営を保障すること」（地方交付税法1条）を目的とする地方交付税においては、自治体間の財政力格差を解消する財政調整機能だけでなく、自治体による行政の計画的な運営が可能となるよう財源保障機能をも有すべきものとされている。そして、マクロの面では地方交付税の総額が国税5税の一定割合として法定されることにより地方財政総体として、ミクロの面では基準財政需要額、基準財政収入額の算定を通じて個々の自治体に必要な財源が確保されることとなっているのである。

また、「立法者負担の原則」についても、地方自治法では、「法律又はこれに基づく政令により普通地方公共団体に事務の処理を義務付ける場合は、国は、そのために要する経費の財源につき必要な措置を講じなければならない」（同法第232条第2項）とされるとともに、地方財政法では、特に、地方自治体等が

法律又は政令に基づいて新たな事務を行う義務を負う場合の国の財源措置義務が規定されている（同法第13条、傍点筆者）。さらに、国庫負担金事業の地方負担についても原則として地方交付税の基準財政需要額に算入するものとされている（同法第11条の2）。

以上、日本の地方財政制度においては、すでに、「十分性の原則」も「立法者負担の原則」も、ともに基準として定められているということができる。問題は、これらの原則が完全な内容で実現されているかどうかということである。

③ ドイツにおける「十分性の原則」と「立法者負担の原則」

連邦国家であるドイツにおいては連邦と州は財源配分にあたって対等の関係に立つ。すなわち、「連邦及び州は、経常的な収入の枠内で、それぞれ自らの支出を充足する対等の権利を有する」とされている（その支出額の算定にあたっては、数カ年にまたがる財政計画が考慮されなければならない（ドイツ基本法（以下、GGという）第106条3項Ⅰ）。また、手続的にも、州の財政に関する法律の制定については各州の代表からなる連邦参議院の同意を要する（GG第106条～109条）こととされている。

「立法者負担の原則」については、連邦法により余儀なくされた短期的な州の支出増または収入減は、連邦の財政交付金により調整される（GG第106条4項）との規定はあるが、完全な財源保障を定める「立法者負担の原則」は定められておらず、後述のように、この点をめぐって、ブレーメン等が争っている。

「財政調整」には、州相互の間の「水平的財政調整」（州間財政調整）[42]と連邦から州等への「垂直的財政調整」（連邦補充交付金等）[43]がある。ドイツの財政調整制度は、財政需要に配慮した若干の補正はあるが、基本的には人口一人当たりの州の課税力を基準とするものである。

市町村レベルの財政については、ドイツ基本法第28条の「地方自治の保障」規定は財政的自己責任の基盤を整備することも含まれ、市町村には税率決定権のある税が認められなければならないとされている（同条2項後段）。

市町村レベルの財政調整制度は、州ごとに異なっているが、多くの場合、共同税の市町村取得分と市町村固有税収（営業税、不動産税等）の合計額を基準とする州からの基本交付金（Schlüsselzuweisungen）によるものである。

市町村レベルの財政調整も、州の場合と同様、人口一人当たりの課税力を基準としている。実際の財政需要に配慮した補正も若干は行われているが、我が国の地方交付税制度のような緻密な財源保障を行うものではない。このため、ドイツの市町村においては、所要財源の額から州交付金額を差し引いた額を自らの税（税率は自主的に決定できる）で賄うという財政運営が一般的である[44]。

市町村の財政負担にかかる「立法者負担の原則」については、州憲法および州法において、委託事務及び義務事務を設ける場合に、その費用の一部又は全部を州が保障すべきとしか規定されていない。そのため、近年、市町村の側から、生活保護費の財源などについて、「立法者負担の原則」が強く主張されている。ニーダーザクセン州憲法裁判所は、市町村財政調整制度をめぐる違憲判決（1997年）の中で、同州の「交付金の総額は、州・市町村双方の事務量と費用、固有財源の動向を踏まえ、両者の負担が均衡の取れた形となるように決定されるべき」であり、市町村の義務的な自治事務（生活保護など）の財政需要の測定に当たっては、「立法者負担の原則」にしたがい、所要経費を的確に反映するようにしなければならないとした[45]。

4　地方政府の財政破綻──日独2つのケース

(1) 夕張市の財政破綻

2007年3月、夕張市が財政破綻に追い込まれ、日本の自治体がおかれている厳しい財政状況を象徴するものとして注目を浴びた。旧財政再建法によれば、標準財政規模の25％を超える実質赤字があった場合に、再建団体に移行することとされていたが、同市の赤字額353億円は、標準財政規模（44億円）の約8倍にあたるものであった。

夕張市が財政破綻に陥った原因として、総務大臣の承認を受けた同市の「財政再建計画」（2007年3月6日）は次の4点を掲げている。すなわち、炭鉱の閉山が相次ぎ、人口はピーク時の10万8千人から、1万3千人までに激減するなど、地域の経済社会構造が急激に変化してきた中で、

①　「雇用の場を創出し、人口の流出を食い止めるとともに、市民に対する行政サービスを確保するため、石炭産業に代わる観光振興、住宅や教育、福祉対策などに多額の財政支出を行ってきた」こと、
②　人口の減少に伴い市税や地方交付税が大幅に減少したにもかかわらず、「歳入の減少に対応したサービス水準の見直しや人口の激減に対応すべき組織のスリム化も大きく立ち遅れ、総人件費の抑制も不十分であった」こと、加えて、
③　「地域振興のための観光施設整備による公債費等の負担や第三セクターの運営に対する赤字補てんの増大などにより財政負担は増加し、歳出規模は拡大した」こと、さらに、
④　このように財政状況が逼迫する中で、「一時借入金を用いた会計間での年度をまたがる貸付、償還という不適正な会計処理を行い、赤字決算を先送りしてきたことにより、実質的な赤字は膨大な額となった」こと

である。

しかし、夕張市の財政破綻に関するこのような通り一遍の説明では、今後の自治体財政の破たんを防止し、「地方政府」の「持続可能な財政」を確立していくためには、十分ではない。[46]

この点、片山善博（慶応大学教授、前鳥取県知事）は、夕張市の破たん原因は「当事者の住民が無関心であった」こと、その住民の代表である議会も、チェック機能を果たさず、「無為無策、無能であった」こと、また、「粉飾の分を三百億円ぐらい貸し続け」、「粉飾の共犯」である金融機関とともに、「借金政策を慫慂し」、起債を許可してきた政府にも責任があると指摘している。[47]

政府と銀行の責任については、日本共産党も、「エネルギー政策転換、交付税削減をおこなってきた政府とともに、多額の貸し込みをおこなった大銀行」に責任があるとし、[48]自治労も、「夕張市の多大な負債については、基本的には国のエネルギー政策の転換により本来国や道が担うべき責任を押しつけられたもの」であり、「その後の積極的な投資も国や道の承認の下に進められており、国や道の責任は極めて重い」と主張している。[49]

これらの見解に対して、総務省は、夕張と同じように国の産炭政策の転換の

影響を受けた自治体は他にもたくさんあるが、「それぞれ頑張りながら今健全な市政運営をやっている」、どの金融機関から金を借りるかということは「あくまでも夕張市の責任である」、「ホテル、スキー場の起債については、国としても非常に難しいと言ってきた」、「夕張市は不適切な財務処理によって赤字を隠してきた」等と反論している。[50]

私見であるが、少なくとも、制度上の（すなわち法律上の）「責任」という意味においては、予算編成等の最終決定権はあくまで夕張市にあった（つまり、外部から何を言われ、何をそそのかされようとも、それをはねつけて自らの責任と判断で対応していく自由はあった[51]）のであるから、その結果生じた事態についての責任も夕張市が負わなければならないものである。

今回の夕張市の財政破綻の原因については、論者によって広狭様々の意味に用いられている「責任」の概念を明確にしつつ、内容的にさらに突っ込んだ究明・検討が必要と思われる。

(2) ブレーメンの財政破綻と財政調整違憲訴訟

1980年代に、造船・鉄鋼業の不振により深刻な経済危機に見舞われて以来、「極度の財政難」に直面してきたドイツのブレーメン（州）は、2006年4月7日、連邦憲法裁判所に3度目の違憲訴訟を提起した。

ブレーメンは、今回、財政危機に陥った原因として、

---

① 財政制度における不利益な取扱い（歳入面では賃金税の住所地課税原則と売上税の財政調整等、歳出面では港湾、大学等ドイツ全体や周辺地域に利益をもたらしている事務に対する財源措置の点で）
② 重要な中核産業の衰退とこれによって必要となった構造改革のための多額の投資
③ 景気後退と連邦政府の税法改正による減収

を掲げている。[52]

そして、ブレーメンは、それまで11年間にわたり財政再建の努力を重ねてきたが、2004年末までの再建目標が達成できないことが明らかになったため、こ

のような状況は、基本法107条2項3文に違反するとして提訴した。[53][54][55]

連邦等による財政援助の必要性についてのブレーメンの主張は、次のとおりである。

前回の連邦憲法裁判所の判決（1992年5月27日）においては、ドイツ基本法20条1項に定める「連邦国家原理」により、連邦と各州による「連帯共同体」は、[56]その構成国家が存在の脅威にさらされ、自身の力だけではそれから脱出できないような場合には、「肩代わり原理 Prinzip des Einstehens」によって、お互いがその克服のための共同の努力をしなければならないとされている。すなわち、「極度の財政緊急事態」に陥った州に対して連邦等は、その財政の安定化のための援助を行い、その政治的自治を回復して憲法上の任務を果たすことができるようにする義務があるとされている（その代わり、財政緊急事態に陥った州は、自らも財政再建計画を策定し、これを実行する義務がある）。

ブレーメンの現状は、上記憲法裁判所の指標等に照らし、「公債比率 Kredit-finanzierungsquote」[57]も「利払・税収比率 Zins-Steuer-Quote」[58]も改善しておらず、この「極度の財政緊急事態」に該当している。ブレーメン財務省によれば、赤字比率は、財政再建期間（1999年から2004年まで）末において、29.4%で[59][60]あり、西ドイツ諸州の平均8.3%の3.54倍に達し、次に財政力の弱い州の2003年の数値に対して約11ポイントの差となっている（公債比率は、同期間末で29.6%）。また、利払・税収比率は、1993年の28.0%が2004年には22.1%にまでに改善したが、その他の西ドイツ諸州と11.2ポイントという著しい乖離を示している。

(3) ブレーメンと夕張市の比較

ドイツのブレーメンの財政危機への対応を日本の夕張市のそれと比較すれば、次のように総括できよう。

① ブレーメンの場合には、夕張のような粉飾はない。ブレーメンは、自らの財政状況を認識し、公表するとともに、これまでも自ら財政再建努力を重ねてきた。

② 両者の財政危機が、基本的には、外的な経済環境の変化によってもたらされたものであることは共通しているが、それを克服するための姿勢に差がある。すなわち、ブレーメンの場合には、主体的に明確な戦略が立てられ、財政再建が進められてきたが、夕張市の場合には、人口減少への危機感が不足していたことに加え、事業の将来見通しもないまま、様々な地域振興策に夕張市の将来を託した。[61]

③ 両者が経済環境の変化を克服するために採用した政策については、ブレーメンにおいては「やむを得なかった政策であり、連邦や他の州も承認した」として正当なものと主張しているが、夕張市の場合には、「財政の許容範囲を超えた」誤りの政策であったと自ら反省し、その原因と責任について論議し、究明しようとする姿勢は見られない。

④ ブレーメンの場合には、歳入、歳出面での財政制度の不備を理由とし、その「任務に応じた財源措置」を求めているが、夕張市のケースにおいては、不適切な会計操作もあったせいか、財源措置についての制度改革の議論は、同市からはもちろん、関係方面からも、具体的な根拠により理論だてて主張されていない。

5　地方財政制度改革

(1)　日本における三位一体の改革と第2期地方分権改革

　地方分権の一環としての地方税財源の充実については、第1期地方分権改革当時、地方自治体側から強く要請があり、国会においてもその必要性が認識されていた。[62]そのため、2001年4月に発足した小泉前内閣では、「構造改革」課題の一つとして「三位一体の改革」が推進されることとなった。

　その結果、国税である所得税から地方の住民税へ3兆円の税源移譲は実現したが、同時に、地方交付税は約5.1兆円の削減（臨時財政対策債を含む）、国庫補助負担金は約4.7兆円の削減となり（表3-1）、地方自治体側から、「国庫補助負担金改革については補助率の切り下げや交付金化などが行われたため、地方の裁量を高める真の分権改革はいまだ道半ばであり、地方交付税の削減につい

表3-1　三位一体改革の成果

国庫補助負担金改革	約△4.7兆円
税源移譲	約3.0兆円
地方交付税改革（臨時財政対策債を含む）	約△5.1兆円

出典：平成17年12月27日閣議口頭報告「『三位一体の改革』の成果」による。

ては小規模市町村をはじめ、地方は厳しい財政運営を強いられる結果となり、地域の活性化には必ずしもつながらなかった」旨の批判がなされている。[63]

　このようなことから、引き続き、地方税財源の充実強化は、今後の地方分権改革の避けて通れない課題となっており、第2期地方分権改革を進める地方分権改革推進委員会は、2007年11月の「中間的な取りまとめ」の中で、「自治行政権、自治立法権、自治財政権を有する『完全自治体』を目指す」など地方分権改革における基本姿勢を明確化にするとともに、自治体への権限移譲等とあわせ、国と地方の税源配分を5：5にしていくとの方針を示している。

　2008年11月19日、全国知事会（地方交付税問題小委員会）は、「地方交付税の復元充実等に関する提言」を取りまとめ、三位一体の改革により5.1兆円もの地方交付税が削減されたこと、総額が抑制される中で国の制度創設に伴う新たな交付税措置が増加し、地方独自の財源が不足していることを指摘し、地方の実情に即した行財政運営を行うことができるよう「地方交付税総額の復元・充実を図るべき」としている。とくに、社会保障や教育をはじめ地域振興など今後増加が見込まれる財政需要、抜本的な格差是正と地方再生に向けた地方全体の財政需要、生活保護費などの義務的経費、地方公共団体において広く実施されている乳幼児や障害児等への医療費助成などを適切に基準財政需要額に算入すべきと主張した。

　一方、同年7月、「限りなき連邦制に近い道州制」を提案した自由民主党の第3次中間報告は、道州が財政的に自立できるまでの間は税源偏在を調整する必要があるとし、既存の補助金・交付税を廃止する一方、社会保障（年金を除く）、義務教育、警察・消防について最低限全国一律に義務づけられる事務の適正な執行を確保する観点に立って、現在の地方負担分を含め全額国が負担する新しい制度（「シビルミニマム調整制度」）を創設し必要な財源保障・財政調整

を国の役割において行うこととすべきであるとした。[64]

　また、2009年初以来、新潟県の泉田知事や大阪府の橋下徹知事の発言を契機にあらためて、国の直轄事業に対する地方負担金についての批判が高まったが、前述の「経済危機対策」では、地方の負担分を国が肩代わりし、交付金で措置されることとなった（「地域活性化・公共投資臨時交付金」[65]）。

　これらの交付金については、地方6団体も三位一体の改革の際主張したように、地方の裁量が若干拡大するというメリットはあるものの、「補助金所管官庁と財務省の予算折衝の中で事業総額を決め、地方からの陳情や要望を受け、所管省庁がこれを地方に分配するという構図は変わらず」、「結局は国に権限と財源を残すもの」であること等から、あくまで慈善の策であることに注意が必要である。[66]

　いずれにしても、これらの動きは地方財政の危機的状況が深刻化している中で、「立法者負担の原則」による「任務に応じた財源措置」の考え方が浸透しつつあるものと捉えることができよう。

　地方分権改革により国の地方に対する関与が少なくなるのであれば、これと並行して「受益と負担」の関係を実現する地方税の充実強化を図ることが基本となろうが、国がなお法令等により地方自治体を拘束し、事務の実施を義務付けるのであれば、「立法者負担の原則」から言っても、地方交付税による財源保障が完全に行われるのが当然ということになる。

　地方税財政改革についての地方分権改革委員会の第3次勧告は、2009年5月にも出される予定であったが、これを断念し、6月5日、「義務付け・枠付けの見直しに係る第3次勧告に向けた中間報告」を提出するにとどまっている。

(2)　ドイツにおける第2期連邦制度改革

　2009年3月5日、ドイツでは、第2期連邦制度改革を審議してきた「連邦・州財政関係現代化合同委員会[67]」が最終案を可決した。同案によるドイツ基本法等の改正は、その後、5月29日連邦議会で、同6月12日連邦参議院で可決され、成立した。

　大連立政権下の同合同委員会は、2006年の「第1期連邦制度改革[68]」に引き続

き、「連邦・州財政関係の改革」(「第2期連邦制度改革」)を進めるため、連邦議会と連邦参議院により設置され、2年以上にわたる審議を経て合意に達したものである。

同改革案では、前述のとおり、今回の金融市場と世界経済の危機を踏まえ、財政政策における「持続可能性と世代間の公正の原則」が強調され、連邦と州の予算は原則として起債からの収入によらないで収支均衡させるべきこととされた。

参考とされたのは、2003年に国民投票によって導入されたスイスの起債制限モデルである。同モデルによれば、歳出は、「景気調整後の歳入」と整合させなければならないとされ、臨時の歳入は債務の返還に充てるとともに、通常の予算執行から生じた黒字あるいは赤字はこれを分離して特別の口座に計上し、数年かけて均衡させる。また、予算の執行の結果生じた赤字がその年度の全体歳出額の6％を超えた場合には、これに続く3年間で均衡させなければならないとされている[69]。

今回の改革に関するドイツ基本法の主な改正点は、次のとおりである。

(1) 連邦と州の新しい協働的起債制限(基本法109条)

　EUの「安定・成長協定」の考え方を踏襲し、「連邦と州の予算は、基本的に起債からの収入によらないで収支均衡させるべきこと」を憲法に規定することとされた。例外的に許されるケースは、前述のとおり、①正常状態を外れた景気後退期における景気回復のための起債(景気要素 konjunkturelle Komponente。ただし、景気後退期の赤字は景気上昇期の黒字でカバーし、中長期的に均衡させなければならない)か、②自然災害や異常な緊急事態が生じた場合における起債(同時に、その償還の定めについて確定しなければならない)に限定される。

　また、州には認められないが、連邦には、毎年GDPの0.35％に相当する額までの起債が許される(構造的要素 strukturelle Komponente。現行基本法の「投資予算額までの起債」の定めに代わるものである)。

(2) 連邦に対する規制(基本法115条)[70]

　起債が許される範囲を現実に超えた額は、特別勘定に計上しなければな

らない。特別勘定の収支赤字は、GDPの1.5％を超えてはならない。

　自然災害等に関する起債の例外措置を発動するためには、連邦議会の過半数の同意が必要である。

(3) 経過措置（基本法143d条①）

　基本法109条および115条の新規制の適用は2011年度から（経過措置あり）。ただし、起債制限に関する規定は、連邦は2016年度から、州は2020年度から適用される。

(4) 財政再建援助（基本法143d条②および③）

　起債制限遵守のための各州財政援助として、2011年度から2019年度まで毎年8億ユーロ、合計72億ユーロ（毎年、ブレーメンに3億ユーロ、ザールラントに2億6,100万ユーロ、ベルリン、ザクセン・アンハルト、シュレスヴィヒ・ホルシュタインにはそれぞれ8,000万ユーロ）が交付される。その財源は、連邦と各州が折半して負担する。援助を受けるこれらの州は、財政再建路線を継続し、2020年度までに収支均衡予算を達成しなければならない。

　また、連邦憲法裁判所の2006年10月の「ベルリン判決」[71]に基づき、財政危機回避のための「協働的早期警戒システム kooperative Frühwarnsystems」が創設されることとなった。すなわち、連邦および州の財務大臣ならびに経済技術大臣からなる「安定化委員会 Stabilitätsrat」が新たに設置され、連邦および州の財政運営、とりわけこれらの5つの交付金受取州の財政再建の進捗状況を監視することとされた。

　今回の支援に対して、2006年4月の連邦憲法裁判所への提訴により連邦からの財政援助を要求しているブレーメン[72]は、これによって同州の利子支払の負担が軽減され、その財政再建に寄与するものと歓迎の意を表明した。しかし、依然として、ブレーメンの抱える問題、特に、州財政調整において構造的に不利益な取り扱いを受けている問題は未解決であるとし、2019年に予定される新州財政調整の見直しの際、あらためて検討すべき旨主張している。[73]

6　おわりに

　今日、日本においてもドイツにおいても、「地方政府」が直面する厳しい「財政制約」の下、市民は行政サービスを受身的に享受するだけでなく、共同体の一員としてその提供に自ら協力、参加すべきであると考えられるようになった。そしてさらに、市民は「地方政府」の主権者として地域の課題の解決のため積極的に参画するとともに、その「受益と負担」のあり方についても自ら決定すべきであるとの考え方が広まりつつある。

　そのような「地方政府」と市民との関係を前提に、今後、国と地方の「財政制約」を克服し、その「持続可能な財政」を確保していくためには、消費税率の引上げ等国民負担、住民負担のあり方について真摯に向き合うとともに、「地方政府」に対し「任務に応じた財源措置」を講じた上で国、地方を通じて厳しい起債制限システムを導入していく必要があるというのが筆者の結論である。

〈注〉

1）「地方分権推進委員会中間報告」（1996年3月29日）、地方分権推進計画（1998年5月29日、閣議決定）、衆議院本会議（1999年5月13日）総理答弁等。
2）内田満編『現代政治学小事典』（1999年、ブレーン出版）P.113参照。ただし、日本等においては、「地方政府」は必ずしも裁判所を有するものではない。
3）国会は、日本の「唯一の立法機関」であるが、その権能は「中央政府」の議会としての役割にとどまるものではない。「中央政府」と「地方政府」双方の関係を決定する機関でもある。そのため、ドイツでは連邦参議院を設けて州の意向を反映するシステムとしているのであるが、日本においてはそうなっていない（拙著「地方分権の潮流と地方交付税改革」（『地方財政』2005年11月号））。
4）「地方政府」概念の歴史的な起源と展開については、小滝敏之著『地方自治の歴史と概念』（2005年、公人社）、「第2節　地方政府（ローカル・ガヴァメント）の意義と起源」参照。
5）旧自治省・地方行政活性化長期戦略研究委員会報告書（1987年3月、座長：成田頼明・横浜国立大学教授（当時））。
6）2007年5月30日、地方分権改革推進委員会「地方分権改革推進にあたっての基本的な考え方―地方が主役の国づくり―」）。
7）拙著『地方分権の国ドイツ』（ぎょうせい、1985年）前書。

8) 拙著「三位一体改革と道州制」(雑誌『公営企業』2004年11月号)。
9) Jörg Bogumil/ Lars Holtkamp "Bürgerkommune konkret vom Leitbild zur Umsetzung" (2002 Friedlich-Ebert-Stiftung) および Winfried Osthorst/ Rolf Prigge「市民自治体としての大都市 Die Großstadt als Bürgerkommune」(2003年、Bremen、Kellner-Verlag)) P.19。
10) 拙著「都市州ブレーメンにおける財政再建と市民参加」(同協会『平成18年度　比較地方自治研究会調査研究報告書』)。
11) ドイツでは、①、②、③をあわせて、一般に「市民自治体 Bürgerkommune」、ブレーメンでは、「活動市民都市 aktive Bürgerstadt」というコンセプトとなっている。
12) ドイツにおける「市民自治体の構想」については、坪郷實『ドイツの市民自治体　市民社会を強くする方法』(2007年、生社)第5章および前掲拙著「都市州ブレーメンにおける財政再建と市民参加」参照。
13) OECD「Economic Outlook 83」(2008年6月)。
14) 2009年4月24日、各都道府県知事宛総務事務次官通知「平成21年度地方財政の運営について」。
15) 地方財政破綻原因の類型については、高寄昇三『地方財政健全化法で財政破綻は阻止できるか　夕張・篠山市の財政運営責任を追及する』(2008年、公人の友社、地方自治ジャーナルブックレット No.46)参照。同書では、構造的要因、制度的要因、経済的要因、経営的要因の4つを挙げ、さらに詳述し、批判的な分析を行っている。
16) 総務省『合併協議会の運営の手引―市町村合併法定協議会運営マニュアル―　第1部政策編』。
17) 2008年6月、総務省・市町村の合併に関する研究会「『平成の合併』の評価・検証・分析」。
18) 2006年5月10日、総務省・市町村の合併に関する研究会「市町村合併による効果について」。
19) 2008年10月8日、全国町村会「『平成の合併』をめぐる実態と評価」。
20) 2005年9月28日、シェルフ Henning Scherf 前ブレーメン市長、退任表明ディスカッション・ペーパー(前掲拙著「都市州ブレーメンにおける財政再建と市民参加」)。
21) 前掲、シェルフ・ブレーメン前市長「退任表明ディスカッション・ペーパー」。
22) 2006年、菊地端夫「ドイツ、スウェーデンにおける市町村合併の現況―近年の動向とその評価をめぐって―」『平成17年度　比較地方自治研究会調査研究報告書』。
23) 正式名は、「地方公共団体の財政の健全化に関する法律」(平成19年6月22日法律第94号)。
24) 2008年11月28日、総務省報道資料「平成19年度決算に基づく健全化判断比率・資金不足比率の概要(確報)」。
25) 普通会計の実質赤字等の標準財政規模に対する比率。
26) 全会計の実質赤字等の標準財政規模に対する比率。
27) 普通会計の一部事務組合等に対するものを含め、負担する公債費の標準財政規模に対する比率。
28) 公営企業、出資法人等に対する負担見込額を含め、普通会計の実質的負債の標準財政

規模に対する比率。
29) 前掲高寄書によれば、公会計改革の遅れによる「財政判断指標の不確実性から、将来負担比率の早期警戒機能の適用を断念している」とされる（同77ページ）。
30) 2009年4月10日、「経済危機対策」に関する政府・与党会議、経済対策閣僚会議合同会議。
31) 連邦・州財政関係現代化合同委員会「決議の要約」（連邦議会 HP「Föderalismusreform II」）。
32) 2007年12月10日、ドイツ連邦財務省科学審議会のシュタインベック財務大臣宛書簡「連邦と州の起債制限連邦と州の起債制限―基本法における起債限度額の新設のために Schuldenbremse für Bund und Länder-Für eine Neufassung der Verschuldungsgrenzen im Grundgesetz」。
33) プライマリー・バランスとは、「借入を除く税収等の歳入」から「過去の借入に対する元利払いを除いた歳出」を差し引いた財政収支のことをいう。これが均衡すれば、毎年度の税収等によって、過去の借入に対する元利払いを除いた毎年度の歳出をまかなうこととなる。
34) 2004年11月11日　地方財政審議会「地方税財政制度改革（三位一体の改革）に関する緊急意見」。
35) 2008年11月19日、全国知事会「地方交付税の復元充実等に関する提言」（地方交付税問題小委員会）。
36) 拙著「地方分権の潮流と地方交付税改革」（『地方財政』、2005年11月号）。
37) 多国間条約として1985年6月採択、1988年9月発効。
38) 以下、2006年、自治総合センター「『自立』と『連帯』の地方財政に向けて」による。
39) 2005年1月、欧州評議会「基礎的地方自治体及び広域的地方自治体の財源に関する勧告」第1号付属文書1－2－12。自治総合センター、2006年、「『自立』と『連帯』の地方財政に向けて」。
40) ドイツにおいては、特に、市町村の財政関係において、「牽連性 Konnexität の原則」＝「立法者負担の原則」（原因者負担の原則）として使用される場合が多いが、単純に「任務とその支出責任の関係の原則」の意味に理解している例として、ベルテルスマンホームページ「Konnexität zwischen Aufgaben und Ausgaben」参照。
41) 所得税及び酒税32％、法人税34％、消費税29.5％、たばこ税25％（2009年度）。
42) 「州間財政調整」では、財政力の強い拠出州のノルドライン・ヴェストファーレン州、バイエルン州、バーデン・ヴュルテムベルク州、ヘッセン州およびハンブルク州から財政力の弱い受取州の東ドイツ諸州等に財政調整金が交付されている（2006年度）。
43) 「垂直的財政調整」の一種である「連邦補充交付金 Bundesergänzungszuweisungen, BEZ」には、各州の収入を全国平均の一定割合まで保障するため、連邦から財政力の弱い州に対して交付される「一般連邦補充交付金」とその他の「特別連邦補充交付金」がある。「財政再建特別連邦補充交付金」は、後者の一種で財政再建のために交付される。
44) 前掲、自治総合センター「『自立』と『連帯』の地方財政に向けて」。
45) 同上。
46) 包括的に夕張市の財政破綻の責任を論じたものとして、高寄前掲書参照。

47) 2007年6月12日、参議院総務委員会における同氏の発言。
48) 2007年3月20日「しんぶん赤旗」記事。
49) 2007年3月7日、全日本自治団体労働組合ホームページ「夕張市財政問題に係る自治労見解」。
50) 2007年3月19日、参議院予算委員会における菅義偉総務大臣の答弁。
51) 第1期分権改革後、それ以前には（あるいはそれ以後も）そのような自由が全くなかったかのような論議がしばしば見られるが、それはかえって日本の自治体を貶めるものである。機関委任事務制度の下といえども、当該自治体の政策決定の最終的な権限と責任は自治体に帰属していた。そうでなければ、「地方自治の本旨」を謳った日本国憲法違反であったはずである。
52) ブレーメン州ホームページ「Verwaltung online」、財務省（Der Senator für Finanzen）「財政再建と憲法提訴 Sanierung und Verfassungsklage」。
53) ドイツ基本法107条2項を、
「州の財政力の格差が適切に調整されることは、法律によって確保されなければならない。その際、市町村（市町村連合）の財政力および財政需要を考慮するものとする。財政調整を求める権利を有する州の財政調整請求権およびこれに応じる義務を有する州の財政調整義務の要件ならびに調整交付金の額の基準は法律で定める。連邦がその財源により給付能力の弱い州に対し、一般的な財政需要を補充するための交付金（補充交付金）を与えることも、法律により定めることができる。」と規定している。
54) ブレーメン州ホームページ、財務省「財政再建と憲法提訴 Sanierung und Verfassungsklage」。
55) 以下、前掲拙著「都市州ブレーメンにおける財政再建と市民参加」
56) ドイツ基本法20条1項は、「ドイツ連邦共和国は、民主主義的、社会的連邦国家である。」と規定している。
57) 支出総額に占める純新規起債額 Nettoneuverschuldung（新規起債額から償還額を控除した額）の割合。
58) 税収入に占める利子支出の割合。
59) ブレーメン財務省「財政再建年次報告 Sanierungsbericht 2004年」。
60) ドイツの会計制度においては、赤字を起債で補うという考え方であるから、期間修正のわずかな誤差を除けば、公債比率イコール赤字比率となる。
61) 拙著「『地方政府』と地域づくり新戦略」、片木・藤井・森編著『地方づくり新戦略 自治体格差時代を生き抜く』（一藝社、2008年）。
62) 衆議院の議員修正による地方分権一括法附則第251条および参議院付帯決議参照。
63) 2007年7月25日、全国知事会「「第二期地方分権改革」への提言—日本の改革・再生は地方分権型社会から—」。
64) 2008年7月29日、自民党・道州制推進本部「道州制に関する第3次中間報告」。
65) 前掲政府・与党「経済危機対策」。
66) 2004年11月9日、『地方六団体資料』（「国と地方の協議の場」第5回提出資料）。
67) 「連邦・州財政関係現代化合同委員会 Kommission von Bundestag und Bundesrat zur Modernisierung der Bund-Länder-Finanzbeziehungen」（2007年3月7日、発足）。

68)「第1期連邦制度改革」のための基本法の改正案は、2006年7月7日に可決され、同年9月1日から施行された。約40項目にわたる改正の主な内容は、連邦参議院および連邦と州の立法権能に関する改革であった。詳しくは、拙著「ブレーメン州による財政調整違憲訴訟とドイツの第2期連邦制度改革」(自治体国際化協会『平成19年度比較地方自治研究会調査研究報告書』)および前掲「都市州ブレーメンにおける財政再建と市民参加」参照。
69) 以上、前掲ドイツ連邦財務省科学審議会書簡。
70) 同上書簡によれば、現行のドイツ基本法115条1項2文は、原則として投資支出の財源とする場合に限り当該投資予算額までの起債を認めるが、「経済全体の均衡の撹乱を防止する場合」には、その例外としてその限度を超えることを認めている。しかし、この「投資」と「経済全体の均衡の撹乱を防止する場合」の定義があいまいなため拡大解釈を許し、公債の増嵩に歯止めをかけられなかったとのことである。
71) 前掲拙著「ブレーメン州による財政調整違憲訴訟とドイツの第2期連邦制度改革」参照。
72) 同上書および前掲「都市州ブレーメンにおける財政再建と市民参加」参照。
73) ブレーメン財務省ホームページ「2009年2月5日、市長記者会見資料」による。

第4章
ドイツ自治体の効率化
――「新制御モデル」と民営化に関する考察

ザビーネ・クールマン

1 はじめに

　本章では、ドイツにおける自治体の効率化という、現在進行中の傾向を取り上げる。改革の諸効果に着眼点を置いて、行政経営政策がドイツの自治体システムにどれほど恒久的な変化をもたらしたのか、またはむしろ既存の制度の持続性・継続性が浮き彫りにされたのかを明確にしたい。制度的な改革がもたらす変化については、市民参加の促進や直接民主主義の導入を通してインプット（入力）の正統性に働きかけるもの、または行政活動の有効性・効率性の向上によりアウトプット（出力）の正統性に働きかけるもの、これらの2種類がある。本章では、アウトプットの正統性改変を目的とした改革の取り組みを主に取り上げるが、同時に改革手法の実践と改革が引き起こした追加的な効果についても考察したい。

　以上の試みを、本章では4段階を追って進めていく。

1. 効率化を目的とした改革を、まず国際的な傾向として特徴づけ、さらにドイツまたはヨーロッパ大陸における変形を明確にする。
2. その後、「新制御（NSM：Des Neue Steuerungsmodell）モデル」を重視した、ドイツの自治体内部における改革について考察する。
3. 第三ステップとしては、民営化と外部化（アウトソーシング）の結果として起こった地域の「生産モデル」の変遷について分析する。

4．最後に、結論と合わせて今後の展望について述べる。

2 国際的な改革の傾向としての効率化

ドイツにおける自治体モデルの変遷は、ニュー・パブリック・マネージメント（NPM）を改革モデルとして起こった国際的な効率化の動きにぴったりと合致するものである。効率化の動きは、1980年代からまずはアングロサクソン系諸国で注目を浴び、ドイツ国内の改革議論の中でも、どんどん存在感を増していった（vgl. Reichard 1994；Wollmann 1996；Kuhlmann 2004）。分析上、NPM を大まかに分析すると、規制政策を扱うマクロ次元（外部マネージメント）の NPM と、内部構造を扱うミクロ次元（内部マネージメント）の NPM があることが分かる。本章で主に論及を試みるのは、このミクロ次元の NPM についてである。

NPM の「外部マネージメント」とは何かと言うと、例えば、政府又は自治体の介入範囲を新たに規定したり、公的セクター、民間セクター、第三セクター（非営利セクター）の関係を新たに調整する手段を NPM の外部マネージメント機能と呼ぶことができる。つまり、NPM の外部マネージメントが扱う「マクロ次元」というと、民営化、競争政策、公共サービスの外注化や委託・受託モデルといった事項を指しているのである。これに対し、NPM の「内部マネージメント」とは、経営学的観点に触発された行政改革の方策や、政治（議会）と行政の関係性を新たに規定することなどを指す。図4‐1に、NPM による改革の規範的理念モデルの大要を示そう。

ドイツにおける NPM 発展経路の特徴は、ひとつには改革の論議が他諸国よりも比較的遅れて始まったことである。この理由としては、まずドイツでは1980年代後半頃まで、改革を必要とするような深刻な政策的問題、行政経営への圧力が強く感じられていなかったことが挙げられる（Wollmann 1996）。ドイツの行政は、とりわけその法治国家性や業績能力という面では、国際的に見ても先駆的ポジションにあると考えられていた。また、「スリムな国家」であるかどうかという点では、ドイツは人口に対する「公務員の比率」が1991年には

74　第Ⅰ部　自治体の再構築

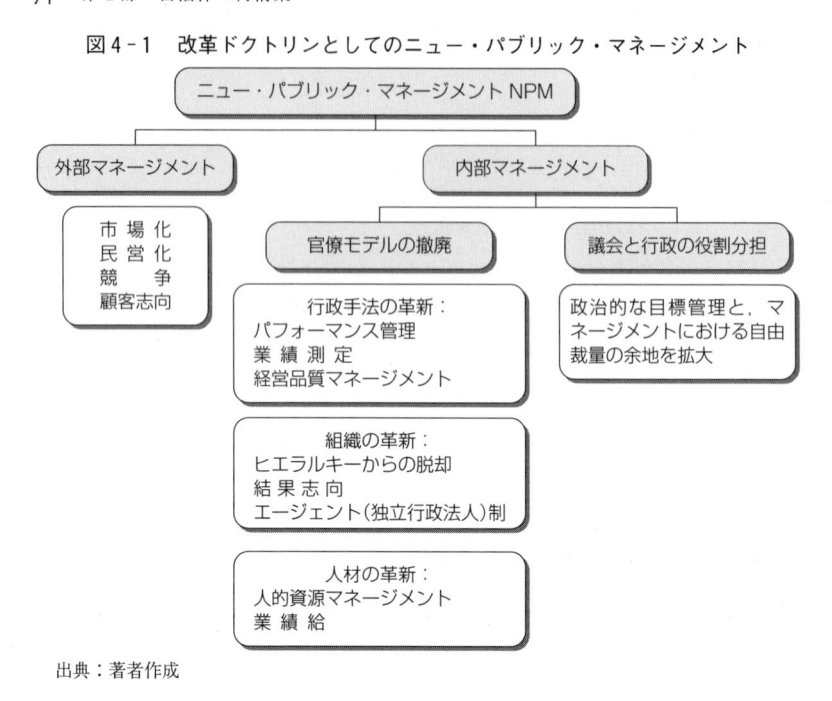

図4-1　改革ドクトリンとしてのニュー・パブリック・マネージメント

```
                    ニュー・パブリック・マネージメント NPM
                    ┌───────────────┴───────────────┐
            外部マネージメント                    内部マネージメント
                │                      ┌───────────┴───────────┐
            市 場 化              官僚モデルの撤廃          議会と行政の役割分担
            民 営 化                    │                        │
            競   争              行政手法の革新：         政治的な目標管理と，
            顧客志向              パフォーマンス管理       マネージメントにおける自由
                                業 績 測 定              裁量の余地を拡大
                                経営品質マネージメント

                                組織の革新：
                                ヒエラルキーからの脱却
                                結 果 志 向
                                エージェント（独立行政法人）制

                                人材の革新：
                                人的資源マネージメント
                                業 績 給
```

出典：著者作成

14.8％と、OECD加盟国のうちでも最もスリムな部類（上位3分の1）に属していたのである。しかし結局のところ、ドイツの政治及び行政システムは「改革を誘導しやすい」基礎制度を提示していたと言える。地方分権や補完性の原則など、福祉部門において伝統的に自治体に権限を付与した要素などから見ても、ドイツは他国（特に統一中央集権制国家）と較べると、「改革性と現代性」の面では一歩先んじていたのである。

　ドイツの特徴としてもうひとつ挙げられるのは、ドイツにおいては、自治体がNPM改革運動の先駆者であるという事実だ。ドイツの自治体は、連邦や州よりもずっと早くにこのテーマに積極的に取り組んでおり、また、自治体は財政的困難からの脱出の必要に迫られて動くことが多いのはもちろんなのだが、例えばイギリスのように中央政府の操縦を受けることなく、自らが原動力となってNPMに取り組んできたことは特記すべきである。そしてこれも重要なことであるが、ドイツ及びヨーロッパ大陸に見られる特徴として、市場化、競

争政策、民営化といった改革政策が、業績測定、契約管理、ヒエラルキーの解体といった行政内部のマネージメント改革とは切り離して理解されている、ということがある（vgl. Kuhlmann 2007）。新制御モデルは、最初から「最小国家」、そして民営化の代替手段と見なされていたのであり、このために党派を超えた支持を得たのである。

3 行政内部改革——「新制御モデル」

　行政内部改革コンセプトとしての新制御モデル（NSM）は、「マックス・ウェーバー的」古典的・官僚主義的ヒエラルキーと規則主義マネージメントに反旗を翻すものだ。ウェーバー型モデルは、業績重視主義の地方分権に基づく制御（マネージメント）とは対極にあるものだからだ。新制御モデルの手本とされたのは、特に契約管理や分権的資源管理責任、そしてコスト計算といった要素が重要な役割を担う「ティルブルク・モデル」として有名になったオランダの改革アプローチであった。ドイツの伝統的自治体行政は、マネージメント能力やアウトプット能力の低さを指摘され「組織立った無責任の構造」として批判を受けていたのであり、根本的な変革の必要性が叫ばれてきた（参照 Banner 1991）。そして、経営学的制御方法、結果志向ないし「業績（生産）重視」の財政管理、議会と行政の明確な役割分担、分権的な資源管理責任、そして分権的、かつ自治体を複数企業の総合体として捉えた組織構造が、旧来の（マックス・ウェーバー的な）官僚モデルに取って代わるべきだとされたのである（vgl. Bogumil/ Kuhlmann 2004）。

(1) 改革の実践

　この新制御モデルは、「行政簡素化のための自治体共同機構」（KGSt：Kommunale Gemeinschaftsstelle für Verwaltunsmanagement. 以下文中では「自治体共同機構」と略す）と当時の所長であったゲルハルト・バンナー氏によって本質的な部分を整備され、その上で公表されたものだ（vgl. KGSt 1993）。自治体共同機構が展開したキャンペーンが効を奏し、新制御モデルは急速に行政経営政策の

表4-1　ドイツ自治体における改革志向の動き

行政改革の手法	郡に属さない都市	郡に属する市町村	郡	旧西独	旧東独	合計
合　計	97.6% (80)	91.0% (579)	95.4% (145)	92.2% (688)	93.5% (116)	92.4% (804)
NSMを総体概念として全面導入	27.2% (22)	14.7% (85)	15.9% (23)	17.1% (118)	10.3% (12)	16.1% (130)
NSMの各手法を個別ツールとして導入	65.4% (53)	64.3% (374)	74.5% (108)	66.7% (461)	63.8% (74)	66.3% (535)

n=870 市長・郡長；%表示、カッコ（　）の中は絶対数、%は縦列に計算したもの
出典：Bogumil/ Grohs/ Kuhlmann/ Ohm 2007：38．

代表的理念モデルとして定着していった。行政経営政策論議の中で新制御モデルがこのような成功を収めた理由としては、何よりも自治体共同機構がドイツ自治体行政のシンクタンクとして著名であり、権威ある存在であったことが大きい。こうして、ドイツの「改革志向自治体」のうち82.4%という圧倒的多数の自治体が、新制御モデルを改革の理念モデルとしたのであった[1]。

　新制御モデルの理念モデルとしての効果については一般に議論の余地がないとしても、この改革コンセプトの具体的実践や実務的適性という面では、むしろこれとは異なって、いささか意気消沈するような現実像が浮かび上がってくる。ひとつには、行政改革に着手する際、ドイツの自治体における新制御モデルは「部分的理念モデル」である、ということだ。データによれば、ドイツ市町村の60%以上は新制御モデルの要素から個別ツールを選び出し導入しているに過ぎず、新制御モデルのコンセプトを全面導入した改革を行っている自治体は全体の14.9%と、明らかに少数派である。そして、新制御モデル「討議」(talk) の段階を超えて、実際にこの手法を実施する段階 (action) にまで目をやってみると、このモデルに対する厳しい評価が見えてくる。新制御モデルの核となる要素（表4-2参照）をもとに測定してみると、改革の動きが起こってから十年が経過した現在でも、ドイツ自治体の半数以上が実施し終えた改革要素はひとつもないことが分かる。いわゆる「新制御モデル強硬派」と呼ばれる自治体は、新制御モデルの8つの中心要素（戦略的経営支援、行政内部のサービス組織、分権的な専門・資源管理責任、分散的予算管理、製品定義・減価償却導入、議会と

第4章　ドイツ自治体の効率化　77

表4-2　新制御モデルの中心的要素の実施状況

新制御モデルの中心要素	行政全体で実施	一部で実施
専門部課の構成	43.6%（379）	9.3%（ 81）
戦略的経営支援のための中核組織	25.9%（225）	12.4%（108）
分権的コントロール組織	10.9%（ 95）	13.6%（118）
横断的サービスの構築	23.9%（208）	24.7%（215）
ヒエラルキーの解体（フラットな組織）	34.5%（300）	25.4%（221）
分権的な専門・資源管理責任	33.1%（288）	26.2%（228）
分散的予算管理	33.1%（288）	34.4%（291）
製品定義・減価償却	29.0%（252）	9.9%（ 86）
コスト計算・業績測定	12.7%（108）	33.0%（287）
報告方式	22.1%（192）	20.7%（180）
	導入済み	
議会と行政の役割分担の明確化（契約管理）	14.8%（129）	＊
行政内での役割分担の明確化（契約管理）	24.3%（211）	＊

n=870　市長／郡長；＊参照項目なし
出典：Bogumil/ Grohs/ Kuhlmann/ Ohm 2007：

の契約管理、行政内の契約管理）を行政全体に導入したことを自己申告しているが、このような自治体はドイツ全国を見渡しても22しかなく、全体の2.5%に過ぎない。つまり、ドイツでは全体的にかなりの「新制御モデルの実施面での欠損」があることが、ここで認識されなければならないだろう。さらに、主に「新制御モデルを改革指針としていない」という理由でアンケートに参加しなかった自治体も視野に入れると、新制御モデル実施のパーセンテージはますます低くなることが予想されるのである。

(2)　改革の効果

では、新制御モデルによる改革はドイツの自治体にどのような効果をもたらしたのだろうか。

①　まず、歳出削減と効率アップの2点が改革の本質的な目的であることを今一度思い起こす必要があるだろう。下記の図4-2は、改革に携わった自治体関係者が非常にポジティブな自己評価を下していることを示すアンケートの

78　第Ⅰ部　自治体の再構築

図4-2　分権的専門・資源管理責任の効果

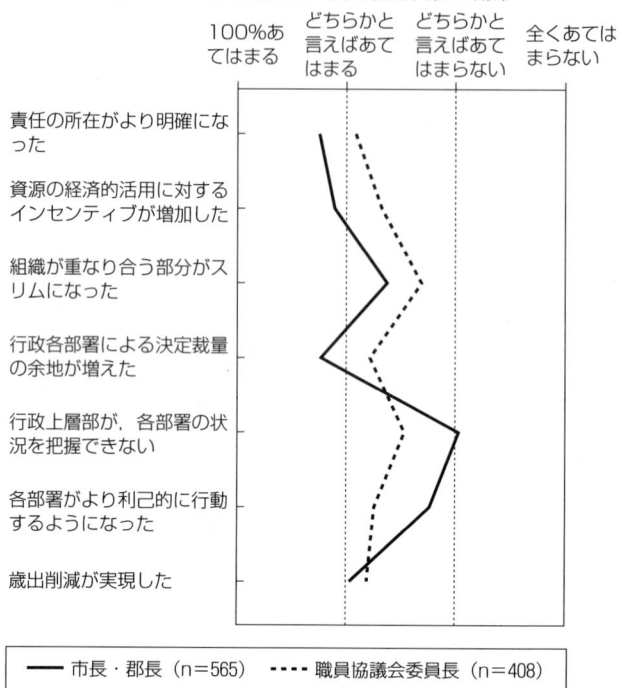

| | 100%あ
てはまる | どちらかと
言えばあて
はまる | どちらかと
言えばあて
はまらない | 全くあては
まらない |

縦軸項目（上から）：
- 責任の所在がより明確になった
- 資源の経済的活用に対するインセンティブが増加した
- 組織が重なり合う部分がスリムになった
- 行政各部署による決定裁量の余地が増えた
- 行政上層部が，各部署の状況を把握できない
- 各部署がより利己的に行動するようになった
- 歳出削減が実現した

凡例：―― 市長・郡長（n=565）　---- 職員協議会委員長（n=408）

出典：Bogumil/ Grohs/ Kuhlmann/ Ohm 2007：49；段階的評価（1（100%あてはまる）から4（全くあてはまらない）まで）の平均値を算出した。

結果である。市長（郡長）及び職員協議会長［訳注：職員の代表機関］の両者ともが、分権的な資源管理責任が、資源を経済的観点から管理するインセンティブを高めている、という見解を明らかにしている。またさらに注目すべき結果として、両者が「歳出削減の実現に成功した」と回答していることがある。

しかしながら、実際の経験と照らし合わせてみると、改革に携わる自治体関係者が示すこうした楽観的自己評価は、必ずしも無条件に経験上の評価と合致はしないことが分かる。我々のアンケートによると、財政・人員・組織といった横断的部門においては「スリム化」は殆ど起こっておらず、つまり歳出削減効果も認められなかった。また、NSM改革自体にコストが発生したことや、

新しいマネージメント方式の導入により、通常の域を超える業務処理コストが生じたことが考慮されていないこともしばしばであった。例えば、多くの自治体が外部のコンサルタント（助言）サービスを利用したわけだが、アンケートによれば、これにかかった費用は平均で171,400ユーロにも上るのである。さらに、多くの自治体が改革要素の考案に大変な経費支出を経験したわけだが、例えば業務カタログの作成には、平均で数ヶ月間職員15人分の労力が投入されていた。ドイツでは、プロジェクト・マネージメント部門を有する自治体の70％が、平均で1.3人、ときには30人までの常勤労働力を投入したことになる。ドイツの自治体においては、新制御モデルに起因する人員・コスト削減が達成されたとは言い難く、むしろその反対であったことが分かる。

② 改革が進行することによって、自治体内部の制御能力にどのような効果がもたらされたのだろうか？これについては、いくつかの先駆自治体において、かなりの問題をはらんだ発展経過が確認されている。つまり、一方では行政の構造及びプロセスが十分に分権化され、例えば分権的資源管理責任やほぼ自律的に機能する業績センターが実現化されたのに対し、他方では、中央に位置するコントロール担当部局といったような効果的なフィードバックのメカニズムの設置が行われていなかったりするのである。このようなことから生じる典型的な結果としては、自治体を全体として制御しコーディネートする能力が失われてしまったということがある。自治体行政内に「指揮命令の真空状態」が発生し、それぞれの「自律的」専門部局における「管轄のエゴイズム」が強まってしまったのである。このように、意図はしなかったものの結果的に発生した問題に対して、新制御モデル改革は再ヒエラルキー化または「再ウェーバー化」をもって対応する傾向が近年認められている。

③ 自治体における政治戦略的制御は改善されただろうか？　当該分野において新制御モデル改革がもたらした「結果」は非常に芳しくないものとなっている。その理由は何であろう？　ひとつには、パフォーマンス管理、報告方式、コントロール組織、製品定義・減価償却等々の新制御モデルの要素が、特に行政の情報需要に合わせて調整されたものであって、市議会議員の情報需要に合わせたものではない、ということがある。また他方では、政治的な目的制御

(*"at arm's length"*) と自己管理責任的な行政の執行 (*"let the managers manage"*) の分離が要求されてはいるものの、実践がされていない、ということだ。政治家にとっては、個別のプロジェクトや措置をコントロールすることは、専門委員会の専門職員による行政決定を保護することと同等に、依然として「生き残りをかけた重要さ」をもった事項なのである。また、目標設定と政治契約といった、政治にとって重要となる新制御モデルの要素は、全く導入されていないかまたは導入されたものの機能しなかったかのどちらかであり、このために再び廃止の憂き目に遭っている。

④　このような芳しくない調査結果があるからといって、多くのポジティブな改革効果があったことまでを忘れてはいけない。サービスのレベルや顧客志向経営といった重要な「業績パラメーター」においては明白な改善が認められる。例えば、ドイツにおける人口1万人以上の自治体のほぼ60％が、近年、ワンストップの機関 (*one-stop-agencies*) としての市民総合窓口（市民局：第1章注18)参照）を設置している。また、70％以上が受付時間の延長を行っている。そして、ドイツ自治体のほぼ半数が、行政手続きにおける事務処理時間の短縮が達成されたことを確認しているのである。もっとも、このような改善点は新制御モデルと直接的に関係しておらず、むしろ「古くから知られた」伝統的な改革アプローチに起因することが多い。例えば、市民局などは既に1970年代より考案されていたものである。しかしそれでも、こうした旧来の改革コンセプトが再燃し、「チャンスの窓 (*window of opportunity*)」（目的達成のための絶好のチャンス）が到来したのは、新制御モデルの論議のおかげであると言える。ドイツの新制御モデル論議においては、批判を呼んだ発展経過は全て、自治体官僚機構に有益な活生化の効果を及ぼしたのである。新制御モデルは、地域の改革モデルとして、支配的な理念モデルの機能と行政全体を刺激する推進力を有しており、国際的に比較しても、比類無しとまではいえないとしても、非常に優れたものとして知られている。

4 自治体生産モデルの変遷——民営化と外部化（アウトソーシング）

　伝統的なドイツの自治体モデルは、過去十年の間、アウトソーシングと民営化により、ますます圧迫されている（Wollmann 2002）。公私共同経営型の企業（いわゆる制度的パブリック・プライベート・パートナーシップ）や民間企業体が、地域のサービス提供において重要さを増してきている。「スリムなサービス保証自治体（Gewährleistungskommune）」理念モデルのもと、市町村は直接的なサービス提供からどんどん撤退しており（vgl. Reichard 2006a）、自治体の「生産プロフィール」を著しく限定的なものにしているのである。これと平行して、自治体がその任務遂行（時に資金調達や投資コストも含む）をどんどん民間に移譲し、サービス経営モデルや認可モデルの枠内で複数年に渡る契約を結ぶなど、契約政策への移行が起きている。

　ドイツの自治体において、民営化と自由主義化の動きを引き起こした中心的要素が、市場の開放と競争の自由を志向する EU の政策にあることについては、疑う余地がないだろう。ドイツの自治体とって、これは主に、公益を引き合いに出して保護されてきた地域公共サービス分野における「地域市場」が、EU の掲げる自由主義や競争主義に圧迫されるようになったということを意味している（Trapp et al. 2002）。エネルギー供給やゴミ処理といった（自治体の都市公社が管轄する）分野では、公共近距離旅客輸送機関や地域の貯蓄銀行においても、EU の競争政策とこれを実践する国家立法の圧力の下で、どんどん市場の開放と自治体の行動半径の制限が行われるようになったのだった（Wollmann 2002）。また、福祉サービス分野でも、民間の福祉団体を供給者とした事実上の寡占状態があったが、1990年代半ば頃からは、多元的な供給者のスペクトルがこれに取って代わった。またこれは、連邦レベルの法律に関連しているものでもある。こうした連邦法は、民間の福祉サービスの担い手（複数の福祉団体）に与えられた「条件つきの優先権」を解消し、これによって市場を民間事業者や第三セクターの非営利・非組織的な主体に対して開放することを目的とするものであった。[2]

図4-3 ドイツにおける自治体職員の中心行政組織と出資団体に対する配分

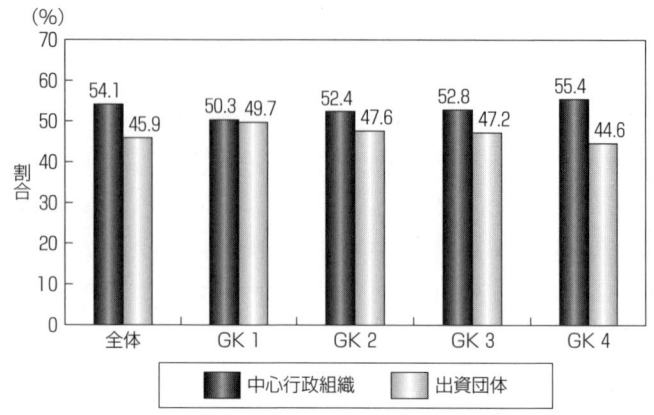

それぞれの柱は自治体の人口によって区別されたものである。GK1：＞400,000人、GK2：200,000－400,000人、GK3：100,000－200,000人、GK4：50,000－100,000人の自治体となる。
出典：Richter et al. 2006：61.

さらに、自治体の民営化政策の重要な推進要素は、地域の財政危機にある。行政の財政的負担を軽減し、政府の財政保障から脱するかまたはこれを回避するために（vgl. Holtkamp et al. 2004：101）、自治体は経営、施設またはインフラストラクチャーといった形の財産を譲渡する。そして、これらを売却して得た1回限りの収益は、行政会計として、過去何年にも渡って積み重なった赤字を補填するために使用されるのである。

(1) 改革の実践

2005年に行われたアンケート（260のドイツ自治体を対象）によれば、人口2万人以上の市町村のうち、83％が5～13件以上のアウトソーシング事業を行ったと答えた一方で、行政事務をアウトソーシングしたことがないと答えたのはわずか1％であった（vgl. Bremeier et al. 2006）。新制御モデルの評価研究においては、ドイツの市長の60％が、1990年以来、行政事務分野のアウトソーシング（経営分離）または民営化を行ったと回答している。アウトソーシング及び民営化の傾向は、投資、支出そして人員が、1980年代以来、自治体の出資団体と中

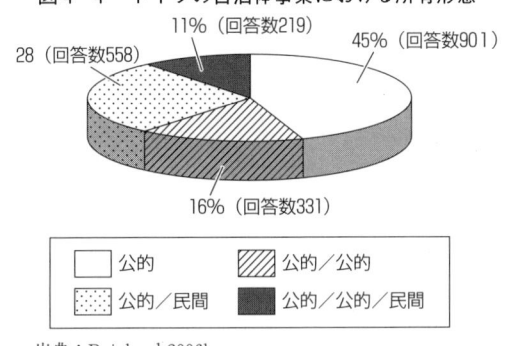

図4-4　ドイツの自治体事業における所有形態

- 公的：45%（回答数901）
- 公的／公的：11%（回答数219）
- 公的／民間：28（回答数558）
- 公的／公的／民間：16%（回答数331）

凡例：公的、公的／公的、公的／民間、公的／公的／民間

出典：Reichard 2006b

心行政組織に優先して割り当てられてきたことからも確認できるだろう。自治体共同機構は、1985年の時点ではその出資団体の割合はまだちょうど30％ほどだと見積もったが、出資団体の中心行政組織の行財政に対する実績比率は、バーデン＝ヴュルテンベルク州の市町村を基にすれば、2000年代初頭までに既に57％－43％となっている（Eickmeyer/ Bissinger 2002：8）。人員面について言えば、バーデン＝ヴュルテンベルク州の市町村においては、都市の職員の48％が出資団体、52％が中心行政組織で勤務しているという割合であった。また、ポツダム大学と自治体共同機構が行ったアンケート[3]によれば、中心行政組織と出資団体については、職員の人的資源はほぼ同等に配分されており、中心行政組織と外部化または（形式上）民営化された分野との比率の再調整は、後者に有利な結果になるよう行われたことが確認された（Richter et al. 2006：60f）。

　ドイツの自治体におけるアウトソーシングの動きは、第一に、民法法人への移行として現れており、そこでは有限会社が（人口5万人以上の都市では）73％と明らかに優勢である。ドイツ都会学研究所の研究によれば、ドイツの大都市では、自治体経済において民法法人が占める割合は90％以上にのぼる。この場合、自治体は財政法上及び賃金協約法上の制限を緩和し、政治的（議会による）影響力を減少させることになる。だが、形式的民営化により、将来的には財政面も民営化される道も整備されることは珍しくない。つまり、市町村は自治体の企業体を売却するか、少なくともその一部を売却するということだ。近

年では、自治体事業のほぼ40％に民間の出資が行なわれており、自治体事業の10の1は（11％）その所有権の過半が民間のものとなっている[4]。また、ドイツの大都市において自治体のエネルギー供給主体の約20％に自治体が半分以下の出資を行っている状態である。これらのデータは、市場の開放と公共の任務・業務の自由化にむけて、確実な一歩が踏み出されていることを意味している。

(2) 改革の効果

民営化とアウトソーシングの結果、近年、ドイツ自治体において以下のような一連の問題をはらんだ発展経過が目立って見られる。

① EUに起因する市場開放政策が自治体経済の中心的活動分野に導入されたこと、また自治体がアウトソーシングを猛烈に取り入れ、かつ民営化政策を進めたことにより、元来は広範囲に渡っていた自治体の事務プロフィールがどんどん削られていったのだが、このことは、地域の業務組織、制御・調整能力全般に厄介な結果を生じさせている。自治体経済領域の民営化に伴い、特にエネルギー供給の分野など、従来は黒字利益の発生する自治体活動分野も民営化されるということは、しばしば他の赤字の業務分野（特に公共近距離旅客輸送）の欠損補填している収入源を自治体が失うことを意味しているのである。自治体のエネルギー供給会社が売却されると、公共近距離旅客輸送など、今まではエネルギー分野の（超過）収入により補助されていた業務分野の値上がりが起きる。それとともに、伝統的・地域的に規定されてきた地方自治の一括・多機能的モデル全体が崩壊の危機にさらされるのである（Wollmann 2002）。

② 自治体は、自らの定義をサービス保証機能に限定し、部分的に自律した、それぞれに活動する余地が広範囲にある単一機能の「衛星」（有限会社や子会社等）の連なる輪に取り囲まれた状態である。こうしたことから、ローカルな空間における制度の断片化が進み、「都市の原子化」という表現が的確に当てはまる現象が起こるのである（Dieckmann 1996：341）。この現象は、公共サービスや中心行政組織に関する事務をアウトソーシングする際に設立された都市の子会社が、さらに自らの業務を新しい（孫）会社にアウトソーシングする、という動きを通してさらに強化されることになる。都市「コンツェルン」の、時

には多方面に広がっていく組織図を目の当たりにすると、近年の、ドイツにおいてはかなりの数の自治体に見られる、自治体における出資参加の構造が非常に複合的かつ断片的な状態に陥っているかが分かるであろう。

③　組織の民営化、そして特に物質面での民営化は「自治体政治の自己無力化」これに続く「市民の無力化」という状態にまでには至らないとしても、明らかな政治的制御能力の損失をもたらすものである（Bogumil/ Holtkamp 2002）。自治体の子会社・孫会社が自らのダイナミズムをどんどん発展させると、市町村議会がこれを意図的に制御することはどんどん難しくなる。また、子会社がサービスを第三者に外注する際も、地域の政治家が業務提供に及ぼす影響力はより弱いものとなる。このようにして、独占市場ではないにしても、寡占的に規定された現在の市場状況においては、地域の政治家の要請を通すことはどんどん難しくなっているのである。さらに、自治体の代表者が、第三者にサービスを外注すること、「契約化」及び「権限移譲」において、業務提供に及ぼす影響は減少し続けることになる（vgl. Sack 2006）。例えば廃棄物経済において、サービス外注を行う場合に、その目標と政治的意図を、民間業者との契約という形で明確に規定することは、理論的には可能である。しかしながら、独占ではなくとも極端に寡占的な既存の市場状況においては、このような要請を通すことは非常に難しくなってきているのである。これに加えて、自治体の代表者は、民間の主体と自治体行政の間の非公式な交渉に、非常に基礎的な部分でしか関与しないということがある。このことは、契約による公民パートナーシップPPP（契約による機能民営化）を行っている自治体の市長のうち、議会は入札に関与していないと答えた者は53％、入札を通さず行われる契約協議にも関与していないと答えた者は63％と、いずれも半数以上が議会の非関与を示す回答を示したことの中にも表われている。

④　生活保障のための公共サービスのような「古典的」民営化対象の分野において、民営化がサービスの質にもたらした効果を把握する手掛かりは非常に稀少である。本章でも既に言及した、2005年に人口1万人以上の市町村260を対象に行ったアンケートによれば、「ポジティブな質的結果（自治体サービスの質の向上、プロフェッショナルな経営指揮、競争能力の向上）は、［中略］行政幹部か

図4-5 契約を通した業務外部化に際する議会の役割

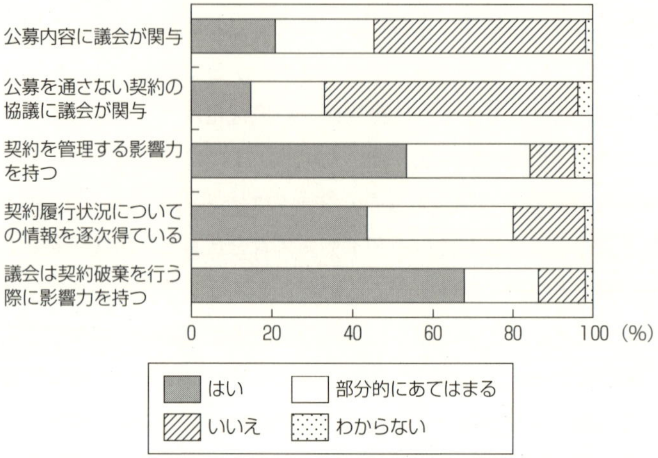

凡例: はい／部分的にあてはまる／いいえ／わからない

- 公募内容に議会が関与
- 公募を通さない契約の協議に議会が関与
- 契約を管理する影響力を持つ
- 契約履行状況についての情報を逐次得ている
- 議会は契約破棄を行う際に影響力を持つ

出典：ハンス・；ビュックラー財団プロジェクト「新制御モデルの10年」アンケートより筆者作成、Bogumil/Grohs/Kuhlmann/Ohm 2007: 76; Bürgermeisterdatensatz, n＝420 bis 439.

ら見ても条件付きで確認されているに過ぎない」（Bremeier et al. 2005）。ドイツ自治体における新制御モデルの評価に関するアンケートでも、質の向上を認めたのは少数であり、職員協議会委員長の20％、青少年局長の40％が、民営化及び外部化（アウトソーシング化）の 結果として質の向上があったと述べている。これに対し、職員協議会委員長のうち80％、青少年局長の60％が質の向上を明確に否定している。しかしながら、ドイツの市長の大多数は、民営化と外部化により、質の向上と同時に財政負担の軽減が実現したことを確認している。しばしば財政再建を目的とした民営化をスタートさせるのは市長であるとすれば、この結果は驚くに値しないであろう（表4-6参照）。

⑤ 改革の修正：ドイツにおいては、過去数年にわたり、「市場モデル」の侵出に抵抗し、これを修正しようという努力が目立ってきている。これらの努力は、直接民主主義に依拠した手法で、民営化をそもそも阻止しようとするものである。議会が既に決定した自治体の事業体やインフラストラクチャーの（部分的）民営化を食い止める目的で、一連の住民発案と住民投票とが行われたことも記憶に新しい。ノルトライン＝ヴェストファーレン州では、複数の大都

市で都市公社の（部分的）民営化に反対する住民発案が行われ、デュッセルドルフ、ハム、シュタインハイムやミュンスターといった都市では、投票率20％という公式のハードルもクリアされたため、自治体事業は自治体の管理下にとどまることとなった。もともと住民発案が盛んに行われる傾向にあり、ドイツの「住民投票ランキング」第1位にランクインするバイエルン州では、地域のインフラストラクチャー民営化に反対する住民投票も頻繁に行われている（Cf. Mehr Demokratie 2003）。理由としては、バイエルン州の自由主義的な住民発案・住民投票のルールが少なくとも部分的に関係していると思われる（Mehr Demokratie 2003のIV章を参照）。バイエルン州では、1995年から2001年のあいだに全部で1091件もの住民発案が行われたが（Mehr Demokratie 2003）、そのうち「公共のインフラストラクチャーと（エネルギー）供給施設」に関係するものだけで22％（241件）、これとは別に、廃棄物処理プロジェクトに関係するものは9％（97件）と、自治体の生活保障に関する公共サービスが、住民発案の重要テーマであることは明白である。また、自治体の水道事業部門についてバイエルン州で行われた住民投票については、投票率が達成されたケースでは、全てにおいて民営化反対の結果が出ている。また、生活保障に関する公共サービスの他にも、プール、図書館、文化施設といった、随意の自治事務の民営化も、ドイツにおける「反民営化の住民発案」のターゲットとなっている。このとき住民発案の対象となるのは、必ずしも、当該施設の（部分的）売却といった物質的な民営化ではなく、運営モデル（契約PPP）についての機能的民営化「のみ」を対象にした住民発案であることが多い。しかしながら、控え目な形式であると誤解されているこのような機能的民営化も、実際には自治体が運営者に大きく依存し、しばしば公益の観点から離反したものになりがちであり、これに対してまた市民グループの反対が組織されることになる。非常に分かりやすい例として、エアランゲン市の例を挙げてみよう。エアランゲン市は、市内人気プール施設のPPP（公民協働）による改革を目指していたが、これは2005年に住民投票により阻止されている（Ver.di 2005：4）。このことや他の例からも分かる通り、直接民主主義的な手段は、地域のインフラストラクチャーや自治体の（水道などの）供給事業の民営化または部分的売却という自治体の

決定を修正・変更するために、実質的な効果を伴って使用され得るのである。

5 結論と展望

　以上のような状況描写から導かれる結論は、どのようなものだろうか。ひとつは明確になったと思う。つまり、伝統的に領域原理が規定してきたドイツ自治体の多機能的特徴は、変化を求める圧力下に置かれているのであり、この状況は今後も続くだろうということだ。民営化の動きのなかでは、機能的原則と、セクター別・課題別の組織形態がより強力に反映している行政モデルが侵出している。興味深いことに、この発展経過は、州と自治体の関係における地方分権改革や行政構造改革などの、ドイツにおける他の改革方策と正反対の方向に進むものとなっている。なぜなら、これらの他の改革は、単一機能的な専門官庁の管轄であった政府課題が、多機能的な自治体行政に移管されるということを意味し、少なくとも幾つかの連邦州では、地域原理を強化するものとなっているからだ。つまり、ドイツの自治体システムにおいては、現時点では2つの非常に特徴的でかつ異なる発展系統が見られるということだ。一方では、領域原理を強化する地方分権改革があり、他方には機能的な事務組織を目的とする民営化改革があるのである。しかしながら、これらの相反する行政経営政策の改革を推進することによって、全体にどんな効果が生み出されるのかという問いについては、これからの経過を見守る必要があるだろう。

　もうひとつ言えることは、行政内部に焦点を当てた新制御モデルの改革措置を鑑みると、多くのOECD諸国が収束的傾向として予測していた、地域の「経営国家」なるものは全く形成されなかった、ということである。ドイツの自治体はヨーロッパ大陸に特徴的な改革の道を辿った。つまり、法の支配（*Rule of Law*）の原則は引き続き支配的であるものの、ここに経営管理的な行政制御の新要素が結び付いてくる、ということだ。こうして、一方に「古典的」（ウェーバー的）行政原則を、他方にNPMの改革要素をたずさえた行政の形が現れるわけである。この変形を「啓発的・経営的」であると表現することも、また可能であろう。しかしながら、本章で示した様に、この変形はリスク

と摩擦による損失を招く可能性もある。まさに「経営管理化」が特にドラスティックに進行した分野で、近年では「マックス・ウェーバー」への回帰が確認されているのである。一部では、分権的構造と経営経済的手続きが、意識的に再導入されている。また一部では、行政の日常業務において、古くから定評のあった事務処理ルーチンが漸次的に取り入れられており、これはポジティブな意味で改革プロセスの「転覆」と表現されてもいる。こうして、ドイツの自治体は、著しい財政危機も手伝って、行政内部組織においては再中央集権化と再ヒエラルキー化の傾向をたどっているのである。

ともかく、効率化の動きは全体としては明確な痕跡を残したと言えるであろう。自治体行政における組織文化と意識は持続的変化を迎え、(多かれ少なかれ実行可能な) 民間経済からのコンセプトの移転という考え方は、自治体の「制度的記憶」の中に残っている。しかしながら、現在進行中の「外部化 (アウトソーシング) に対する高揚状態」においては、自治体全体の管理制御においてネガティブな効果をもたらしたその結果について、さらなる熟慮が必要である。そうすることによって、議会と行政のさらなる効率化のステップに対して、各主体がこれをもっと注意深く取り扱うきっかけとなるであろう。そこに、行政経営政策が再びより強い形で自治体全体の制御、領域的統合、民主主義的責任、そして重要なことだが、公益への志向にアクセントを置いたものとなるであろうという、期待と (規範的表現をすれば) 希望が結び付けられているはずなのである。

〈参考文献〉

Banner, Gerhard (1991): Von der Behörde zum Dienstleistungsunternehmen — Ein neues Steuerungsmodell für die Kommunen. In: *VOP* 13(4), 3-7.

Bogumil, Jörg/ Grohs, Stephan/ Kuhlmann, Sabine (2006): Ergebnisse und Wirkungen kommunaler Verwaltungsmodernisierung in Deutschland — Eine Evaluation nach zehn Jahren Praxiserfahrung. In: Bogumil, Jörg/ Jann, Werner/ Nullmeier, Frank (Hrsg.): *Politik und Verwaltung*. PVS Sonderheft 37/2006, Wiesbaden, 151-184.

Bogumil, Jörg/ Grohs, Stephan/ Kuhlmann, Sabine/ Ohm, Anna (2007): *Zehn Jahre Neues Steuerungsmodell. Eine Bilanz kommunaler Verwaltungsmodernisierung*. Berlin.

Bogumil, Jörg/ Holtkamp, Lars (2002): Liberalisierung und Privatisierung kommunaler Aufgaben — Auswirkungen auf das kommunale Entscheidungssystem. In: Libbe,

Jens/ Tomerius, Stephan/ Trapp, Jan-Hendrik (Hrsg.): *Liberalisierung und Privatisierung öffentlicher Aufgabenerfüllung — Soziale und umweltpolitische Perspektiven im Zeichen des Wettbewerbs.* Berlin, 71-87.

Bogumil, Jörg/ Kuhlmann, Sabine (2004): Zehn Jahre kommunale Verwaltungsmodernisierung: Ansätze einer Wirkungsanalyse. In: Jann, Werner/ Bogumil, Jörg/ Bouckaert, Geert/ Budäus, Dietrich/ Holtkamp, Lars/ Kißler, Leo/ Kuhlmann, Sabine/ Mezger, Erika/ Reichard, Christoph/ Wollmann, Hellmut: *Statusreport Verwaltungsreform — eine Zwischenbilanz nach zehn Jahren.* 2. Auflage, Berlin: Ed. Sigma, 51-63

Bremeier, Wolfram/ Brinckmann, Hans/ Killian, Werner (2005): *Verselbständigung öffentlicher Unternehmen — Rückzug der Politik? Vortrag auf dem ver.di Personalräte Forum am 5. und 6. Oktober 2005 in Magdeburg.* Vortragsskript.

Bremeier, Wolfram/ Brinckmann, Hans/ Killian, Werner (2006): Kommunale Unternehmen in kleinen und mittelgroßen Kommunen sowie in Landkreisen. In: Killian, Werner/ Richter, Peter/ Trapp, Jan-Hendrik (Hrsg.): *Ausgliederung und Privatisierung in Kommunen. Empirische Befunde zur Struktur kommunaler Aufgabenwahrnehmung.* Berlin, 25-54.

Dieckmann, Jochen (1996): Konzern Kommunalverwaltung. Zwischen Diversifizierung und Einheit der Verwaltung. In: *Verwaltung und Management*, 340 ff.

Eickmeyer, Horst/ Bissinger, Stephan (2002): *Kommunales Management — Organisation, Finanzen und Steuerung.* Stuttgart.

Holtkamp, Lars/ Bogumil, Jörg/ Kißler, Leo (2004): *Kooperative Demokratie. Förderung von Bürgerengagement und Bürgerbeteiligung.* Polis Politikwissenschaft. 33905-4-01-S 1. Hagen.

Jann, Werner (2005): Neues Steuerungsmodell. In: Blanke, Bernhard/ Bandemer, Stephan v./ Nullmeier, Frank/ Wewer, Göttrik (Hrsg.), *Handbuch zur Verwaltungsreform.* 3. Auflage. Wiesbaden, 74-84.

Kommunale Gemeinschaftsstelle-KGSt (1985): *Kommunale Beteiligungen II-Organisation der Beteiligungsverwaltung.* Köln.

Kommunale Gemeinschaftsstelle-KGSt (1993): *Das Neue Steuerungsmodell. Begründung, Konturen, Umsetzung.* Bericht 5/1993. Köln.

Kuhlmann, Sabine (2004): Evaluation lokaler Verwaltungspolitik: Umsetzung und Wirksamkeit des Neuen Steuerungsmodells in den deutschen Kommunen. In: *Politische Vierteljahresschrift*, Heft 3/2004, 370-394.

Kuhlmann, Sabine (2007): *Politik-und Verwaltungsreform in Kontinentaleuropa. Subnationale Institutionenpolitik im deutsch-französischen Vergleich.* Habilitationsschrift. Universität Potsdam. Erscheint in: Reihe "Staatslehre und Politische Verwaltung", Baden-Baden: Nomos-Verlag, 2008.

Kuhlmann, Sabine/ Bogumil, Jörg/ Grohs, Stephan (2008): Evaluating administrative modernization in German local governments: success or failure of the «New Steering Model»? In: *Public Administration Review,* September-October Issue (i.E.).

第4章 ドイツ自治体の効率化　91

Libbe, Jens/ Trapp, Jan-Hendrik/ Tomerius, Stephan (2004): Gemeinwohlsicherung als Herausforderung — umweltpolitisches Handeln in der Gewährleistungskommune. *Networks-Papers. Heft 8. Deutsches Institut für Urbanistik — DifU.* Berlin.

Mehr Demokratie e.V. (2003): *1. Volksentscheid-Ranking — Die direktdemokratischen Verfahren der Länder und Gemeinden im Vergleich.* Berlin.

Reichard, Christoph, (1994): *Umdenken im Rathaus. Neue Steuerungsmodelle in der deutschen Kommunalverwaltung.* Berlin.

Reichard, Christoph, (2006a): New Institutional Arrangements of Public Service Delivery. In: Reichard, Christoph/ Mussari, Riccardo/ Kupke, Sören (Hrsg.): *The Governance of Services of General Interest between State, Market and Society.* Berlin, 35-47.

Reichard, Christoph (2006b): *Corporatization at Germany's Local Level — Trends and Effects of Giving Local Government Entities More Autonomy.* Diskussionspapier zur Tagung "Public service delivery in cross-country comparison". März 2006, Menaggio.

Richter, Peter/ Edeling, Thomas/ Reichard, Christoph (2006): Kommunale Betriebe in größeren Städten. Ergebnisse einer empirischen Analyse der Beteiligungen deutscher Städte über 50.000 Einwohner. In: Kilian, Werner/ Richter, Peter/ Trapp, Jan-Hendrik (Hrsg.): *Ausgliederung und Privatisierung in Kommunen. Empirische Befunde zur Struktur kommunaler Aufgabenwahrnehmung.* Berlin, 56-84.

Sack, Detlef, (2006): Liberalisierung und Privatisierung in den Kommunen — Steuerungsanforderungen und Folgen für Entscheidungsprozesse. In: *Deutsche Zeitschrift für Kommunalwissenschaften.* 45. Jg., 2006/ II, 25-38.

Trapp, Jan-Hendrik/ Tomerius, Stephan/ Libbe, Jens (2002): Liberalisierung und Privatisierung kommunaler Aufgabenerfüllung — strategische Steuerung statt operatives Management? In: Libbe, Jens/ Tomerius, Stephan/ Trapp, Jan-Hendrik (Hrsg.), *Liberalisierung und Privatisierung öffentlicher Aufgabenerfüllung — Soziale und umweltpolitische Perspektiven im Zeichen des Wettbewerbs.* Berlin: DIfU, 241-252.

Universität Potsdam/ KGSt (2003): *Kommunale Betriebe in Deutschland. Ergebnisse einer empirischen Analyse der Beteiligungen deutscher Städte der GK 1-4. Abschlussbericht.* Potsdam.

Ver.di (2005): *Steuerung und Mitbestimmung im Konzern Stadt. Leitfaden.* Berlin.

Wollmann, Hellmut (1996): Verwaltungsmodernisierung: Ausgangsbedingungen, Reformanläufe und aktuelle Modernisierungsdiskurse. In: Reichard, Christoph/ Wollmann, Hellmut (Hrsg.): *Kommunalverwaltung im Modernisierungsschub?* Basel u.a., 1-49.

Wollmann, Hellmut (2002): Die traditionelle deutsche kommunale Selbstverwaltung — ein Auslaufmodell? In: *Deutsche Zeitschrift für Kommunalwissenschaften,* I/2002, 24-51.

〈注〉

1) 以下は、ヨルグ・ボグミルをリーダーとしハンス・ベックラー財団の支援を受けた研究プロジェクト「新制御モデルの10年」の研究結果に依拠したデータである。プロジェ

クトには、本論文の著者も参加した。プロジェクトでは、2005年春にドイツの1565自治体を対象としたアンケートを実施した。アンケートの対象となったのは、ドイツにおける人口２万人以上の都市全て、また人口が１～２万人の市町村の４分の３、そして郡行政の３分の２にあたる。(vgl. Bogumil et al. 2006; 2007; Kuhlmann et al. 2008).

2) この方向性を打ち出した連邦法としては、最初のものとして1995年の介護保険法が、続いて連邦社会保障法93条、児童少年保護法／社会福祉関連法第八巻の74条と98条 a-g がある。

3) 基礎データとなったのは、ドイツ全土の人口５万人以上の自治体190を対象に行われたアンケートである。アンケートに答えた自治体は135自治体と、回収率は71％を記録した。調査においては、(回答を寄せた) 135の市町村における自治体出資団体の分析評価が試みられたが、この評価の基礎となったのは、無作為に抽出された2391の自治体が出資した企業体である（Universität Potsdam/ KGSt 2003参照）。この研究は、その抜粋が近年出版された（Richter et al. 2006参照）。

4) 基礎データとなったのは、人口５万人以上の自治体190を対象に行われたアンケートである。アンケート回収率は71％（135自治体）であった（＝135 Städte; vgl. Universität Potsdam/ KGSt 2003）。

5) デュッセルドルフ市では、2001年には97,700人の市民が都市公社の売却に対する反対票を投じた。これに対して、売却賛成票は11,833票であった。投票率は24.8％をマークし、これにより投票結果は法的拘束力を持つものとなった。これに似たことがハム市にも起こり、投票に参加した市民の79.3％が予定されていた都市公社の部分的民営化に反対票を投じ、結果として都市公社は100％自治体の所有に留まることになった（Bogumil/ Holtkamp 2002：83f. 及び他文献）。ミュンスター市も自治体の都市公社の部分的民営化を住民投票によりストップしたことで有名である（Libbe et al. 2004：83及び他文献）。

第5章
自治体行政改革の日独比較
―― ベルリンと東京の水道事業を事例として

宇 野 二 朗

1 はじめに

　1990年代、ドイツと日本の自治体でも、ニュー・パブリックマネジメントに影響を受けた行政改革が行われるようになった。それは、必ずしもアングロサクソン諸国で行われた行政改革と同じものではなく、また全面的に普及したわけではなかったが、「新しい」行政改革の議論や実践がみられるようになったことは確かであった。そうした改革が行われ始めた頃から、少なくとも10余年の歳月が流れた。改革を経た今、両国―ドイツと日本―の自治体はどのような構造をもち、そしてどのように機能しているのだろうか。本章では、こうした問題意識をもちつつ、最近の両国における自治行政の改革を比較してみたい。ただし、本章での研究対象は、1990年代と2000年代のベルリン州と東京都の水道事業に限定される[1]。

　ベルリン州では1990年代に積極的な民営化政策が推し進められたが、他方、東京都では民営化政策は主流とはならなかった。東京都では、むしろ内部改革によって自治行政の経営主義化が目指された。このように、ニュー・パブリックマネジメントの受容の仕方が異なる両都市で、古典的な自治任務である水道事業の組織や政策には、どのような類似点と相違点がみられるのだろうか。

　以下では、まず、自治体行政改革を巡る議論を参考に比較の視座を得る。次に、ドイツと日本における水道事業の枠組条件を簡単にまとめた後に、ベルリン州水道事業での構造改革の経緯、その結果として現存する構造、そして現在

取組まれている水道事業の目標の検討に進む。さらに、東京都水道事業における改革動向を追い、また現存の構造やその目標を検討する。最後に、両者の比較を試みることで両者の類似と相違について仮説的に議論したい。

2 比較の視座

　ニュー・パブリックマネジメントに影響を受けた自治体行政改革の主要な特徴の一つは、それまで市町村行政組織の内部で集権的に管理してきた諸機能を、分権的な組織単位や行政組織外部の組織へと権限移譲していく動きにあった。これは、権限移譲によって各組織に対して経営の自由を与えると同時に、その財政責任を明確にすることで、各組織の効率性を高めていこうとする改革戦略である。こうした戦略では、任務遂行にあたる各組織の自律性の程度が鍵となることは明らかであろう。そこで、本章が課題として設定したベルリン州と東京都の水道事業比較のための視座として、第1に、水道事業を担う組織の自律性を挙げることができるだろう。本章では、水道事業組織の自律性を、その組織が自治体組織と法的に一体であるか分立しているか、自治体組織との間でどのような権限配分がなされているか、という点から評価している。加えて、民間資本参画に代表される経営の商業化の点からも組織の自律性を評価することとした。

　こうした改革のもたらす負の帰結は、かつて自治体が持った諸機能が「断片化」することであった。では、そうした「断片化」は具体的には自治行政にどのような問題をもたらすのだろうか。

　市町村レベルでの民営化やアウトソーシングの対象は、たいてい市民生活の基盤となるインフラの供給を任務とする公企業であり、そうした公企業を民営化・アウトソーシングすることは、自治体の都市戦略形成・実行上の地位を低下させることに結びつくおそれがある[2]。民営化やアウトソーシングの対象となるインフラ供給事業の大半は、それ自体が経済活動として自律しうるものである。それゆえ、それらが民営化あるいはアウトソーシングされたとき、その後の経営目標は、事実上、経済的に効率的な経営の一点に絞られがちである。た

とえ自治体が、それら民営化された企業へ出資者として関与しようとも、それは効率性の観点からのものが中心となるだろう。しかし、民営化やアウトソーシングの対象となる公企業の機能は、効率的なサービス供給を行うことに限られるわけではない。ときにそれは、何らかの政策目標に適合的なサービス供給を行うことでもあるのだ。例えば、都市の環境負荷低減という政策目標には、発電・発熱方式の選択という観点から電力・熱供給事業が関係するだろうし、車交通の抑制やより環境に配慮した公共交通機関の整備・運営という観点からは都市交通事業も関係する。確かに、インフラ供給企業は、民営化やアウトソーシングされることで官庁的な硬直した手続きや予算制度などから逃れることができ、経営の自由を手にすることができる。しかし同時に、少なくとも制度的には、自治体のそれらへの影響力は減じられることとなる。もちろん、そうした社会基盤が、行政組織のような多種多様かつ相反しうる目的を追求する組織によって供給されるのではなく、効率的な供給という単一の目的をもつ組織を通じてより効率的に供給されるなら、消費者にとってはメリットがある。しかし、それは同時に自治体の任務範囲を狭めることにつながるだろう。社会基盤の整備・運営管理という領域へ自治体が影響力を失うことで、自治体は、その属する地域の公共問題に関する包括性を失っていくのである。

　さらに重要な点は、自治体の任務範囲縮小が、市民による地域戦略形成の可能性を狭めることであろう。自治体が、地域の自治的な政治機構として地域戦略を担うとするならば、民営化やアウトソーシングによる自治体の任務範囲縮小は、地域戦略を形成する際の市民の地位を低下させることに繋がりうる。民営化され、あるいはアウトソーシングされた任務領域では、市民に認められる情報アクセスや参加の機会は、自治体に対して認められるよりも少ないのは明らかである。

　こうした問題点に対して、どのような対応がありうるだろうか。ドイツにおいて議論もあるとおり、自治体の機能をサービス供給そのものではなく、その保障にシフトさせ、また、そのために民営化やアウトソーシングされた企業群をグループ経営の発想にたちマネジメントすることが考えられるだろう。そのためには、影響力確保を目指し、民営化される企業に対して戦略的に出資を行

い、またアウトソーシングされる任務について公共目的を契約に盛り込む必要がある。そこで、比較のための第2の視座として、水道事業を担う組織に対する制御可能性を挙げたい。制御を行う主体として最も有力であるのは、水道事業に対して責任を持つその地域の自治体である。このため制御可能性の程度は、自治体による水道事業の組織に対する介入権限によって評価されうる。このとき、直接的な指揮権限、人事を通じた間接的な制御の仕組み、そして業績評価のような事後評価の仕組みを観察することとなる。加えて、補助的な視点として、自治体以外の制御主体として市民活動にも目配りしてみたい。

　自治体や市民が、その地域の水道事業の組織を制御しようとするとき、大別して、2つの視点がありうる。その企業の所有者としての視点と公共的な附託者としての視点である[4]。制御に際して、こうした2つの視点が存在するのは、本来的に公企業の目標が多面的であることに起因している。自治体の公企業は、財務目標やその手段たる経済的な目標—形式目標—のみならず、供給の安定性や資源の節約、さらに法律遵守や公開性の許容といった非経済的な目標—政策的目標—を併せもつ[5]。仮に、その公企業が—民営化されているか否かに関わらず—、後者の非経済的な、すなわち政策的な目標を持たないとするならば、その公企業の公共性は著しく減じられることとなるだろう。経済的な目標のみによって所有される公企業は、その供給保障の責任を含めて民営化されても、少なくとも政策的な観点からは問題も少ないだろう。このように考えると、自治体の公企業が制御されることは、経済的な目標の達成のためによりも、むしろ非経済的な目標の保障のためにこそ必要であると考えられるだろう。そこで、比較のための第3の視点として、それぞれの水道事業の組織が追求する非経済的な目標を挙げることとした。水道事業が、水資源を主に電力を使用しながら浄水・配水するシステムであることを考慮し、そうした非経済的な目標として、ここでは主に環境への配慮に関する目標設定状況を観察することにしたい。

3　水道事業の枠組条件

　ベルリン州と東京都の水道事業の検討に入る前に、それぞれが属するドイツ

と日本の水道事業の枠組条件を簡単にまとめておきたい。

(1) ドイツ

　ドイツでは、市町村の全権限性を規定した基本法28条2項との関連から水道事業を市町村固有の任務と捉えるのが一般的である。各州法によって水道事業を市町村の義務事務として位置づけている州も多く存在し、ベルリン州もその一つである。水道事業の経営は、その水道サービスに対する対価によって行われるため企業活動と類似するが、競争制限禁止法（Gesetz gegen Wettbewerbsbeschränkungen）の例外領域とされていることから地域独占が許容されている。このため水道料金は、通常、法令に基づく料金設定基準を考慮しながら水道事業者が決定し、その属する市町村議会が認可する[6]。

　水道事業に関して連邦政府の機能の実際は限定されたものである[7]。水道事業に関連する水質保全に関する事項は、2006年の連邦制度改革以前には、大綱的・原則的立法権の範疇に属するとされていたが、現在では連邦の競合的立法権の範疇に属している（基本法74条）。とはいえ、例外的に連邦がその立法管轄権を行使した場合において各州がこれと異なる規律をすることが可能とされている（基本法72条3項）。ベルリン州について言えば、水管理について「ベルリン水法（Berliner Wassergesetz）」があり、公共水道について規定している（37a条）。

　ドイツの市町村が水道事業を行う場合、その他の経済活動を行う場合と同様に、様々な組織形態の選択が可能である。特に水道事業に用いられている組織形態として、官庁企業（Regiebetrieb）、地方公営企業（Eigenbetrieb）、市町村企業（Eigengesellschaft）、目的組合（Zweckverband）、そして営造物法人（Anstalt des öffentlichen Rechts）がある。官庁企業と地方公営企業の相違点は経済面での独立の程度にある。しかしいずれも法的には市町村行政組織の一部であることに変わりない。これに対して、その他の組織形態では市町村とは独立した法人格が認められている。市町村企業は株式会社や有限会社の私法的な組織形態をとり、他方、目的組合と営造物法人は公法的な組織形態をとる。一般的な傾向として、市町村企業によって水道事業を実施している例が多くみられ

る。しかも大規模な事業ではその傾向が顕著である。ただし、ベルリン州では、後述の通り、営造物法人の形態で水道事業を実施している。

(2) 日 本

日本では、水道事業に関して主に水道法が規律している。水道法は、水道事業経営に関する国の認可や料金設定基準及び料金届出、さらに水質基準や施設基準等について規定している。水道法によれば、水道事業は原則として市町村が行う。しかし、水道事業経営からその他の者が完全に排除されているのではなく、もし市町村以外の者が水道事業を行うのなら、その場合にはその地域の市町村の同意が必要となると規定しているのだ（水道法6条）。また、一般の市民に給水する末端給水とは別に、その末端給水に水を供給する用水供給事業という区分が設けられ（水道法26条以下）、それには上記の市町村公営原則は適用されない。

市町村を含めた自治体が水道事業を行う場合、現在では、2つの可能性がある。第1は、1952年の地方公営企業法制定以来の地方公営企業による方法である。第2は、公営企業型地方独立行政法人による方法である。後者は、2003年の地方独立行政法人法の制定によって可能となった。両者ともに、一般的な行政組織から離れた、より自律的な組織形態であるが、地方公営企業が依然として法的には行政組織と一体であるのに対して、地方独立行政法人は法的にも行政組織から切り離されている。すなわち独自の法人格をもつ。いずれの組織形態をとる場合にも、水道事業には条件付の独立採算制が採用される。つまり、その性質から事業収入を充てることが相応しくない費用や能率的経営を行ってもなお事業収入だけでは賄えない性質の費用を除いた部分について、独立採算制が適用されている。

地方独立行政法人は、法人格の有無のほか、地方公営企業と少なくとも次の諸点で異なる。第1は、職員が地方公務員でない場合もあるという点、第2は、中期目標（長による策定）や中期計画（長による認可）の作成・公表が義務付けられている点、第3は、それらに基づいた業績評価の仕組みが組み入れられている点である。地方独立行政法人では、自治体組織とは完全に切り離されるた

め、年度予算について議会議決を要しない等、自律的な仕組みとなっている。とはいえ、長期の資金調達は設立団体からの転貸債に限られる（地方独立行政法人法41条5項）、水道料金についてはそれを含む中期計画について議会議決を要する（地方独立行政法人法83条3項）など、地方公営企業によるときとの差が見えづらいことも確かである。事実、この地方独立行政法人は、病院事業、大学、あるいは試験研究機関で活用されるに留まり、水道事業ではこれまで活用されていない。[8] 東京都でも、その大学や試験研究機関を地方独立行政法人化したのとは異なり、水道事業を地方独立行政法人化することはせず、地方公営企業として経営し続けている。

4 ベルリン州の水道事業

(1) 背　景

　ベルリン州は、ベルリン州域内及びその周辺の一部において、ベルリン州の設立したベルリン水道公社によって水道事業に関わっている。なお、ベルリン州は、都市であるとともに州である「都市州」である点で、ハンブルク州、ブレーメン州と並んで特殊な地位を有している。

　ここで、1990年以降のベルリン州の社会・経済的な背景を確認しておきたい。まず、ベルリン州の人口動向である。ベルリン州の人口は、1990年以降、微減ないしは横ばいに推移してきたといえるだろう。1990年、343万人であったベルリン州の人口は、1993年の347万人をピークに2000年まで微減を続け338万人となっていた。その後、ごくわずかに盛り返し、2005年に339万人となっていた。[9] 次に、1995年以降の経済動向を、実質州内生産の対前年度比率でみると、マイナスとなっている年が多く、プラスであっても1％弱とわずかなものであった。[10] こうした経済動向に加えて、東西分裂時代の補助金が削減されたことから、90年代から2000年代にかけてベルリン州財政は急速に悪化した。これを如実に表すのは、この間の負債残高の急増であろう。1992年に131億ユーロであったのが、2006年には600億ユーロを超えた。2007年の歳入が186億ユーロであることからも、その大きさがわかるだろう。[11]

こうした状況に、ベルリン州の政治状況も特に2000年代に入り大きな動きがみられた。ベルリン州の政治制度は一種の議院内閣制である。比例代表制に基づき公選されるベルリン州議会の中から州政府が形成される。このため州政府を形成する際には政党の役割が重要となっている。1990年に行われた再統一後の州議会選挙では、単独過半数を占めた政党が存在せず、キリスト教民主同盟（CDU）のディープゲン（Eberhard Diepgen）を市長とするCDUとドイツ社会民主党（SPD）の大連立政権が成立した。その後、1995年の州議会選挙でも、1999年の州議会選挙でも、やはり単独過半数を占める政党は存在しなかった。このためCDUとSPDの大連立政権が続行されることとなった。

この大連立政権が崩壊し、その後のSPDと民主社会党（PDS）による赤赤連立政権が成立するのは2001年のことであった。このときの選挙は、ベルリン銀行会社（Berliner Bankgesellschaft）を巡るベルリンCDU幹部のスキャンダルをきっかけに、任期途中で行われたものであった。その選挙の結果、CDUは大きく議席を減らしたが、SPDも過半数を得ることができず、しかも、当時の連邦政府と同じようにSPDが緑の党と連立したとしても過半数に到達できなかった。このため、SPDはPDSとの連立政権形成に踏み出すこととなった。この赤赤連立政権の市長には、SPDのヴォーヴェライト（Klaus Wowereit）がなった。その後、2006年の州議会選挙でもSPDは30％程度の得票率で第1党を守り、引き続きPDSの後継政党である左派党との連立政権を維持している。

このように、後述する東京の場合と比較すると、ベルリン州は、1990年以降、経済的・財政的にも低迷していた。加えて、再統一後に形成された大連立政権は、2000年代に入ると崩壊し、2001年選挙では異なる組み合わせの連立政権が成立するに至った。こうした背景の下で、以下にみるようにベルリン州の水道事業は90年代には大きな組織改革を余儀なくされることとなり、また2000年代には、その枠組が改めて議論の俎上にあげられることとなった。

(2) 水道事業の改革

ベルリン州水道事業の自律性や州政府による制御の観点からは、次の2つの

改革が重要であった。第1は、1994年に行われた営造物法人形態への組織形態の転換であり、第2は、1999年に行われた部分的民営化である。

長らく、ベルリン州の水道事業は公営企業形態で運営されてきた。公営企業は、経済的には特別財産として独立し、また独自の経営体制を備えていたが、独自の法人格を持たない存在であった。その意味では、水道事業はベルリン州の行政組織内部に位置づけられ、その自律性はより限定されたものであった。

これを、間接的な組織へと転換したのが、1994年の組織改革であった。1990年のドイツ再統一後、1992年から東西ベルリンの水道事業も統一されることとなった。そして、この新たなベルリン州水道事業における経営の自由を広く認めるために、より独立した組織形態への転換が目指され、1993年の「ベルリン企業法」(Berliner Betriebegesetz) の制定によって、他の3つの公営企業とともに営造物法人へと転換されることとなった。[13]

この組織形態の転換後にも水道事業の改革論議は続き、1999年の部分的民営化の実施に至った。ベルリン州政府は、再統一後、負債の増加に悩まされていた。90年代を通じて継続したCDUとSPDによる連立政権は、負債削減を大きな目標のひとつとして掲げ、積極的な民営化政策を展開していった。1997年に、ガス事業と電気事業の民営化が行われると、その翌年7月には、ベルリン水道公社の民営化が公式に決定された。具体的な売却手続きは、その民営化の実施のために設けられた委員会での議論を経て進められていった。他方、1999年5月、ベルリン州議会で「ベルリン水道公社の部分的民営化のための法律」(Gesetz zur Teilprivatisierung der Berliner Wasserbetriebe) が制定され、部分的民営化に法的な基礎が与えられることとなった。

(3) 水道事業の自律性

こうした組織改革は水道事業の自律性に対して、少なくとも、次の2点で作用しうる。第1は、営造物法人という組織形態がもたらした経営の自由の強化であり、第2は、部分的民営化による経営の商業化である。

営造物法人への転換によって、ベルリン水道公社は、州政府から独立した法人格を付与され、法的な意味で州政府から独立することとなった。また、こう

した法的な意味での独立は、それが行政組織とは異なる経営の自由を享受できることも意味した。例えば、ベルリン水道公社には、その企業目的に関連する他の任務を引き受けることが可能とされ、また、ベルリン州外部で活動することも許容される。さらに、自己資本を形成し、外部資本を受け入れることも許されていた。[14] そのうえ、経営管理の組織も州政府からより独立したものとなった。その主な組織は次の通りである。まず、ベルリン水道公社の日々の経営を行う組織は取締役会である。この取締役会は、商業的な原則に基づいて、自らの責任で営造物法人を指揮指導し、また外部に対してそれを代表する。この位置づけからもわかるとおり、取締役会の権限は州政府から独立したものである。次に、この取締役会を監視し、経営の重要事項を決定する組織として監査役会が置かれる。これは、州政府構成員や職員代表等から構成される組織であり、取締役会議長を選任し、経営計画を決定する等の重要決定を行う。州政府構成員がそこに含まれることで、この監査役会は、ベルリン水道公社の自律性にとってその制限となりうる。しかし、監査役会の構成員の任期が州議会議員の在任期間とは独立して設定されていることや、取締役会の権限となっている事項について監査役会は定款によって同意権を留保しうるに過ぎないことから、ベルリン水道公社の自律性に対する過度な制約とならないような制度設計となっている。さらに、この監査役会に対する重要な権限をもつ保証人会（Gewährträgervesammlung）が設置される。これは、5名までの州政府構成員によって組織され、例えば、監査役会の構成員の一部を選出し、監査役会構成員に対する報酬支払や免責を決定する。営造物法人の定款変更を許可するのも、この保証人会である。こうした保証人会の存在は、ベルリン水道公社と州行政とを間接的に結びつけるものであり、ベルリン水道公社の自律性の限界を形作る。

　これに対して、部分的民営化は、その組織構造を前提に経営の商業化を推進することで、州政府からの自律性を強める作用をもつ。ベルリン水道公社について実施された部分的民営化の枠組は次の通りである。ベルリン州に水を供給するのは、それまでと変わらず営造物法人であるベルリン水道公社であるが、そこに、民間企業とベルリン州政府とが合同で設立した持株会社が匿名契約者

として49.9%の割合で関わる。残りの50.1%、すなわち過半数はベルリン州政府が所有する。こうした枠組の大半は、ベルリン州政府と民間企業との間で結ばれたいくつかの契約、とりわけコンソーシアム契約によって規定されている。それらに基づき、ベルリン水道公社の監査役会等には、州政府構成員のみならず民間企業側からも選任されることとなったという。事実、民間企業側から選任された者が、監査役会では企業者側の半数、取締役会では全体の半数を占め、特に取締役会では議長の座を占めている。[15]このように経営組織に民間企業側の者が含まれるようになることで、州政府からは相対的に独立した、商業的な水道事業経営が目指されようになる。

(4) 水道事業の制御可能性

既にみたように、90年代に行われた2つの組織改革を経て、ベルリン水道公社は相対的に州政府からの自律性を強めた。しかしそれは、州政府からの完全な独立ではなかった。

州政府による水道事業の制御は、主に、人的つながりを通じたものとなる。既述の通り、州政府は、ベルリン水道公社の監査役会に州政府構成員を派遣している。特に、監査役会議長にはベルリン水道公社を所管している州経済大臣が就任していることから、経営の重要事項に関する決定には州政府の意向が反映されることとなる。

ここでは、市民にとっても、水道公社にとっても重要な水道料金に関する意思決定に関して、州政府の制御可能性を担保する仕組みをみてみよう。まず、料金算定時に準拠すべき原則はベルリン企業法に規定されている。[16]州議会は、その料金規定の制定及び改廃を通じて水道料金に影響を及ぼしうるといえる。しかし、個々の水道料金の決定過程には、州議会は直接関与しない。ベルリン水道公社の水道料金は、その監査役会において決定され、また会計士の報告書を添付のうえ、所管官庁の認可を受ける。すなわち、個々の水道料金に関しては、州議会が関与することによってではなく、監査役会に参画する州政府構成員の存在や所管官庁での認可手続きによって、少なくとも制度のうえでは、州政府の影響力確保が担保される設計となっている。

監査役会での州政府の最終的な影響力行使の可能性は、監査役会の決議に対する議長の抗議権によって保障される。しかも、2006年の新しいベルリン企業法の制定[17]では、州政府の影響力行使の可能性を強めるように、この抗議権が強化された。州政府選出の監査役会議長には、もともと監査役会の決議に抗議することが認められていた。しかし、2006年の新法制定前には、監査役会での過半数の力が比較的大きかった。例えば、抗議のあった議決にも監査役会出席者の過半数があれば再議決できることとなっていたことに加えて、一定の条件の下でその対立する議決について保証人会の決定に委ねられる場合にも、14日以内に保証人会が決定しないのであれば、監査役会での再議決が有効になるとされていた。これに対して、2006年の新法制定では、監査役会議長と保証人会の地位が強化されている。監査役会出席者の過半数での再議決の規定が削除され、抗議のあった議決については保証人会が最終決定することとなった。すでに述べたとおり保証人会は州政府構成員からなる組織であるため、こうした法改正により、州政府意思の貫徹が、制度上、担保されることとなった。

　ここまでみたベルリン州政府によるベルリン水道公社への制御可能性に加えて、市民団体活動の間接的な制御可能性についても言及しておきたい。第1に、ベルリン水道公社の部分的民営化の形態に、労働組合や非営利組織（NGO）が影響を与えたという指摘がある。フィッチ（K. Fitch）によれば、ベルリン水道公社の従業員を代表する労働組合の民営化反対運動によって、15年間の整理解雇禁止に関してベルリン水道公社と合意に至った。また、民営化に反対したNGOとして、同盟（BUND）やアタック（Attac）を挙げている。そして、緑の党などの対抗勢力に加え、こうした労働組合やNGOの活動の活発さが、ベルリン州での水道民営化の決定を妥協的なものにしたという[18]。第2に、2000年代半ば以降にベルリン水道公社の部分的民営化に対する市民運動が活発となっている。民営化に反対するベルリン同盟（Berliner Bündnis gegen Privatisierung）やベルリン水道会議（Berliner Wassertisch）に批判勢力が集まり、2007年には、民営化のための契約の公開を求めて、州民請願（Volksbegehren）が提起された[19]。それ自体は、翌年3月に州政府によって不許可となったが[20]、こうした動きは、民営化決定時の市民団体の果たした役割に関する先の指摘を踏まえれば、ベル

リン水道公社の間接的な制御可能性となりうるだろう。

(5) 非経済的目標

では、既にみたように部分的に民営化されたベルリン水道公社では、どのような水道事業が展開されてきたのだろうか。[21]

部分的民営化後、ベルリン水道公社は順調に経営されている。ベルリン水道公社の1990年代—部分的民営化以前—は、1995年までの大規模な建設投資によって特徴づけられる。確かに、1990年代後半は黒字経営であったが、それは値上げによって支えられたものであった。部分的民営化が行われた後は、建設投資の規模は1990年代後半並みで推移し、また2003年までは料金水準は据え置かれた。この料金据置きは、部分的民営化法に規定されたものであり、それでも2001年以外は黒字で経営されていた。しかし、この期間が過ぎた2004年から2006年まで段階的に値上げが行われ、2007年には、それまでの従量料金制から二部料金制へと料金体系が変更された。

こうした料金値上げの背景には、部分的民営化法に定められていた料金算定基準がある。それによれば、ベルリン水道公社の料金は、原価を償うように設定されなければならず、それには計算上の資本報酬を含めることができるとされた。[22] これにより、ベルリン水道公社は基本的に黒字で経営されることが保障されたが、他方でそのために値上げが行われることにもなったのだ。

部分的民営化後に生じたもうひとつの変化は職員の削減である。職員削減は、東西ベルリンの水道事業を統合した時点から継続的に行われていることであるが、その傾向は部分的民営化以後にも引き継がれた。1993年の7,145人が、部分的民営化が成立した1999年には6,318人になり、2007年には4,931人に減った。

以上にみたように、ベルリン水道公社では、一部はそれ以前の傾向を引き継ぎながら、企業としての色合いを強めているようにもみえるだろう。しかし、そうした民間企業化の一方で、環境政策などの非経済的な目標に取組んでいることも事実である。この点を、ベルリン水道公社の営業報告書に示された事業概況の記述によって確認してみよう。

2007年の営業報告書によって、ベルリン水道公社の事業活動を整理したのが

表5-1　ベルリン水道公社の事業概況

事業概況に 言及された事項	内　　　容
環境政策	・再生可能エネルギーの使用 ・包括的エネルギー報告の作成 ・エネルギー最適化 ・フリートマネジメントによる燃料消費削減 ・廃棄物抑制・非掘削工法 ・ベルリン州とのCO_2排出量目標に関する協定締結予定
企業の性能の品質	・品質及び環境マネジメント（ISO9001、ISO14001）の認証 ・技術的安全マネジメントの認証（W1000、M1000） ・労働安全マネジメントの認証（OHSAS18001）
ベンチマーキング	・数年にわたるベンチマーキング（業績比較・プロセス比較）の実施
料金体系	・消費独立料金体系（基本料金及び従量料金）の導入
広　報	・ウェブサイトの全面改訂（オンラインサービスだけでなく、健康、財政、水消費に関する情報提供）
消費者向け技術開発	・蛇口に直接設置できるソーダ製造機がヴェオリア賞（「顧客志向」）で1等を受賞
顧客調査	・1,300名の個人・ビジネス顧客に調査（認知、サービス、企業性能に関して）
料金算定マニュアルの公表	・独占事業の料金に関する情報公開を義務づけた判決に関連して、料金算定マニュアルを策定・公表
就業機会の提供	・年間120名の職業訓練者を受け入れ ・訓練後、系列会社での期限つき雇用機会提供

出典：Berliner Wasserbetriebe (2008) *Geschäftsbericht* 2007：3-4により作成

表5-1である。これによれば、以下の3点が特徴的であろう。第1は、非経済的な側面も含んだ多様な活動が記載されていることである。例えば、環境政策に関連する事項、企業性能の認証やベンチマークなど経営基盤の強化に関する事項、広報や顧客調査、就業機会に関する事項が含まれている。第2は、顧客志向を強調する事項にも多く言及されていることである。ウェブページを通じた積極的な情報提供や顧客調査の実施、あるいは消費者の利便性を高めるような技術開発等が、こうした顧客志向を指し示す事項といえるだろう。第3は、環境政策に関する事項に関して多くの取組みが挙げられていることである。エネルギー使用の最適化や燃料消費の削減など、それが経費削減に結びつく事項も含まれているが、再生可能エネルギーの利用やCO_2排出量目標に代表され

るように、必ずしも財務的な観点から直接利益を生み出すわけではない事項が『営業報告書』の冒頭から言及されている。職業訓練者への機会提供なども、こうした非経済的な目標のひとつに数えられるだろう。

　要すれば次のようになる。部分的民営化後のベルリン水道公社では、料金値上げや職員削減を行うことで利益を確保してきた。また、そのために経営基盤の強化や顧客志向に取組んでいることに言及している。そうした企業的な側面が強調されているにもかかわらず、環境政策や職業訓練機会の提供のような非経済的な目標に対する取組みにも積極的に言及している。水道事業が地域独占事業であり、競争環境下にないことが考えれば、こうした非経済的な目標を、単に競争力の向上のために行っているとは考えにくい。少なくともこの点からは、部分的に民営化されているベルリン水道公社に対してであっても、市民や州政府・行政による公益志向の影響力発揮がなされているようだ。

5　東京都の水道事業

(1)　背　　景

　東京都は、現在、ほぼ東京全域を給水区域とする広域水道事業体である。既に触れた通り、水道事業は原則として市町村公営であると水道法に規定されているが、東京都では、東京都がかつて東京市と東京府の合併によって成立したこともあり、旧東京市域である23区内では東京都がそれを担ってきた。1970年代に入ると、23区以外の多摩地区でも各市町の水道事業の都営一元化が進み、現在では、多摩地区の3市1村を除く、東京都のほぼ全域にわたる広域水道事業となっている。[23]

　では、水道事業を含めた東京都の行政活動に大きな影響を与えうる人口動向は、1990年以降どのようなものであったのだろうか。1990年以降の東京都の人口は、減少に転じた時期もあり、微増するに留まっている。かつての人口急増の時期と比べると比較的安定していた時期であったといえるだろう。1990年には1,185万人であったが、90年代半ばにかけて若干ながら減少する年度が多く1995年には1,177万人となった。その後は微増が続き2007年には1,217万人とな

った。[24]

　経済動向や一般会計の財政状況は、1990年代後半以降、相対的に良好であった。この時期、実質都内総生産の対前年度比の数値は、低率であるがほぼプラスで推移していた。[25] こうした経済動向を反映して、法人事業税や法人都民税を中心とする地方税収入も90年代後半以降は堅調に推移してきていた。確かに1998年度には1,000億円を越す実質収支赤字を計上していたが、[26] その後改善され、2005年度には黒字に転じていた。しかも、東京都では、地方債に依存する比率が4％〜9％程度と他の都道府県に比較しても低く、その残高も2001年度をピークに少しずつ減少している。[27]

　では、東京都の行政に責任をもつ東京都政は、1990年以降どのような状況にあったのだろうか。周知の通り、東京都には、執行機関である知事と議事機関である都議会が存在し、両者ともに公選されている。1979年から1995年まで4期（任期4年）にわたって鈴木俊一が都知事であったが、1995年には青島幸男が都知事となっている。続く1999年の都知事選挙では石原慎太郎が当選し、現在に至るまで3期にわたって都知事の座にある。青島・石原ともに政党に無所属での立候補であった。他方、都議会は、自民党を筆頭に、民主党、公明党、日本共産党などが議席を有してきた。自民党は、90年代から2000年代末まで最大会派であったが、過半数を超えることはなかった。

　前述の通り、東京都の財政状況は比較的良好であったが、2000年前後には実質収支赤字の規模が大きくなるなど、この時期に行政改革の必要性がなかったわけではなく、むしろニュー・パブリックマネジメントの影響を一部受けた行政改革のプログラムが策定され、実施に移されてきた。石原慎太郎の都知事1期目の2000年に都庁改革アクションプランが策定され、[28] さらに2期目となる2003年に第2次都庁改革アクションプランが、また、2006年に行財政改革実行プログラムが策定された。それらの改革プログラムの中で、例えば、コスト管理、業績評価、複式簿記・発生主義の公会計制度、等が新たな改革ツールとして掲げられてきた。そして、「民間の優れた発想を取り入れて、新たな改革に取組むことが有効」[29] と、マネジャリズムを取り入れていた。しかし、民営化政策にはさほど積極的ではない。確かに、監理団体改革の一環でいくつかの公社

の民営化が、また、都立病院等へのPFI (Private Finance Initiative) の導入や税務事務での民間委託の拡大などが、行財政改革実行プログラムには掲げられている。とはいえ、主要な公営企業にはそうした民営化政策は適用されず、むしろその経営に民間企業経営者等の意見を反映させる、といった内部経営改革に力点が置かれてきた。

このように、東京都では、人口や財政、あるいは政治面でも水道事業を取り巻く環境は、総じて安定していたといえるだろう。人口は微増に留まり、また確かに実質収支の赤字という点では最近まで財政状況に難点はあったが、それも改善し、また負債残高も減少に転じている。政治勢力の大きな交代も生じてこなかった。そうした比較的安定した社会経済情勢の下で行われた東京都の行政改革は、マネジャリズムの適用という点ではニュー・パブリックマネジメントに影響を受けたものであったが、民営化政策の実施という点では、その適用は一部に限られていた。内部経営改革に力点が置かれたものであったといえるだろう。

(2) 水道事業の改革

東京都の水道事業では、1990年以降、その給水人口は増加し、費用縮減もあり水道事業の経営状況は良好に推移した。1990年に1,096万人であった給水人口は、2006年には1,237万人と増加した[30]。とはいえ、この間の使用水量はほぼ横ばいで推移し、給水収益も、それを反映して横ばいであった。2005年には料金水準を引き下げた結果、減収となったが、その後はその水準が維持されている。しかし同時期、支払利息を中心に費用が減少したため、経常利益が黒字であるのみならず、その額も増加している。

こうした安定した水道事業の経営状況や、前述した東京都の内部経営改革志向と関連して、東京都ではベルリン州とは異なり、水道事業の経営組織や所有構造について大きな改革は行われなかった。東京都水道局では、むしろ、東京都全体の動きと足並みを揃えるように、内部経営改革に力が注がれた。

第1に、事業評価制度の導入である。東京都水道局では、2001年から、経営計画に掲げられた施策の達成状況の把握と評価、大規模施設整備の事前評価、

そして事業の進捗状況の把握と評価、に取組んでいる。第2に、監理団体や民間企業との役割分担の見直しである。水道局の活動を水道事業のコアとなる事業へと特化し、それ以外の業務はその性質に従って水道局が出資する監理団体、あるいは民間企業へと委託していくこととした。そのうえで、この監理団体との一体的な事業運営体制の構築を試みている。第3は、広域化の利点を発揮させることによる効率化である。東京都の水道事業は、既述の通り、23区域での水道事業をその母体としていて、多摩地区については1970年代から順次一元化を進めていった経緯がある。その際、市民に直接関わる業務については、地元市町に委託をする方式が長くとられてきていた。これでは、広域化による効率化が十分に行えないことから、その解消を目指しているのである。[31]

(3) 水道事業の自律性

　東京都水道局の組織において、水道事業の自律性に関してどのような制度設計がなされているのであろうか。東京都水道局は、1952年に地方公営企業法が制定されてから後は、当然、それに基づいた組織によって経営されてきている。このため、以下の検討は、主に、地方公営企業法に規定される組織についての検討となる。

　地方公営企業とは、特別会計を設け、また独立採算制を採用している点で経済的に一般会計から独立しているが、独自の法人格を持たない組織形態である。すなわち、東京都の水道事業は、法的にみれば、東京都の行政組織の一部に過ぎない。とはいえ、水道事業は、水道料金収入による独立採算によって経営されるといった点で、一般の行政活動とは異なり、企業としての性格を持つ。そこで、地方公営企業法では、公営企業を行政組織とはいくらか異なる組織として、公営企業経営に関して一定の裁量をもつ管理者を、その経営管理の機関として置くこととしている。東京都でもこの管理者を設置している。

　この管理者には、ある程度の裁量と自律性が与えられている。管理者の任命は首長が行うが、ひとたび任命されれば4年の任期が保障され、法に明示されている場合を除けば罷免されることはない。また、予算調製、議案提出、決算の審査・認定の付議といった事項に関する権限は首長に留保されるが、それら

以外の事項については管理者が自己の責任において処理することができる。しかも、首長には、管理者に対する一般的指揮監督権は認められず、次の2つの場合に必要な指示を出すことが認められているに過ぎない。第1は、その住民の福祉に重大な影響がある業務についてその福祉を確保する必要がある場合であり、第2は、その自治体内におけるその他の任務遂行との調整が必要となる場合である。

(4) 水道事業の制御可能性

水道事業の自律性は、直営形態をとることから、制度的には比較的小さなものといえる。この自律性の制度的な限界は、同時に、首長や議会にとっての制御可能性を担保する仕組みとなりうる。

第1に、予算の調整権や議案提出権が首長に留保されていることから、日々の経営に必要となるこれらの事項について、最終的には首長の意向が重要となりうる。これと関連して、東京都全体で行われている業績評価において、水道局の事業が選定・評価されている。その際、2次評価者である知事本局（18年度からは財務局）が、水道局の行った自己評価とは異なる評価を下し、方向性を指示することもある[32]。しかも、例えば、水道水の安全性に関する普及啓発のための小学校訪問授業の実施に関する評価（2007年度）のように、日々の経営意思決定の範疇に属すると思われる事項も評価対象となっている。

第2に、水道事業の重要な決定について都議会の関与が認められている。東京都では公営企業を専門に所管する常任委員会が都議会内に設けられ、水道事業を含む公営企業問題について審議されることとなっている。まず、水道料金の決定には都議会の議決が不可欠である。また、予算に関しても、都議会の議決を経なければならない。

このように、東京都水道局は、本来的に東京都の行政組織の一部であることから、官庁的な規制の中にある。

(5) 非経済的目標

東京都水道局では、企業としての経済的な目標に加え、環境政策に代表され

112　第Ⅰ部　自治体の再構築

表5-2　東京都水道局の事業概況

事業概況に言及された事項	内容
安全でおいしい水の安定的な供給	・水源開発 ・水道設備耐震化 ・施設更新 ・高度浄水処理施設整備 ・普及促進・PR
お客さまサービスの積極的な展開	・料金クレジットカード払い導入 ・PR活動 ・記念事業
経営基盤の強化	・監理団体等との一体的事業運営体制の検討 ・業務指標による目標管理 ・外部意見の取り入れ ・業務知識データベース構築
広域化の推進	・多摩地区での事務委託の解消 ・サービスステーションの新設 ・多摩地域水道統合管理室の開設
次世代を見据えた幅広い施策の推進	・「東京都水道局環境計画」に基づく環境施策 ・水量・水圧を制御する水供給システム開発 ・気候変動に関するワークショップ開催

出典：東京都水道局総務部調査課編『事業年報（2007年度）』により作成

る非経済的な目標にも取組んでいる。ベルリン水道公社に関する検討に倣い、ここでも、東京都水道局が公表している事業報告の記述によって、水道局の政策志向を探ってみたい。

　東京都水道局の事業年報に示された事業概況から、東京都水道局の取組みをみると、次のことがわかる。第1に、水道局の提供するサービスそれ自体に関わる取り組みが重視されていることである。水源開発や施設更新は、水道サービス提供の基礎となる施設能力の拡充・維持を目指したものであるし、高度浄水処理施設の整備は水道水の品質向上を目指したものである。また、その水道サービスを受け取る顧客に対するサービス向上にも取り組まれている。第2に、水道局の経営に関わる取組みも重視されている。これには、監理団体との一体的事業運営体制の構築や広域的管理組織の構築といった組織に関する取組みと目標管理の徹底などの経営管理に関する取組みとが含まれる。第3に、項目こそ少ないが、「次世代を見据えた幅広い施策の推進」として環境政策も取り組

まれている。事業年報の事業概況に示された各種の取組みのうち、非経済的な目標と考えうるのは、この環境政策に関する各項目であろう。水道局の環境政策として、東京都水道局では東京都水道局環境計画に基づく施策に取り組んでいる。その重点目標は、水源林機能の維持向上、低公害車の導入促進、二酸化炭素排出量の削減、とされている。

このように、事業概況に示された取組みには、経済的な目標に関するものも、非経済的な目標に関するものも含まれている。

6 まとめ

本章では、自治行政の古典的な任務領域である水道事業を取り上げ、ベルリン州と東京都における行政改革について、それぞれ検討してきた。ニュー・パブリックマネジメントを意識した効率化のための改革が、自治行政の断片化を招きかねず、またその志向性を企業的なそれに限定しかねない、という先行研究の指摘を踏まえて、自治体からの自律性の観点とそれとは逆の自治体による制御可能性の観点から水道事業の組織を検討し、加えて、各々の水道事業の目標をその年次報告書の記述に探ることとした。以下では、試みにベルリン州と東京都の事例を対比し、その検討結果を仮説的に解釈してみたい。

ベルリン州と東京都の事例を対比しようとするとき、まず、その社会・経済的な背景の相違点と共通点を確認しておく必要があるだろう。ベルリン州は、1990年代、再統一後の州行政の再構築の過程にあり、しかも必ずしも良好とはいえない経済環境に置かれていた。州政府を統率したのは、CDUが主導し、SPDがジュニアパートナーとなる大連立政権であった。その当時増大する州政府の負債への対応が政治的な課題となり、ニュー・パブリックマネジメントに影響を受けながら行政改革が進められていった。ベルリン州に際立った特徴として、その際に積極的な民営化政策が採用されたことが挙げられ、本章が注目したベルリン州の水道事業も1999年に部分的に民営化されるに至った。他方、東京都では、相対的に安定した社会・経済環境の下で、内部経営改革が志向された。東京都では、実質収支赤字となる年が続いていたとはいえ、それも改善

傾向にあり、また負債依存度も低く、ベルリン州に比べると良好な財政状況にあった。ニュー・パブリックマネジメントの影響を受けた点では、東京都もベルリン州と同じだが、積極的な民営化政策には踏み出さなかった。むしろ、コスト管理などを強調し、マネジャリズムを意識させる改革が行われた。こうした内部経営改革志向は、東京都水道事業にも共通した。東京都水道局は、例えば、業績評価、広域化、顧客サービスの充実などに取り組んでいった。

　こうした社会・経済的な背景の違いや、ニュー・パブリックマネジメント受容の際の力点の違いは、水道事業の組織の違いに反映されることとなった。ベルリン水道公社は、独立した法人格を持つ営造物法人に転換された後、部分的に民営化されることとなった。これによって、ベルリン州政府からのある程度の自律性がベルリン水道公社に与えられることとなった。特に、部分的民営化の結果、取締役会議長が民間投資家側から選出されることになることで、少なくとも日々の経営に関して、ベルリン州政府からの自律性は強められたといえるだろう。しかし、ベルリン水道公社は、ベルリン州政府から完全に民営化されたわけではなく、その制御可能性が残されたことに留意が必要となるだろう。特に、重要事項に関する権限を持つ監査役会の議長に州経済大臣が就任することで、少なくとも制度のうえでは、州政府の影響力行使の可能性が担保されている。しかも、2001年に州政府が赤赤連立政権へと移行したこともあり、この監査役会による制御可能性は強められることとなった。しかし、それが間接的なものであり、また、部分的民営化に際して締結された民間投資家との契約等に規定された事項に反して制御することができないという限界も抱えていることには変わりない。これに対して、東京都では、もともと首長や議会からの自律性は、ベルリン水道公社に比べて少ない。加えて、内部経営改革が志向されたことで、組織改革——首長や議会との関係の改革——は行われず、従来からの地方公営企業形態が維持された。地方公営企業形態では、東京都の水道事業を担う水道局は、独立採算制が適用される点では経済的に独立しているのだが、法的には東京都の行政組織の一部を構成しているのである。確かに、地方公営企業形態であっても、水道局にはある程度の裁量を持つ管理者が置かれるが、予算調整権や条例提出権は首長に留保され、料金決定権は都議会に留保されて

いる。東京都知事や都議会には、より直接的な制御可能性が与えられているといえるだろう。

このように、同じくニュー・パブリックマネジメントに影響を受けつつも、ベルリン州と東京都とでは、水道事業に関して異なる組織形態をとるようになった。また、ベルリン州での近年の水道料金の上昇や職員削減は東京都と比較して目立つ。とはいえ、どのような水道事業が行われているのかという点では、少なくとも年次報告書の記述からは、大きな違いは見出しにくい。両者ともに、企業として効率化や給付力・競争力の向上に取組むだけでなく、環境政策に代表される非経済的な目標にも取組んでいることに言及している。

これは、どのように解釈されるべきなのだろうか。ここまで行ってきた組織の自律性や制御可能性の比較や政策内容比較の方法をより洗練させていく必要があることを承知のうえで、仮説的に議論してみよう。

上記の検討結果は、ベルリン州政府に残された制御可能性が、民営化されたベルリン水道公社に、直営で行われている東京都の水道事業と遜色のない程度に公益志向を保持させている、と解釈できるかもしれない。そうであるなら、自治行政の民営化の先にある断片化のおそれに対して処方箋を描く可能性を、ベルリン州の事例に見出せるだろう。

それとも、東京都水道局が取組む非経済的な目標は、純粋な民間企業であっても取り組む程度のものであり、その点で、東京都水道局は、直営形態という組織的な制約にもかかわらず民間企業のように振舞っている、と解釈すべきであろうか。ベルリン水道公社の部分的民営化によって環境政策が後退するおそれがあるという主張からは、むしろこのような解釈が適切であろう。その場合、公益志向の水道事業に期待される政策の内容を明らかにしたうえで、それに向けた制御が可能となるように、新たな制御のあり方が模索される必要があるだろう。

〈参考文献〉

石川義憲「KGStのNSMからコンツェルン都市、市民自治体まで」『平成20年度比較地方自治研究会報告書』(財団法人自治体国際化協会、2007) 139-146頁。

大黒太郎 (2003)「二〇〇一年ベルリンにおける政権交代(上)(下)─「連合形式」転換の政

治過程」『行政社会論集』第15巻4号・第16巻1号。
熊谷和哉（2003）「欧州における水道民営化に対する行政の現状について」『水道協会雑誌』第72巻2号。
三枝健二（2003）「東京都におけるNPMの取り組みについて－行政改革の一環としての官民協力－」総合研究開発機構『NPM（ニュー・パブリック・マネジメント）手法の地方自治体への導入』、総合研究開発機構。
嶋田暁文（2003）「多摩地域における水道事業－都営一元化をめぐる軌跡と現状－」中央大学社会科学研究所研究チーム「多摩地域の都市ガバナンス」編『多摩地域の都市ガバナンス（中央大学社会科学研究所研究報告第22号）』119-143頁。
武田公子（2005）「ドイツにおけるNPM改革－新制御モデルの成果と限界」岡田章宏／自治体問題研究所『NPMの検証－日本とヨーロッパ』、自治体研究社。
東京都水道局総務部調査課編『事業年報（2007年度）』。
東京都財務局（2008）『東京都の財政』。
東京都総務局行政改革推進室（2003）『第二次都庁改革アクションプラン』。
東京都総務局統計部(2007)『東京都統計年鑑 平成19年』。
日本水道協会（2006）『水道事業における民間的経営手法の導入に関する調査研究報告書』。
Berliner Wasserbetriebe (2008) *Geschäftsbericht 2007.*
Eichhorn, Peter (2001) Öffentlicher Auftrag und Zielsysteme für ein kommunales Unternehmen am Beispiel von Stadtentsorgungsbetrieben, Thomas Edeling/ Werner Jann/ Dieter Wagner/ Christoph Reichard (Hrsg.) *Öffentliche Unternehmen. Entstaatlichung und Privatisierung?*, Opladen.
Ewers, Hans-Jürgen/ Konrad Botyenhart/ Martin Jekel u.a. (2001) *Optionen, Chancen und Rahmenbedingungen einer Marktöffnnung für eine nachhaltige Wasserverosrgung*, BMWi-Forschungsvorhaben (11/00).
Fitch, Kimberly (2007) Water Privatisation in France and Germany: The Importance of Local Interest Groups, Local Government Studies 33(4).
Hüesker, Frank / Beveridge, Ross (2008) Nichtöffentlichkeit als Prinzip. Die Teilprivatisierung der Berliner Wasserbetriebe. Wasserkolloquium (Hrsg.) Wasser: Die Kommerzialisierung eines öffentlichen Gutes (Texte der Rosa-Luxemburg-Stiftung, Band 41). Berlin.
Mann, Thomas (1996) Die Entwicklung vom Eigenbetrieb zur rechtsfähigen öffentlichen Anstalt für kommunale Unternehmen, *Zeitschrift für öffentliche und gemeinwirtschaftliche Unternehmen* 19(1).
Psassadakis, Alexis (2006) Die Berliner Wasserbetriebe. Von Kommerzialisierung und Teilprivatisierung zu einem öffentliche-demokratischen Wasserunternehmen, Berlin/Brüssel.
Ramon, Linhos (2006) Das Management des kommunalen Konzerns, *Zeitschrift für öffentliche und gemeinwirtschaftliche Unternehmen* 29(4).
Reichard, Christoph (2007) Kommunale Unternehmen zwischen Marktdynamik und öffentlichem Auftrag, Michael Schöneich (Hrsg.) *Stadt-Werke. Festschrift für Gerhard*

第5章　自治体行政改革の日独比較　117

Widder, Frankfurt.
Scholz, Ortwin (1993) Die Rechtsformänderung der Berliner Eigenbetriebe aus der Sicht dieser Betriebe, Gesellschaft für öffentliche Wirtschaft (Hrsg.) *Eigenbetrieb, Kapitalgesellschaft, Anstalt des öffentlichen Rechts-Rechtsformänderung bei den Berliner Eigenbetrieben?*, Beiträge zur öffentliche Wirtschaft, Heft 12, Berlin.

〈注〉
1) 研究対象を水道事業に限定する理由は次の通りである。第1に、水道事業が、両国の社会において同じような意味を持つ任務－公衆衛生を目的としたインフラストラクチャー供給－であること、第2に、水道事業は典型的な自治行政固有な任務であることから、中央－地方政府の任務配分に関する両国間での違いを概ね捨象することができること、そして第3に、水道事業は多かれ少なかれ分権的な事業単位によって担われる傾向をもつ任務であることから、組織内分権化、自律化、あるいは民営化といった「新しい」行政改革の対象となりうることである。
2) 武田（2005：215-217）では、自治体の事業部門の外部化をNSMが描く地域経済社会に対する自治体の戦略性との関連で問題が生じるとしている。具体的には、第一に、自治体の核心的分野である生活インフラ領域からの撤退、第二に、行政の総合性や政治的・政策的影響力の低下、第三に、自治体財政における「クリーム・スキミング」が問題点として指摘されている。
3) 例えば、Reichard (2007)；Ramon (2006) などに詳しい。また、石川（2007：139-146）にコンツェルン都市についての紹介・解説がある。
4) Reichard (2007) を参照。
5) Eichhorn (2001) を参照。
6) Ewers (2001：19) を参照。
7) 熊谷（2003）を参照。
8) 日本水道協会（2006）を参照。
9) この数値は、Statistisches Landesamt Berlin (2006) に基づく。
10) この数値は、Statistisches Jahrbuch Berlin (2008：470) に基づく。
11) この数値は、Statistisches Jahrbuch Berlin (2008：438-439) に基づく。
12) 2001年の選挙及びその後の連立交渉については、大黒（2003）に詳しい。
13) Scholz (1993) を参照。
14) Mann (1996：57) を参照。
15) www.wasserpartner-berlin.de を参照。
16) 1993年のベルリン企業法（Berliner Betriebegesetz）を、2006年に全面改正し、新しいベルリン企業法（Berliner Betriebe-Gesetz）が制定されている。水道事業に関してのみ言及するならば、これは、旧ベルリン企業法の規定内容に、「ベルリン水道公社の部分的民営化のための法律（部分的民営化法）」の規定内容を追加した内容となっている。もちろん、単純に統合したのではなく、各々の規定内容にも修正が加えられている。部分的民営化後の水道料金に関しては、2006年の新ベルリン企業法制定前には、部分的民営化法に規定があった。特に、2003年の部分的民営化法の改正で、1999年に無効とされた

料金規定に代えて、詳細な料金規定が盛り込まれていた。
17) 注16を参照。
18) Fitch(2007：599-601)を参照。
19) Hüesker/Beverdge(2008：74)を参照。
20) Berliner Zeitung 05.März.2008を参照。
21) 以下の数値は、Berliner Wasserbetriebe, Geschäftsbericht の各年版に基づく。
22) 当初、報酬率として平均的な利回りに2％を上乗せすることが規定されていたが、これは裁判所によって無効とされた。このため2003年に、部分的民営化法が改正されることとなった。
23) 武蔵野市、昭島市、羽村市、檜原村である。
24) この数値は、都総務局統計部人口統計課「東京都の人口(推計)」に基づく。
25) 東京都総務局統計部調整課「都民経済計算」を参照。
26) ただし、東京都の財政規模は6兆円を超す(2008年度には6兆8,560億円)。
27) 東京都財務局(2008)を参照。
28) この時期の東京都におけるニュー・パブリックマネジメントの取組は、三枝(2003)に詳しい。
29) 東京都総務局行政改革推進室(2003：18)は次のように、「民間に学ぶ」ことを改革の重点テーマの一つとして掲げている。「既存の枠組みを越えるような改革に挑んでいくには、役所の常識にとらわれない新しい発想が必要です。そのためには、民間の優れた発想を取り入れて、新たな改革に取り組むことが有効です。新規事業の企画立案、実施、見直しなど、あらゆる場面で、民間の先進事例を比較考量し、民間の生きた経営感覚を都政運営に生かしていきます。施設の維持管理においても、民間施設とのコスト比較を行い、より効率的な運営に努めます。また、民間の資金やノウハウを最大限に活用するため、PFIなどの手法をより拡大します。こうした民間との協働による事業を手がけることは、民間の経営手法を学び、仕事の見直しにつなげる絶好の機会にもなります。監理団体経営においても、優秀な外部人材の登用、民間コンサルティングの活用、外部監査の実施などにより、民間の知恵とノウハウを今後も取り入れていきます。」
30) この数値は、東京都総務局(2007：207)を参照。
31) 嶋田(2003)を参照。
32) 例えば、2005年度には、水道局の「多摩川水源森林隊の運営」の評価では、「着実実施」とした水道局の1次評価に対して、知事本局は「見直し」の評価をした。
33) 本章では、水道事業の活動を年次報告書に記載された事業内容によって把握した。これにより、水道事業者が公に対して自らの活動を、どのように分類し、また、それぞれをどのように表現しているかが明らかになるだろう。しかし、それが自己評価を含むものであること、また量的な相違について把握できないということには留意が必要である。
34) Psassadakis(2006)、Hüesker / Beveridge (2008) 等を参照。

第 II 部

自治体と市民参加

第6章
伝統あるパートナーシップ
―― ドイツにおける地方自治と市民活動

アネッテ・ツィンマー

1 はじめに

　ローカル・ガバナンスをめぐる近年の議論は、地域政策形成に民間アクターが関与することの意義を強調するものとなっている（Benz 2004；Schwalb/Walk 2007）。また、連邦制をとるドイツでは、地方自治の伝統がつむがれるなか（von Saldern 1998；Bogumil/ Holtkamp 2006：14ff；Naßmacher/ Naßmacher 2007：30ff）、民間アクターと市民と、地方行政および地方政治との間に、長年に渡る強い結び付きが存在している。これは意思決定の場についても、また政策執行の段階についても言えることである。自治体の政治的意思決定は議会で行われるが、このことが意味するのは、議会における意思決定の主体は、政党または非政党系有権者グループとして組織された形で地方政治に取り組む市民[1]である、ということだ。これと同時に、市民は、様々な政治領域のなかでも特に生活保障のための公共サービスの分野に関わる地元の市民団体（社団）[2]・連合体や財団といった非営利団体（NPO）に積極的に参加している（Wollmann/Roth 1998）。この議会活動、そしてNPOと自治体の間の公民協働という参加形態は、両者ともに地方自治の伝統的側面である（Zimmer 2007：137ff）。
　しかしながら注目に値するのは、後者に挙げた公民協働、つまりNPOの地域の生活保障のための公共サービスへの関与について、地方政治に関する文献では少数の例外を除いて（Nassmacher/ Nassmacher 2007：126；Bogumil/ Holtkamp 2006：158ff；Roth 1997）ほとんどと言って良いほど関心が寄せられておら

ず、ましてや地方自治の重要な要素として認識されてもいない、ということだ。本章の目的は、まさにこのことについて論じることである。また市町村の自治の中心概念を考察するにあたっては、地元で様々な形態の市民活動に積極的に参加する市民という民間アクターに焦点を置くこととする。

次節においては、まず「市町村の自治（地方自治）」と「市民活動」のコンセプトと、その理想モデルについて考察する。続いて、ある自治体のケース・スタディを例に挙げ、市民活動の多様性を印象づける。さらに、この自治体における、生活保障のための公共サービスに関わる市民団体を通して、市民活動の意味について詳しく論じたい。そして最後に、19世紀の初期形成期から今日に至るまでの、地方自治の発展を参照する。現在は、ローカルガバナンスとNPM（New Public Management）という二つの動きについての議論が盛んに行われており、これは、一方では市民をより強力に引き込んでいく手法、また他方では経営学的見地から地域におけるサービス提供システムの改革を行っていく手法であるが、この二つの手法についての議論を前にして、ドイツにおける市民と自治体の間の伝統的かつ密接な関係が、将来その形態をどのように変えていくのか、これについて問いたいと思う。

2 ドイツにおける地方自治とその意義

ドイツ基本法は第28条で自治体に自治の権利を保障しており、市町村の自治は憲法により保障された高次の財産であるとしている。基本法第28条は、地域共同体に関する全ての案件を自らの責任において対処する権利を自治体に認めている。これは、連邦制共和国であるドイツの多層的な国家構造の中で、自治体は重要なポジションを占め、国家権力を行使する立場にあることを示すものである（Oebbecke 1998：41）。また政治学的に見れば、自治体は政治システムの最下部に位置することになる。(Naßmacher/ Naßmacher 2007：19)[3]。つまり地方自治は、連邦国家・州・市町村という多層的国家構造の枠組み（実際にはここにEUも含めるべきであるが）の中で、国家任務を分業していることになるのである。さらに基本法は、「市民性、自治体の自己責任性、自治権」が、地方

自治の中心的な構成要素であると定めているが、これら三要素は全て、極めて長い伝統を誇るものであることを述べておきたい。[4]

ここで特に強調したいのは、「自治体の自己責任性」だ。この「自己責任」原則によれば、結果的に「自治体が公の課題をどのようにこなしていくか」は国が規定するものではなく「自治体が自ら決定する案件」ということになる（Oebbecke 1998：48）。よって、意思決定及び政策執行の分権化が地方自治の核とされるわけだが、これは政府の負担軽減という目的設定に沿ったものでもある。地方自治の力に頼ることで、重要な問題が中央から地方レベルに単に「押しやられてしまっている」という批判がある一方で、自己責任性の擁護派は、地方自治があるおかげで、政府や行政は市民により近い視点で問題に「取り組める」のであり、こうした意味で、自治体行政は問題解決に直接的に関与できることになるのだ、と主張している（vgl. Naßmacher/ Naßmacher 2007：21ff）。

「自治権」とは、自治体の自己責任性という考え方と密接な関連性を持っている。これによれば、自治体はローカルレベルのありとあらゆる問題に対処する責務を負わなければならない。市民の全生活領域にわたり、州法または連邦法で対処されない部分については、地方自治体が全ての責任を負うことになるのである。しかしながら、州法または連邦法の管轄領域である案件についても、市民が直接に国とコンタクトをとる場は、自治体行政であるのが一般的だ。パスポートの発行元は連邦共和国だが、実際には市役所で発行されることなどもその一例である。自治権の原則に従い、市町村の自治は、多種多様かつ広範囲な政治領域に関わるだけではなく、同時に規模拡大の傾向にもある。歴史に目を向ければ明白なのだが、社会の構成員全員に、可能なかぎり包括的な生活保障のための公共サービスを提供するドイツの福祉国家的な性格は、主に地方自治が形づくってきたものであると言える。（vgl. Sachße/ Tennstedt 1988；Naßmacher/ Naßmacher 2007：36ff）。工業化の時代に、切迫する社会問題に最初に対処したのは地方自治体であったし、そしてまた、現在進行中のグローバリゼーションの中にあっても、環境問題から経済政策に至るまでの多くの政治分野において、自治体の意味が重みを増している。地方自治体は革新的政策が議論され形成される場として、その存在がまさに新しく認識されているのである。

ガバナンス、そして自治体と民間アクターの公民協働(Sack 2007)、これらのキーワードが、現在また注目を集めているのである[5]。

本章を進めるにあたって重要な地方自治の構成要素は「市民性」である。「市民性」は、市町村の自治の理念モデルを強く特徴づけている概念であるが、それにもかかわらず、基本法には、これについての詳細な叙述は見当たらない。また他文献でも、「市民性」については、自治体における市民代表の選出の必要性について言及するに留まっているものが多い。市民の代表として選ばれる地方政治家は、市民活動家でありかつ無給の名誉職につき、合議制機関(議会)において、地方自治に取り組むことになる(Walter-Rogg/ Gabriel 2004；Reiser 2006)。議会は民主主義に基づいて選出された委員会であり、その本務は政治的意思の形成、また政策決定である。またこの際、議会は自治体政治の枠内で「行政に非専門家が参加する」(Oebbecke 1998：43)ことを保障していることになる。これに加えて、過去数年に渡り「市民自治体」というライトモチーフと部分的ながら関連づけつつ(Holtkamp/ Bogumil 2007)、「市民性」強化を目的とした様々な政策が導入されてきた。ここでは「市民性」とは、議員ではない市民も含めて、市民が具体的な意思決定及び計画プロセスへ直接参加をすることと理解されている。これら一連の政策全てに通じる特徴は、政党や非政党系有権者グループといった伝統的ルートを通らずに市民の組織化が行われるということだ。つまり、ここでは直接民主制的要素の導入が行われているのである。直接民主主義的要素は、基本的には、代表制に基づいて組織された地域民主主義を補完する役割を果たすものであるが、それどころか、住民投票の場合には代表民主制が直接民主制に置き換えられることになる。ノルトライン＝ヴェストファーレン州の自治体基本法が示す通り、この場合は議会に「代わって」市民全体が決定を下すことになるからである。代表民主制を補完する直接民主制的要素のさらなる例としては、例えば市長の直接選挙、ローカルアジェンダのプロセス、または計画策定への参加手続きが挙げられる(Vetter 2008；Holtkamp/ Bogumil 2007)。現在の地方政治を論じる文献は、議会、さらに市民団体や連合体との協働とは別のやり方で地方自治に市民を参加させるという上記のテーマに集中していると言っても過言ではない(Haus 2002, 2005；Vetter

2008)。

　これとは対照的に、自治体学においては、自治体への市民の協力が生活保障のための公共サービスの文脈中でどのような意味を持つのかという問題については、ほとんど議論されていない。この公共サービスは自治体の本質的要素であるにもかかわらず、である。近年では、このテーマ全体が、第三セクター[訳注：非営利セクター]が取り扱う分野となっている。(Seibel 1992 ; Zimmer 2007)。そこでは、市場及び政府に代わるサービス提供者としての市民団体（社団）・連合・財団そして各種の市民イニシアティブが議論のテーマとなっている (Zimmer/ Priller 2007)。これは、福祉国家の変革と、また福祉社会への転換 (Evers/ Olk 1996) についての議論と同じく、市民社会をめぐる論議の中で浮上する代表制政党民主主義の改革の必要性という議論においても、重要なテーマである (Klein 2001)。なぜなら、近年のドイツでは、公共部門での重要事項における市民の協力と、市民活動というライトモチーフのもとに遂行される公共サービス分野の無償労働について、徹底的な議論が行われているからだ (Meyer/ Weil 2002 ; Heinze/ Olk 2001 ; Gensicke et al 2006 ; APUZ 2006)。

3　市民活動

　市民活動に関するドイツ連邦議会調査委員会の活動を主たる契機として、「市民活動」の概念及び思想は公共の場においても広く浸透した。「市民活動 (Bürgerschaftliches Engagement)」の概念は、政治・社会・地域における参加と活動（アンガージュマン）を包含するものである。また基本的に、参加の活動範囲は、就業労働及び暴力的活動形態を除いた広範な領域にわたる、と考えられている。調査委員会によれば、市民活動とは広い意味で「時間・金銭・ノウハウといった資源を寄付すること」(Enquete-Kommission 2002：57ff) であり、公益に寄与するだけではなく、民主主義と国民の能動的参加を深化させ、さらに発展させるために行われるもの、とされている。また、調査委員会の報告書 (Enquete-Kommission 2002：57) は、市民活動の活動分野を逐一挙げているが、これを見てみると、市民活動の活動分野は政治参加と社会参加、市民団体・連

合体・教会及び参審員といった公的任務を伴う活動に分類されていることが分かる。さらに調査委員会は、近隣相互扶助や地域通貨といった、相互性を伴う様々な形態についても言及している。また、自助ならびに寄付、スポンサー活動、コーポレート・シチズンシップといった企業の市民活動もリストアップされている (Enquete-Kommission 2002 : 64ff)。

　ここで分かることは、「市民活動」が実に複合的な議論の中で、これら全てをとりまとめる上位概念として使用されている、ということだ。「市民活動」とは、根本的には、市民が公的案件に直接・間接に参加する様々な形態を表現した概念である。また、ローカルレベルの市民活動と地方自治における市民性という構成要素の間に、密接な関係があるということも明白である。そして、市民活動の活動範囲は多岐に渡っており、地方選挙に定期的に投票したり、名誉職として議会活動をする以上のことが、この概念のもとに行われているのである。ローカルレベルでの参加と活動の形態は様々だが、そのうち「市民活動」として認識されているものを、以下に個別に挙げてみよう。

- 政党・連合団体・労働組合・政治的な委員会やグループ・市民団体（社団）のメンバーになり、無給で活動すること
- 病院・学校・博物館または図書館といった、慈善又は公益を主旨とした施設の運営に自発的かつ無給で協力すること
- 州民発案・州民投票といった、直接民主主義的市民参加の諸形態に参加すること
- エコロジー・反原発または女性運動といった、市民運動または新しい社会運動の枠組みの中で行われる抗議運動に参加すること (Roth 2000 : 30-34).

　前述の連邦議会調査委員会が組織された当時、ドイツの政治界では、ドイツ国内における市民活動は後退傾向にあるのではないかという危惧があった。特に、政党や労働組合の組合員数減少や投票率の低下は市民活動の後退を示唆しており、市民はそれぞれ個人的なまたは私益目的だけを追求し、対して公益に対する関心は二の次になっているのでは、と考えられたのである (vgl. Braun 2001 ; Putnam 1995)。しかしこの予想は、委員会が提出した調査結果と、とりわけ、ドイツ国民を対象に大規模に行われたアンケート調査によって、根拠の

ないことが明らかになった。調査により明白になったのは以下の事実である。ドイツにおいて、市民活動は上昇の気運にある（Gensicke et al 2006；Rosenbladt 2001）ということ、ただ、市民は政治行動の「核心部分」において参加または協力することにさほど興味を持っていない、ということだ。時系列的に比較すると、政党加入から公職就任という意味での政治に対する関心は過去に較べて薄れている。その代わり、政党政治から離れたところで、政治以外の分野における市民活動への関心は高まっており、例えばスポーツや文化の分野で活動する市民団体や市民イニシアティブ（Bürgerinitiative）などにこの傾向が認められるのである（vgl. Gensicke et al 2006：97）。では、調査委員会と市民－国家のパートナーシップに関するボランティア調査が出した結果から、ここに何らかの変化が起こっていることを認めなければならないのであろうか？　答えはイエスである。特に、意思決定の場への参加、つまり議会や地域政党（Lokalparteien）における政治的課題といった、自治体行政への参加に変化が見られるのである。地方自治というコンテクスト中での市民参加が、地域政党のいわゆる職業化の進行の影響もあいまって、その魅力を失っていることが分かっている。しかし、市民団体・連合体・財団や他のイニシアチブの現在の状況を見たうえでは、市民活動の他の形態においても、その魅力は喪失していると言えるのだろうか。ボランティア調査及びローカルレベルでの市民団体研究はこうした懸念に反し、市民活動の拡大というポジティブな状況があることを明らかにしている。

4　ドイツにおける市民団体の活動

ドイツ国内では、100万以上の市民団体（社団）がローカルレベルで活動している。ここでは、様々な分野で公益を目的に活動する非営利組織（NPO）について述べよう（Zimmer 2007）。NPOの数は1960年には86,000社団だったが、2001年には545,000社団と、過去40年間のあいだに4倍以上に膨れ上がっている（Priller 2004：93）。特に、スポーツおよび合唱の団体数は、持続的な増加を示している。同時に、環境保護、国際協力、自助または平等といった新分野を

活動内容とする社団も登場した。こうした新しい団体の数多くは、「新しい社会運動」の趨勢の中、1980年代中盤以降に組織されたものである（Roth/ Rucht 1991 ; Zimmer 1998 : 255f）。また、財団は1980年代末頃からめざましい成長を遂げており、市民活動の新形態として認知されつつある。ドイツ連邦財団（Bundesverband Deutscher Stiftungen）は、2005年の時点では12,000以上の財団が国内で活動していることを確認した（Bundesverband 2005）。ここで留意すべきなのは、現在、ドイツはNPOの設立及び市民社会活動の興隆期にあり、特にローカルレベルでのブームが顕著である、ということだ。また、全く新しいタイプの財団として、市民財団というものがある。市民財団は、定義上では、財団が住所を置く自治体内（つまり、ローカルレベル）のみを活動範囲とするものだが、この市民財団は、存在する多様な財団形態のうちでも、最も急速な成長を示しているグループである（Nährlich et al 2005）。市民財団は、会費、寄付、経営管理部門及び通常事務部門における有志の無給労働という形をとった市民活動を基礎としており、またこれを運営の内実としている。

　「市民性」が地方自治の中に、かなりの広範囲に渡り構造的に織り込まれているということは、一点の疑いもない事実である。ドイツでは、自治体の過半数において、福祉団体［全国組織］に加盟している団体が、慈善施設および福祉施設の運営組織として非常に重要な役割を果たしている（Boeßenecker 2005）。また、市民団体（社団）は地域でスポーツ・余暇活動に従事する、市民に身近な組織となっている（Hübner/ Kirschbaum 2004）。またとりわけ、小規模な地方自治体では、市民団体が文化イベントの開催者として重要な役割を果たしていることが多い。地域の社団調査と政策分野に特化した分析研究を見ると、市民団体および他の公益組織が、地域の生活保障のための公共サービスにどの程度関わっているのか、従って、地方自治の枠内で行われる地域のサービス提供にどれほど関わっているのかが分かる（vgl. Wollmann/ Roth 1998 ; Zimmer 2007 : 137ff）。以下に紹介するミュンスター市での社団調査の結果も、これに対する回答を如実に示すものとなっている（Zimmer 2007 : 91ff）。

　ミュンスター市は人口28万人の大学都市であり、周辺地域も含めてサービス業の中心地でもある。ミュンスター市に存在する市民団体に関する調査結果に

第6章 伝統あるパートナーシップ　129

よると (Zimmer/ Hallmann 2004 ; Zimmer 2007 : 91ff)、市内では約1,600の社団が活動しており、加入者数は100万人を超えている。ドイツでは、1人の市民が複数団体に同時加入するのが通例のため、社団の加入者数は、ミュンスター市の人口を優に凌ぐ結果となっている。また、ミュンスターの社団においては、市民の社会参加が傑出したものとなっていることを述べておかねばなるまい。社団を対象としたアンケート結果によると、ミュンスターの社団では総計約3万人がボランティアとして活動している計算になる。つまり、ミュンスター市では各社団につき、無給で労働力を提供する市民が21人はいるということだ。

　ミュンスター市で最初の社団が結成されたのは、19世紀初頭である。ヴェストファーレン芸術団体 (Westfälische Kunstverein) やヴェストファーレン乗馬協会 (Westfälische Reitverein) などは、これらの長い歴史を持つ伝統的団体である。しかし、現時点でミュンスター市内に存在する社団の過半数は、ここ30年以内に創設された新しい組織である。とりわけ、市民団体という存在が持続的に認知されるようになったのは、1970年代半ば以降に起こった新しい社会運動の役割が大きい。男女平等、移民とドイツ社会への統合問題、環境保護、気候保護、自助といったテーマは、この当時に新しく発生したものだったが、これらのテーマは、政治的案件として扱われるようになるずっと前から、社会問題に積極に取り組む市民達の注目を集めていたのであり、ミュンスター市でも社団という形に組織化されていたのである。さらに、ミュンスター市でのアンケートから明らかになった重要事項は、市内の市民団体が、自治体の課題である生活保障のための公共サービス分野で重点的に活動を展開していることである。つまり、市民団体は地方自治の責任範囲分野で重点的な活動を行っているわけである。まず例として挙げられるのは「福祉サービス・支援活動」また「保健」といった分野である。またこの他に、「文化」「スポーツ」も含まれる。これらの分野における市民団体活動は衰退することなく、むしろその逆であり、新たに創設される社団数は、近年増加の一途を辿っている状況が確認されている。ミュンスターでは、「福祉サービス」の分野で活動する市民団体の50.5％が過去15年以内に創設されたものであり、このパーセンテージは「保健」分野ではさらに62.3％にのぼる。つまり、両分野で活動する過半数の社団は、設立

されて15年を過ぎていないことになる。

　地域で活動するミュンスターの社団は、自治体の生活保障のための公共サービス政策に大筋において取り込まれているが、このことは団体の資金もしくは財政構造と関連性が深い。つまり、ミュンスターの市民団体を財政的に支援するメインアクターは、自治体なのである。ほぼ全ての社団が、何らかの形で自治体から財政面もしくはインフラ面での支援を受けており、特に前述の諸分野（社会福祉・スポーツ・文化）で活動する市民団体のためには、かなりの支援金が自治体から提供されている。とりわけ社会福祉関係の団体には、年間10万ユーロを超える支援が給付されているのである（Zimmer 2007：113f）。

　ここでは明らかに、地域の市民団体と自治体の間に、社会福祉分野における密接かつ伝統的な協力関係が発生している（Sachße 2000）といえるのであるが、このパートナーシップは、市民活動に積極的に取り組むミュンスター市民によって支えられているところも大きい。そして、市民活動とそれに伴う無償の労働力提供という点に注目するならば、こうした力をまとめてリードしているのは、スポーツ・社会福祉・文化の分野に取り組み、これによって地元自治体における生活保障のための公共サービスのインフラストラクチャーの一部を担う社団だということになる。

　現在、ミュンスター市の社団は、自らが地元コミュニティにもたらす意味、また業務・サービスの生産という点で果たす役割の意義を高く評価しており、それぞれの活動分野において、市民団体の重要性は引き続き高まっていくだろうと考えている。それに加え、ミュンスターの市民団体は、将来的に市民団体が直面するであろう課題や発展動向について、はっきりとした見解を持っている。例えば、近年の傾向として目につくのは、自治体とのパートナーシップ形態が、単純に市民団体として「参加」するという範囲を超えたものになってきているということだ。たとえば既に現在、自治体の公共施設は助成団体の支援によってその財政を大きく支えられている。助成団体は、いわゆる募金組織である。換言すれば、彼等はファンドレイジング（資金調達）を主たる任務としており、助成の対象は主に学校・博物館又は図書館といった公共施設である。近年、新設される社団にも、この助成団体が多く含まれている。今やミュンス

ターでは、助成団体が関与していないローカルの公共施設のほうが珍しいくらいであろう (Zimmer 2007：131)。このことは、他の自治体に比べ裕福といえるミュンスター市においても、市民の市民性、また彼等の財政的援助が自治体の地方自治権維持に一役買っている、という証拠になるのではないだろうか。市民団体は、自治体との共同作業の中で、議会への参加とはまた異なる市民性を表現してきたわけだが、この自治体との共同作業の中でも、助成団体の支援による自治体施設の財政的援助という形態は、近年拡大傾向を強めている。

　こうした観点からはっきり言えるのは、市民は地域政策の形成場面だけではなく、社団に加入したり、助成団体や市民財団の寄付事業に参加したりすることによって、地域政策の実施そのものにも関与している、ということだ。つまり、市民は自治体の生活保障のための公共サービスに従事し、サービスを提供していることになるのである。福祉国家再編をめぐるアクチュアルな議論の核には、国家がこれらのサービスをもはや提供できないか、または提供する意思がないということがあるが、このことについては、当該分野における市民の関与という点からも議論がなされている。このことからも、参加し活動する市民は、彼等の活動の意義が高まっている事実を知ることになるだろう (vgl. Schwalb/ Walk 2007)。市民である彼（または彼女）は、リソース（資源・資金）の供給という形での市民活動を通して、公共の案件に直接に関与しているべきだ、ということになるのである。福祉国家の限界と価値についての議論は、日増しに批判的な調子を強めている。しかしながら、ドイツにおいては、伝統的に、関与、協力そして資金調達の面でも市民活動が地方自治の中心的要素だったことは、忘れられがちである。

5　地方自治と能動的市民——伝統的パートナーシップ

　過去を振り返ってみると分かることだが、行政と市民のパートナーシップは、ドイツ地方自治の本質的な考え方であると言える。たとえばプロイセンでは、19世紀初めに行われたシュタイン・ハルデンベルク改革に沿って、1808年に地方自治が、続いて1810年には営業の自由が導入された (Bogumil/ Holtkamp

2006：14；von Saldern 1998：23)。これらは一時代を画する大規模な改革であったが、当時の改革の理由は「公共部門の財政難」であった。これは、今日進行する改革の動機理由と全く同じである。当時、国家としてのプロイセンは、一連のナポレオン戦争の影響を受け、破産状態だったのである。

　営業の自由はプロイセン経済を鼓舞し、都市の商業取引を活性化する目的で施行された。その一方で、地方自治の基礎理念は、地域特有の案件については、市民の積極的参加のもと、分権的かつ自己責任において調整するというものであった (Naßmacher/ Naßmacher 2006：33; Thamer 2000)。政府・行政といった国家活動を、市町村の自治の確立を通して地方分権化したわけだが、その中心的意図は、国家の負担を軽減することだったのである。事実上、プロイセンの自治体には、財政面も含めた自己責任性が課せられていた。また、市民活動は、地方自治の導入により様々な観点から奨励されるというだけではなく、要求事項でもあった。これは当時、自己統治と自治行政が組み合わさったタンデムのようなものであった。現代の用語では、「政治 (*Politics*)」と「政策 (*Policies*)」という言葉で区別されるものである。

　当時、自治体の政治指針は、ひとまず議員総会（現在の市議会 Rat）に従事する市民の手に委ねられた。現代の議会と同じく、議員総会のメンバーは選挙で選ばれる政治的公務員（公選職）であり、名誉職として無償でこの任務に従事していた。この議員は、都市法により広範囲な代理権および権限を附与され、「都市の公共団体としての全ての案件において、市民を代表し、市民に関わる案件全てを例外なしに取り扱う」ことができたのである（1808年プロイセン都市法108条, zitiert in: Bogumil/ Holtkamp 2006：17)。また都市法は、議員総会に並んで、市参事会も自治体行政の指導機関として設置していた。参事会のメンバーは、専門家（公務員）とやはり名誉職の議員により構成されていた。自治体行政の完全職業化というようなテーマは、自治体行政初期には全く考えられないことであった。自治体行政において市民活動が分担する部分は、非常に大きかったのである。

　既に当時、市民は自治体のサービス提供に直接的に組み込まれていたが、これは特に貧困者救済つまり社会福祉政策の分野に顕著であった。今日で言う

第6章 伝統あるパートナーシップ　133

ソーシャルケースワークだが、「貧困層」のように問題を抱えた人々のケアは、当時は名誉職として無給で行われていたのである（Sachße 2000：76f）。それ故に、貧困者救済は長い間、無給の公選職として認識されていた。そして議員総会議員および自治体行政の協力者として選出された場合と同じく、市民は貧困者救済の役職に選ばれた場合、これを拒否することはできなかった。また、女性は当時これらの役職からは排除されていた。女性には市民としての地位が認められていなかったからである。

　ところで、当時の「名誉職」の義務的性格は、市民活動のイメージに比較的ネガティブな余韻を残すことになった。自治体案件のために任務を受諾し遂行するのは市民の第一の義務であったが、これに関与するかどうかの決断を下す自由が市民にはなかったのがその一因である。さらに、そもそもこうした公選職に就くことを許可される市民はごく少数であり、有産市民層もしくは経済的に裕福な者に限られていた。何故なら、そうした者だけが市民権を得ていたからである。従って、自治体の名誉職に就いている者達は、著名な名士であるか、もしくは市民でも有産者層（ブルジョア）に属する人々であり、彼等は自治体人口のうち、少数グループであるに過ぎなかったのである（Naßmacher/ Naßmacher 2006：33f）。

　こうした背景を考慮した上で、当時の地方自治のコンセプトを市民中心主義と民主化の文脈に位置づけることはできるだろうか。関連文献を紐解くと、これに関して興味深い議論がそこに反映されているのが分かる。トクヴィルの伝統をくむ政治学者達は（vgl. Naßmacher/ Naßmacher 2007：23ff; Bogumil/ Holtkamp 2006：20ff）、地域の市民活動と民主主義との間に、明確な関連性を見出しており、市民活動は、政党政治的な活動から市民団体（社団）や市民運動への参加・協力に至るまで、全ては「民主主義の学校」として機能しているのだと主張している（Naßmacher/ Naßmacher 2007：34；Bogumil/ Holtkamp 2006：16）。しかし、ドイツがたどった発展の道筋を見てみると、この考え方が事実と合致している部分は、かなり限定的であると言わねばならない。当時の地方自治は、住民の多数派が政治的行為に能動的に関与できる立場になかったことから、民主化の発展を妨害する要素としても機能したと言えるからである（vgl.

Bogumil/ Holtkamp 2006：21)。さらに、プロイセンは底辺民主主義的な市民運動にはなじみがなく、その代わり、効率的な行政構造の導入を行った国家として有名であることにも留意したい。またプロイセンでは、地方自治の民主主義的傾向は、規則主義でスムーズな行政を実現するために、非常に早い段階で抑制されたのである（Thamer 2000：298）。さらに19世紀後半には、各市民団体（社団）の自立とそれらの特定の社会階層への帰属が進んだが、これらのうち保守的・国家主義的なグループが、権威主義的つまり反民主的な方向を優先させ、市民（保有財産を持ち公選職への就任が認められた人々）の中で有力なポジションを獲得する、という事態が生じた（Bösch 2002）。プロイセンおよびドイツでは、市民活動への動員は民主化の目的で行われたのではなく、工業化そして都市化がもたらした困難を克服するために有効利用されたのだと言えよう。現代的に表現すれば、以下のようになる。市民活動は、政治（Politics）のコンテクストではなく、政策（Policies）としてかなりの範囲に渡って地方自治のリソースとして利用されたということである。

　福祉国家そして投資国家的性格の強化に伴って、ドイツでは行政の職業化および公務員任用の発展が進んだ。そしてこのことは、地方自治に特徴的であった市民的な要素を徐々に抑制していく結果となった。しかし「貧困者救済」について言えば、慈善団体の「ローカルな福祉文化」は、地域の福祉国家モデルと生活保障のための公共サービスの中に徐々に組み込まれて行ったのである（Sachße 1995；Sachße/ Tennstedt 1988）。そしてこれは、ドイツの典型的なガバナンス形態として発展し（Katzenstein 1987）、PPP（パブリック・プライベート・パートナーシップ）の走りとなったといえる。これは、福祉団体に、福祉的生活保障のための公共サービスの場面で特権を与えることにより、時を追うごとにコーポラティズムの性格を強くしていった（Heinze/ Olk 1981）。生活保障のための公共サービスとは、地域の市民に物資・サービスを提供することであるが、ドイツの地方自治においては、これは19世紀半ばから異なる二方向に発展を遂げている。一つには、以前は民間営利もしくは無給名誉職で行われていた任務・業務が、ますます自治体により運営されるようになる、ということが起きたのである（Naßmacher/ Naßmacher 2007：36ff）。このことによって、福祉厚生

第6章　伝統あるパートナーシップ　135

サービスは自治体の指揮下に置かれ、自治体組織の管轄に移行されていった。また他方では、公共サービスの中心的任務は今なお市民団体（社団）によって担われていたという事実もある。これらの市民団体は、それぞれ特定の社会環境に活動を特化して成長しつつある福祉団体（特に、カリタス連合（Caritas）、ディアコニー会（Diakonie）や労働者福祉連合（AWO））に結集していったのである（Boeßenecker 2005）。

　市町村の自治のこのような傾向・発展を適切に評価するために忘れてはならないのは、工業化・都市化・人口移動によって引き起こされた深刻な社会問題を乗り切る責務を背負ったのは、まさに地方自治体であった、ということである。19世紀初めにプロイセン都市法が施行された時点では、プロイセン国内のほとんどの都市は管理可能な簡潔な自治体であった。いわゆる「社会問題」が発生したのは、その後のことである。工業化が都市を変貌させ、人口流入・都市の人口過密化・住宅不足を特徴とする工業密集地域が、他の多くの社会問題と混ざりあい、自治体レベルのアクターにとって日常問題となったのである。国家は当時まだ「自由主義的夜警国家」として「中心的問題」に限定しており、工業化・都市化がもたらした結果については、自治体に委ねていたのだった（Bogumil/ Holtkamp 2006：18）。今日においては、福祉国家性と生活保障のための公共サービスと結合した政策分野の多様化が進んでいる。インフラストラクチャー政策・交通・衛生・エネルギー供給・ゴミ処理・下水・福祉厚生・教育・文化・スポーツといったものがそれである。こうした分野の出発点（*take-off*）となったのは、時代の要請に反応した自治体だ。畜殺場・交通営団・学校・病院・劇場そして博物館といった施設が、自治体の運営管理化に置かれていったのである（Uhlendorff/ Zimmer 1997）。現在、最も多くの職員を抱えるのが、連邦政府でも州でもなく、自治体であるのはこのためである。自治体行政の恒常的な成長と行政の職業化は同時進行した。これは地域の福祉と生活保障のための公共サービス事業の拡大に伴う、自然な結果であろう。

　しかし同時に、自治体運営化と職業化にもかかわらず、ドイツでは市町村レベルの自治体から市民性が完全に排除されることがなかったというのは、既に述べた通りである。　しかしながら、自治体のサービス提供に直接従事するの

は、貧困者救済ボランティアの例に見られたような市民個人ではもはやなく、むしろ、社団・連合・イニシアティブ・財団といった団体アクター、要するにNPOそしてNPOと結びついている市民活動を仲介として、自治体と市民の協働が行われるようになったのである。これらのNPOは今日に至るまで社会福祉サービスの中心的提供者となっている。ドイツでは病院・介護施設・幼稚園／保育所・相談センターなど、98,000以上の福祉施設（Bundesarbeitsgemeinschaft 2006）がNPOによって運営されている。これら施設のうちの多くは、19世紀末そして20世紀初頭に、社会参加に積極的な市民によって設立されたものであり、長い歴史をもっている。（Boeckenecker, 2005）今日では、これらの組織の業務自体は、主にそれを本業とする労働力によって行われているが、しかしながら、組織運営はその大半を無給の幹部・役員に依っている。同時に、ミュンスターの市民団体（社団）調査の結果が示した通り、無給で業務遂行を助ける支援者の存在は、日常的なアクターとして、依然として組織に組み込まれている。これらの組織は、既に百年以上も、自治体の社会福祉計画において自治体とパートナーシップを結び、協働し、自治体内で活動してきているのである。NPOの仲介により、社会福祉という政策分野において、市民と国家、または市民と自治体の間には強力なパートナーシップが存在している（Backhaus-Maul 1998；Bogumil/ Holtkamp 2006：158ff）。例えば、社会福祉団体の名誉職の代表者と自治体（社会福祉事務所職員や社会福祉課長）そして事情に精通する市民も一緒に、ローカルレベルの計画策定委員会を結成することがある。目的は、社会福祉分野でのサービス提供の手はずを整え、特にNPO（または社団）と自治体の支援関係によって運営されている施設のサービスをコーディネートすることである。

　地域のスポーツの分野でも、社会福祉または青少年政策にも似たガバナンス配置が実行されている。ドイツ国内では9万以上のスポーツ団体が活動しており、その数は増加傾向にあるが、これらのうち殆どは市スポーツ連合会に加入しており、ローカルレベルで統合されている。市スポーツ連合会は、計画策定及び調整委員会として機能しており、スポーツにいそしむ市民と国家ないしは自治体との制度化されたパートナーシップを具現した存在となっている。市ス

ポーツ連合会は、たとえば助成の重点計画策定を行うなど、様々な課題に関して行政の当該部署の負担を取り除く機能も果たしている。よって、行政の資金は、市スポーツ連合会の方針を基準として動くことになる。このパートナーシップについては、市民団体側が自治体の施設を「舞台として活動する」(Bespielung) というところまで拡大している、と言えよう。近年の傾向としては、もはや自治体ではなく市民団体が、全てのスポーツ施設を運営するようになってきている。また、全ての自治体ではないが、いくつかの都市では、文化分野でローカルな活動を行っている NPO のために、市スポーツ連合会に匹敵する委員会が設けられている (Zimmer 1998：260f)。

しかし、自治体と地元の NPO または社団が、セクターまたは活動分野別に協力関係を結ぶという形態は、ずっと以前からもはや協力の一形態に過ぎなくなっている。自治体と各社団の契約関係は、今や実に種々多様な面において存在しているのである。例としては、多くの自治体が、契約によって定められた規則にのっとって各種劇場に対する財政援助を行っているが、これらの演劇への取り組みの多くは、ボランティア活動によって支えられている NPO によるものである。ドイツ国内の芸術映画館または舞踊劇場についても、これに相応するシステムが存在している。ここではさらに例は挙げないが、非営利かつ市民活動に支えられた組織と自治体の間の制度化されたパートナーシップ形態が、他の多くの分野、たとえば防災・継続教育又は環境分野においても見られるということは、心に留めておくべきである。

このように、地方自治において、市民と自治体のパートナーシップとは、市議会や地域政党における名誉職活動という範囲だけに留まってはいないということが分かると思う。例えば計画策定の手続きにしても、そこには市民参加の様々な新形態が認められる。が、それらも、自治体に関係する市民活動の新たなる一面に過ぎないのである。公益団体もしくは NPO がローカルレベルで生活保障のための公共サービス分野——つまり、サービス・事業の創出において——に協力・参加していることも、地方自治という文脈における市民活動であり、その重要な一部分だ。地方政治における民間アクターの参加、またこの参加が個人レベルそして、社団・NPO といった組織的市民活動という形態で起

こっていること、またこうした現象が将来どう発展していくのかについては、現在、様々な文献が評価、議論を試みているところである。たとえば「ローカル・ガバナンス」というライトモチーフは、地方政治・地方自治が市民活動やNPOへの道をさらに開き、市民の参加が進むことをあらかじめ考慮に入れている。他方、ニュー・パブリック・マネージメント（NPM）の文脈においては、このようなパートナーシップの効率性は疑問視されている。とりわけ、ローカルレベルの生活保障のための事業については、活動の主眼を公益目的に置かない民間営利のアクターを含め、競争と自由市場のメカニズムを取り入れたマネージメントが好まれる傾向にある（Bogumil/ Holtkamp 2006：81ff）。

6　ローカル・ガバナンス
——NPM（ニュー・パブリック・マネージメント）VS市民参加

　現在、民間アクターの参入と彼等の政治的案件への参加は、政治学の中心的テーマとなっており、ガバナンス論争のひとつとして活発に議論されている（Benz 2004；Benz et al 2007）。この議論の際に、対置比較される二つの概念がある。一方では、ヒエラルキーに基づいた管理と自律した政府活動としての「ガバメント」がある。これに対し、それぞれの状況に応じた政府活動の形態として、政治的意思決定と実施の場面において様々なアクターがネットワーク的に連携プレイを行う「ガバナンス」がある（Geißel 2007：26）。しかしながら、ガバナンスの論議に際しては、二つの異なる立場があることをここに記したい。一つには、マネージメント管理理論として、トップダウン方式の観点から民間営利のアクターを引き込むことと、サービス提供にもっと競争関係を取り込むことを支持する立場だ。この考え方によると、ガバナンスは、国家の負担を軽減することによる効率向上と結びついた手段として理解されている。しかし他方では、ガバナンスは民主主義理論として解釈され、ボトムアップ方式の観点から「参加ガバナンス」として市民社会に関する議論に位置付けられている。ここでは、政治形成に関与するアクターの範囲が拡大することによって民主主義の促進が期待されているだけではなく、再帰的な政策形成が実現することに

より、市民の利益・関心に対するフィードバックが改善されるに違いないという前提から出発しているのである。

「ガバナンス」は、今日になって突然完成した新発明ではない。このことは、地方政治に目をやれば一目瞭然だ。地方政治の研究者達は、地方政治形成のための協力関係構造に民間アクターが決定的に関与していることを早い段階から認識・指摘してきたし（Heinelt 2004 ; Schwalb/ Walk 2007)、民間アクターを取り入れたローカル・ガバナンスも、目新しいものではないのである。ローカル・ガバナンスは多くの政策分野に既に取り入れられており、既に見た通り、地方自治においても長い歴史を持っている。しかしながら、アクチュアルな議論が示す新たな点が一つある。それは、ローカル・ガバナンスを市民活動が持つポテンシャルについての議論と関連づけて議論しようとしている点だ。(Forschungsjournal 2005 ; Holtkamp et al 2006 ; Walk 2008)。こうして、ローカル・ガバナンスをめぐる議論は、新たな用語としての「参加」に焦点を当て、どんな分野であれ、市民を地方政治にしっかり取り込んでいくための地方自治の形成・目標設定・方法といった中心的問題を取り上げるようになっているのである。

しかしながら、行政学のガバナンス議論では、事情が違っている。行政学においては、ガバナンス議論はまず主に管理制御理論と結び付られ、1990年代以降はニュー・パブリック・マネージメントの導入による効率化に焦点を置いたものになっている（Bogumil/ Holtkamp 2006：80ff)。ニュー・パブリック・マネージメントを立脚点とすると、地方自治における古典的な意味での市民性は、全く別の評価を受けることになる。つまり、市民はまず顧客と見なされることになり、そしてその結果として、地方自治の枠内にあるクラシックなパートナーシップの存在が疑問視され、営利のサービス提供者による競争・競合が重要性を持つのである。この考えによれば、NPOとの成熟した協力関係は、一定の条件下でのみ、適した手段であると見なされる。効率性を重視する立場のもとでは、市場経済的で民間営利のサービス提供者間が競合状態にある関係性の方が魅力的に思われるのである。

ではこのような状況で、市民活動は停滞の道をたどるのだろうか？ この疑

問への解答は、まだ出ていない。まずは現場での調査研究により明らかにすべき問題であろう。今日までに明らかになっていることは、まず明らかな変化が起きているのは、市民活動という言葉の用法（レトリック）である、ということだ。そして、事実上、議会と行政は依然として地元のNPO及び社団と強く結びついているのである（Zimmer 7：137ff）。そして、これらのことを念頭に置いた上で、これらの市民組織に明確な変化が起きていることも認識する必要がある。つまり、市民団体や公益組織の多くが、組織の構成、特に経営構造に、民間企業等の営利組織の手法を取り入れようと努力しているように見える、ということだ。こうなると、組織の経営レベル及び日常業務における社会活動への価値評価が、ところどころで停滞してしまい、結果として市民のパートナーとしての役割は終わったように見てとれるのである。職業化が浸透した結果、地方自治の基本哲学の崩壊が起こるという図式である。さて、専門家が市民をどの程度まで押しのけていくのか、または完全に淘汰してしまうのか。これについては、今後まだ観察の必要があるだろう。経営管理の視点から、保健・社会福祉の分野におけるサービス・支援に従事するNPOに焦点を当てた議論は、今ようやく始まったところである（Siebart 2007）。

7　総括と展望

　本章の目的は、市民と自治体の伝統豊かなパートナーシップを「市町村の自治（地方自治）」そして「市民活動」というライトモチーフに照らし合わせ観察することであった。この際、議員総会または市議会ならびに地域政党への参加活動という形態での市民活動が下火になり、人気がなくなっていることには留意すべきであろう。同時に、市民活動は社団・財団そして自助グループといった形をとって、他の参加分野で流行している。よって、今日、自治体のパートナーとしての市民の役目は終了したのかどうか、この疑問に対して明確な回答を出すことは、現時点ではほぼ不可能と言えよう。

　地域における政党離れが進んだ結果として、政治的意思決定の場としての地方政治に参加する市民の輪を拡大するために行われたのは、ローカルレベルで

の直接民主主義的要素の確立であった。今やフルタイムの有給職となった市長の直接選挙、政治的決定および行政計画のプロセスに市民を参加させる「参加手続き」などがこれに当たる。これらの方策がもたらす効果は、関連文献においてはむしろ批判的な評価を受けている。常勤市長がより実権を握るようになり、かつ市民からさらに離れた存在になっていること、事実上、直接民主主義的な手続きに参加する市民は非常に少数でしかないということ、等が批判の内容である。さらに、都市計画関連で見られる制度化された参加方式は、市民の意思をより反映した決定を下すためよりも、むしろ行政の決定事項に正当性を与えるアリバイ的な目的で利用されている、という批判もある（Holtkamp/Bogumil 2007）。また、ニュー・パブリック・マネージメントという行政手法は、市民を参加者の立場から顧客の立場に追いやることになることも言われているが、さらに、民間営利の組織ならどんな問題も解決可能であるかのような仮定を基に、ドイツ全体に民営化の波が広がっていることは述べておかなくてはなるまい。たとえば、芸術分野でもパブリック・プライベート・パートナーシップ（PPP）は好まれて行われているわけだが、この際、公益組織やNPOのパートナーよりも、経済界の営利アクターと優先的にパートナーシップが結ばれていたりするのが現実だ（Schwalb 2007）。政治的視点、また自治体官僚制の視点から見れば、公益組織（社団・NPO・連合会）は、自らの信頼性がどんどん失われていく事態を甘んじて受けている、ということになる。市民は政策をアウトプットする側でもあるわけだが、公共サービス提供の際に常にパートナーの第一候補として認識されるわけではなくなっているのである。

市民自治体構想に関する議論をはじめ、市民の参加に期待するアクチュアルな議論においては、地方自治の理念モデルが伝統的に市民性に依拠してきたことについての十分な省察が行われているとは言い難い。だが、社団や財団の数は増加し、政治への直接的介入、「デモ参加」、自助グループ設立等に対する市民の準備も整っている。これは、自治体内で実際に活動し、今まで以上に参加していきたいという市民の意思表示とも言える現象である。また、国民国家による制御が失われた時代においては、自治体という単位が持つ意味が高まることも認識されるべきである。たとえば、革新的な経済政策や経済振興、労働市

場への統合や地域の教育状況といった分野では、新たに「貧しい者」と「富める者」の格差が生じ得るわけだが、将来的には、第一に自治体がこうした問題にまず対処することになるであろう。また、多様化・個性化が進む社会を背景にして、伝統的に地域に根付いてきたスポーツ・文化といった政策分野も、社会的統合・社会的交流を創出する上で、ますます意味をもつようになる。ドイツに存在するこうした資源を有効活用すれば、問題認識・解決をまずは地域という現場で行うことによって、政府の負担軽減と同時に、市民に近い自治体と民主主義の強化に寄与する可能性が生まれるのではないだろうか。またこれに加えて必要なのは、地方自治の中心的かつ本質的要素としての市民性の再興であろう。そしてそのためには、今までバラバラに進行していたガバナンス、市民活動、市民社会の潜在的可能性に関する議論を相互に強く関連づけ、参加型ガバナンスとしての市町村の自治の復興という目的に沿った、実りのある議論を形成していかねばなるまい。

〈参考文献〉

APUZ (Aus Politik und Zeitgeschichte) (2006): *Bürgerschaftliches Engagement*, Themenheft

Backhaus-Maul, Holger (1998): Kommunale Sozialpolitik. Sozialstaatliche Grenzen und die Angelegenheiten der örtlichen Gemeinschaft, In: *Wollmann, Hellmut/ Roth, Roland (Hg.)* (1998): 689-702.

Benz, Arthur (Hg.) (2004): *Governance— Regieren in komplexen Regelsystemen*, Wiesbaden: VS Verlag.

Benz, Arthur (2004): Einleitung: Governance—Modebegriff oder nützliches sozialwissenschaftliches Konzept?, In: *Benz, Arthur (Hg.)* (2004): 11-28.

Benz, Arthur/ Lütz, Susanne/ Schimank, Uwe/ Simonis, Georg (2007): *Handbuch Governance*, Wiesbaden: VS Verlag.

Boeßenecker, Karl-Heinz (2005): Spitzenverbände der Freien Wohlfahrtspflege, Weinheim: Juventa 2005.

Bösch, Frank (2002): *Das konservative Milieu. Vereinskultur und lokale Sammlungspolitik, Göttingen:* Wallstein.

Bogumil, Jörg/ Holtkamp, Lars (2006): *Kommunalpolitik und Kommunalverwaltung*, Wiesbaden: VS Verlag.

Braun, Sebastian (2001): Bürgerschaftliches Engagement—Konjunktur und Ambivalenz einer gesellschaftspolitischen Debatte, In: *Leviathan* 29, (2001) 83-109.

第6章 伝統あるパートナーシップ 143

Bundesarbeitsgemeinschaft der Freien Wohlfahrtspflege (Hg.) (2004): *Einrichtungen und Dienste der Freien Wohlfahrtspflege.* Gesamtstatistik 2004 (Druckschrift).
Bundesverband Deutscher Stiftungen (Hg.) (2005): Verzeichnis Deutscher Stiftungen, Berlin.
Enquete-Kommission "Zur Zukunft des Bürgerschaftlichen Engagements" (Hg.) (2002): *Bericht Bürgerschaftliches Engagement: auf dem Weg in eine zukunftsfähig Bürgergesellschaft,* Opladen: Leske+Budrich.
Evers, Adalbert/ Olk, Thomas (Hg.) (1996): *Wohlfahrtspluralismus. Vom Wohlfahrtsstaat zur Wohlfahrtsgesellschaft,* Wiesbaden: Westdeutscher Verlag.
Forschungsjournal Neue Soziale Bewegungen (2005) : *Local Power. Mehr Bürgerengagement durch Governance?* Stuttgart: Lucius & Lucius, Heft 3.
Geißel, Brigitte (2007) : Zur (Un-) Möglichkeit von Local Governance mit Zivilgesellschaft: Konzepte und empirische Befunde, In: Schwalb, Lilian/ Walk, Heike (Hg.) (2007), 23-38.
Gensicke, Thomas/ Picot, Sibylle/ Geiss, Sabine (2006): *Freiwilliges Engagement in Deutschland,* Wiesbaden: VS Verlag.
Heinelt, Hubert (2004): Governance auf lokaler Ebene, In: *Arthur Benz (Hg.)* (2004), 29-44.
Heinze, Rolf G./ Olk, Thomas (Hg.) (2001): *Bürgerengagement in Deutschland. Bestandsaufnahmen und Perspektiven,* Opladen: Leske+Budrich.
Heinze, Rolf G./ Olk, Thomas (1981) : Die Wohlfahrtsverbände im System sozialer Dienstleistungsproduktion. In: *Kölner Zeitschrift für Soziologie und Sozialsychologie,* 1981, Heft 33, 94-114.
Holtkamp, Lars/ Bogumil, Jörg (2007): Bürgerkommune und Local Governance, *in: Schwalb, Lilian/ Walk, Heike (Hg.)* (2007) : 231-250.
Holtkamp, Lars/ Bogumil, Jörg/ Kißler, Leo (2006): Kooperative Demokratie, *Das politische Potential von Bürgerengagement,* Frankfurt: Campus Verlag.
Hübner, Horst/ Kirschbaum, Bertold (2004): *Sporttreiben in Münster 2003,* Münster: Lit.-Verlag.
Katzenstein, Peter J. (1987): *Policy and Politics in West Germany: the growth of a semisovereign state,* Philadelphia: Temple Univ. Press.
Klein, Ansgar (2001): Der Diskurs der Zivilgesellschaft, Opladen: Leske+Budrich.
Meyer, Thomas/ Weil, Reinhard (Hg.) (2002) : *Die Bürgergesellschaft. Perspektiven für Bürgerbeteiligung und Bürgerkommunikation,* Bonn: Dietz Verlag.
Nährlich, Stefan et al (Hg.) (2005): *Bürgerstiftungen in Deutschland. Bilanz und Perspektiven,* Wiesbaden: VS Verlag.
Naßmacher, Hiltrud/ Naßmacher, Karl-Heinz (2007) : *Kommunalpolitik in Deutschland,* Wiesbaden: VS Verlag.
Oebbecke, Janbernd (1998): Kommunale Selbstverwaltung am Ende dieses Jahrhunderts. Ist das politische Konzept noch tragfähig? In: *Cappenberger Gespräche: Kommunale*

第Ⅱ部　自治体と市民参加

Selbstverwaltung am Endes dieses Jahrhunderts, Köln: Kohlhammer 1998, 39-65.

Priller, Eckhard (2004): Konkurrierende Konzepte zum bürgerschaftlichen Engagement in der Langzeitperspektive, In: *Forschungsjournal Neue Soziale Bewegungen*, Heft 1 (2004) 36-44.

Putnam, Robert (1995): Bowling Alone: America's Declining Social Capital, In: *Journal of Democracy* 6 (1995) 65-78.

Reiser, Marion (2006): *Zwischen Ehrenamt und Berufspolitik. Professionalisierung der Kommunalpolitik in deutschen Großstädten*, Wiesbaden: VS Verlag.

von Rosenbladt, Bernhard (Hg.) (2001): *Freiwilliges Engagement in Deutschland—Freiwilligensurvey 1999-. Ergebnisse der Repräsentativbefragung zu Ehrenamt, Freiwilligenarbeit und bürgerschaftlichem Engagement*, Stuttgart: Kohlhammer.

Roth, Roland (2000): Bürgerschaftliches Engagement—Formen, Bedingungen, Perspektiven, in: Zimmer, Annette/ Nährlich, Stefan (Hg.) (2000): *Engagierte Bürgerschaft. Traditionen und Perspektiven*, Opladen: Leske+Budrich, 25-48.

Roth, Roland (1997): Die Kommune als Ort der Bürgerbeteiligung, In: Klein, Ansgar/ Schmalz-Bruns, Rainer (Hg.) (1997): Politische Beteiligung und Bürgerengagement in Deutschland. Möglichkeiten und Grenzen, Baden-Baden: Nomos, 404-447.

Roth, Roland/ Rucht, Dieter (Hg.) (1991): *Neue soziale Bewegungen in der Bundesrepublik Deutschland*, Bonn: Bundeszentrale für politische Bildung

Sachße, Christoph (2000): Freiwilligenarbeit und private Wohlfahrtskultur in historischer Perspektive, In: Zimmer, Annette/ Nährlich, Stefan (Hg.) (2000): *Engagierte Bürgerschaft. Traditionen und Perspektiven*, Opladen: Leske+Budrich, 75-88.

Sachße, Cristoph/ Tennstedt, Florain (1988): *Geschichte der Armenfürsorge in Deutschland. Stuttgart, Vol. 2: Fürsorge und Wohlfahrtspflege 1871-1928*, Stuttgart: Kohlhammer, 1988.

Sack, Detlef (2007): Spiele des Marktes, der Macht und der Kreativität—Öffentlich-private Partnerschaften und lokale Governance, In: Schwalb, Lilian/ Walk, Heike (Hg.), 2007, 251-277.

von Saldern, Adelheit (1998): Rückblicke zur Geschichte der kommunalen Selbstverwaltung in Deutschland, in: Wollmann, Hellmut/ Roth, Roland (Hg.) (1998), 23-36.

Schwalb, Lilian/ Heike Walk, (Hg.) (2007): *Local Governance— mehr Transparenz und Bürgernähe*, Wiesbaden: VS Verlag

Schwalb, Lilian (2007): Public Private Partnership und Local Governance in der Kulturfinanzierung, In: Schwalb, Lilian/ Walk, Heike (Hg.) (2007), 278-299.

Seibel, Wolfgang (1992): Dritter Sektor', in: Bauer, Rudolph (Hg.) (1992): *Lexikon des Sozial-und Gesundheitswesens*, München: Oldenburg Verlag, 455-460.

Siebart, Patricia (2007): *Corporate Governance von Nonprofit-Organisationen*, Bern: Haupt Verlag.

Thamer, Hans-Ulrich (2000): Der Citoyen und die Selbstverwaltung des 19. Jahrhunders, in: Zimmer, Annette/ Nährlich, Stefan (Hg.) (2000): *Engagierte Bürgerschaft. Tradi-*

第6章　伝統あるパートナーシップ　145

tionen und Perspektiven, Opladen: Leske+Budrich, 289-302.
Uhlendorff, Uwe/ Zimmer, Annette (Hg.) (1997): *Public—Private Parntership. Die Herstellung öffentlicher Güter im historischen Wandel,* Kassel: Universität-Gesamthochschule.
Vetter, Angelika (Hg.) (2008): *Erfolgsbedingungen lokaler Bürgerbeteiligung,* Wiesbaden: VS Verlag
Walk, Heike (2008): Partizipative Governance, Wiesbaden: VS Verlag.
Walter-Rogg, Melanie/ Gabriel, Oscar W. (Hg.) (2004): *Parteien, Parteieliten und Mitglieder einer Großstadt,* Wiesbaden: VS Verlag.
Wollmann, Hellmut/ Roth, Roland (Hg.) (1998): *Kommunalpolitik. Politisches Handeln in den Gemeinden,* Bonn: Bundeszentrale für politische Bildung
Zimmer, Annette (1998): Vereine und lokale Politik, In: Wollmann, Hellmut/ Roth, Roland (Hg.) (1998): *Kommunalpolitik.* 247-262.
Zimmer, Annette (2007): Vereine—Zivilgesellschaft konkret, Wiesbaden: VS Verlag
Zimmer, Annette/ Hallmann, Thorsten (2004): *Mit vereinten Kräften. Ergebnisse der Befragung "Vereine in Münster",* Münster (Broschüre) 2004.
Zimmer, Annette/ Priller, Eckhard (2007): *Gemeinnützige Organisationen in gesellschaftlichen Wandel,* 2. Auflage, Wiesbaden: VS Verlag

〈添付資料〉
ドイツ連邦共和国基本法第28条
　(1)　州における憲法的秩序は、この基本法に則した共和制的、民主的および社会的法治国家の諸原則に合致していなければならない。州、郡および市町村において、国民は、普通・直接・自由・平等・秘密の選挙によって作られる代表機関［議会］を有しなければならない。郡および市町村の選挙において、ヨーロッパ共同体の加盟国の国籍を有する者も、ヨーロッパ共同体法に基づいて選挙権および被選挙権を有する。市町村において、市町村集会が選挙された団体に代わることができる。
　(2)　市町村には、地域共同体のすべての事項について、法律の範囲内で、自己の責任において規律する権利を保障されなければならない。市町村連合も、法律上の権限の範囲内で、法律に基づいて、自治権を有する。自治の保障には、市町村に税率決定権のある経済力に応じた税源が属する財政的自己責任の基盤も含まれている。
　(3)　連邦は、州の憲法的秩序が基本権ならびに1項および2項の規定に合致するように保障する。

〈注〉
1)　(訳注) 非政党系有権者グループ (freie Wählergemeinschaft) とは、全国政党とは直接的な組織関係のない政治グループ (地域政党) である。
2)　生活保障のための公共サービスは、行政学的概念であり、人間らしい生活のための基本保障の意味で、必要物資とサービスを提供する国家—自治体の任務を表わしている。

ニュー・パブリック・マネージメントの導入の動向において、この公共サービスの任務は、自治体によりますます民営化されるか、あるいは公民パートナーシップに転換される。(Bogumil/ Holtkamp 2006 : 93ff.; Naßmacher/ Naßmacher 2007: 72f.)（訳注）この公共サービスには、公共の交通機関・ガス・水道・電気・ゴミ処理・下水道・教育文化施設・病院・墓地・プールなどのインフラストラクチャーも含まれる。

3）政治学的見地からは、自治体は政治構造の最下部に位置すると考えられているが、このポジションは憲法上で定められたものではない。憲法によれば、最下層に位置するのは「州」であり、自治体は州に統合された構成要素と見なされている（Oebbecke 1998 : 41)。

4）章末の添付資料を参照のこと。

5）しかしながら、自治体の財政状態がその多様な課題・任務を適切に処理するのにしばしば充分でないことが、「民間」とのパートナーシップが再び積極的に強化される理由として挙げられる。特に、特別な追加予算なしに、連邦政府からどんどん新たな任務（職務）が自治体に義務として割り当てられる場合などがこのケースに当てはまる（Bogumil/ Holtkamp 2006 : 52ff)。

6）（訳注）連邦議会調査委員会（Enquete-Kommission）とは、連邦議会に、議員を中心メンバーとして設置される調査委員会である。調査テーマによりその都度設置される。

7）（訳注）ドイツの福祉団体として、カトリック系のドイツ・カリタス連合、プロテスタント系のドイツ福音協会ディアコニー会、労働者福祉連合（AWO)、ドイツ同権福祉連合会（DPWV)、ドイツ赤十字、ドイツにおけるユダヤ人中央福祉所の6団体がある。

8）学校教員は州の職員であるが、ここでは数えない。

第7章
日本における「民間団体」の歴史的位置
—— 社会保障をめぐる「私」と「公」を素材として

久塚 純一

1 はじめに

　私たちの日常生活は、何らかの対応をしなければならない「事柄」であふれている。これらの「事柄」が、「ある私人」の「役割」となったり、「社会」によって解決されるべき「問題」となったりする。このような「役割」や「問題」は、常に表れたり隠れたりするものであることから、対応すべきは「誰」であるのかということを、事前に割り当てておくことはできない。「私的な責任で対応されるべき事柄とは、いったい、何なのか」というようなテーマはこのような環境の中にあるものである。そして、これは生活を取り巻く諸々の「事柄」を、たとえば「私的な責任」と「公的な責任」というような形で選別するという作業に属することになる。社会保障との関係でいえば、「事柄」に該当するものは、「傷病」、「所得の喪失」、「高齢者の介護」、などなどということになるが、しかし、これらが「私的な責任」によって対応されるものなのか、「公的な責任」によって対応されるものなのかは固定的ではない。
　「介護保険制度」の姿が具体的なものとなり始めたとき、人々の態度は以下のように二分された。ひとつは、「社会保障における公的な責任」のありようを固定的なものとして捉え、それとの関係で現実の変容を批判するというものである。もうひとつは、さまざまな変容の軌跡の中に一定の型を見つけ、一般化を試みるというものである。本章は、〈社会保障制度をめぐる「私的な責任」と「公的な責任」との関係を歴史的経緯の中に位置づけることを素材として、

「日本における「民間団体」の位置」について考察する〉というものであり、介護保険制度との関係でいうなら、「指定事業者」、「NPO法人」、「契約」などをどのようなものとしてみるのかということについての考察である。その意味で、後者の立場に立っており、主に念頭に置いているのは、「振り分けされた結果」ではなく、「振り分けをするための理屈」である。

今日においては、医療保険制度や年金（保険）制度においても、「公的な対応」の変容を見て取ることができる。その意味では、介護保険制度創設と歩調をあわせているともいえる。ただし、それぞれの制度の創設時という観点から見れば、医療保険制度や年金（保険）制度の創設時に生じたことは、民間の事業所や個人が行っていた「私的な対応」が「公的な対応」へと制度化する過程として位置づけることが可能であるのに対して、介護保険制度の制定時に生じたことについては、①規制緩和による「公的な対応」の変容という位置づけと、②「私的な責任」で対応されてきたものを「社会的責任」で対応するという位置づけ、の両者が可能である[1]。

これらを歴史的に生じた一連の流れとしてみるならば、①民間の企業、篤志家とされる個人、家族、などが行っていた「私的（あるいは、自治的）な対応」が「公的な対応」へと制度化する過程、②「公的な対応」の全面的開花と確立、③規制緩和による「公的な対応」の変容という具合に図式化できよう。医療保険制度や年金（保険）制度をめぐる現代的ありようが、①と②を経験した後の③の段階にあるのに対して、介護保険制度の創設は、①であるともいえるし、①と②を経験した後の③であるともいえ、さらには、③の直接的な具体化であったともいえる。

そのようなことを念頭において、本章では、社会保障をめぐる「民」と「公」との関係のありようを題材として、「日本における「民間団体」の歴史的位置」について考えてみることとする。そうした場合、検討の対象は以下のような三つの次元で設定されることになる。それらは、①「社会的に対応される事柄とは、いったい何なのか」という「問い」に対応するような次元のテーマ設定、②「ある出来事」を「社会的に対応されるべき事柄」として政策化する次元のテーマ設定、③それらの「確立したかにみえたもの」が揺らぎ始めると

第7章 日本における「民間団体」の歴史的位置　149

いう次元でのテーマ設定、ということになる。

　それぞれについて具体的にみれば、①まず、「社会事業」をめぐる「民」と「公」という観点から、ａ．「社会事業法」（昭13年・法59）制定時の議論、ｂ．日本社会事業研究会の作成した『日本社会事業ノ再編成要綱』の中にみられる「民」から「公」への流れ、ｃ．医師や病院などの医療供給体制に対する統制についてとらえてみる。②ついで、社会保険制度の実施責任にみる「民」と「公」という観点から、ａ．創設時にみられた医療保険制度の実施責任、ｂ．創設時にみられた年金（保険）制度の実施責任、について概観し、③さらに、社会保障の実施責任にみる「民」と「公」について、ａ．GHQとの文書の往復、ｂ．〈「措置」から「契約」へ〉という図式の登場、ｃ．「NPO」をめぐる議論に見る「民」と「公」について概観する。そして、④〈「措置」から「契約」へ〉という流れについての評価について論じつつ締めくくる。

2　「社会的に対応される事柄」とはいったい何なのか

　ここで念頭に置かれているのは、「社会的に対応される事柄とは、いったい何なのか」という「問い」に対応するような次元のテーマである。具体的には、「社会事業」といわれるものが、いったい「どういう理屈」で、「誰によって対応されるべき事柄」と考えられるようになったのかについて、「社会事業法」の法案提出時の議論から出発し、それが変容する経緯について簡単にみることとする。

(1)　「社会事業法」（昭13年・法59）制定時における「民」と「公」

　最初に考えてみることは、「社会事業法」の法案提出時の議論を手がかりとして、「社会事業」といわれるものが、「民」と「公」との関係でどのような位置を占めていたかについてである。

　国務大臣侯爵木戸幸一による法案提案理由の説明は、「……政府ニ於テハ、戦時戦後ニ於ケル社会施設ヲ整備スルノ特ニ緊要ナルヲ思ヒ、是ガ為メ一面社会政策ノ拡充ニ努ムルト共ニ、他面公私社会事業ノ発展ヲ図ルコトヲ期シテ居

ルノデアリマス」…「本事業ニ対シマシテハ、皇室ノ御思召ニ基ク御仁慈ハ申スモ畏キ極ミデアリマスガ、國ニ於テモ、地方團体ニ於テモ、年々相当ノ奨励金ヲ交付シテ、其発達ヲ図リ来ッタノデアリマス、併ナガラ其助成監督ノ方法ハ、救護施設、少年教護院、職業紹介所、公益質屋等、特別ニ法律ノ定メアルモノヲ除クノ外、未ダ制度トシテ確立セラルルニ至ラナカッタノデアリマス、随テ一般ノ社会事業ニ付テモ、一層積極的ニ其振興発達ヲ期スル為ニ、是ガ助成及ビ監督ノ方法ヲ制度化スルコトノ必要ナルコトハ……」というものであった[2]。

しかし、これに対してなされた古田喜三太の発言は「……凡ソ社会事業ト云フモノハ、地方ニ於ケル名望家、或ハ奇特家ノ手ニ依ッテ行ハレ、而シテ涙ト誠心誠意ヲ以テ行フ事業デアリマス、現ニ我國デハ公営私営ヲ合セテ八千ト称シテ居リマス、此経費一箇年五千万圓以上ヲ使ッテ居ルヤウナ状況デアリマス、政府ハ是等ニ向ッテ今回ノ増額ヲ合シテ、僅ニ五千万圓ヲ保護助長ノ奨励金トシテ御入レニナルノデアリマスルガ、洵ニ私共少額ニ驚カザルヲ得ヌノデアリマス、殊ニ此種ノ事業ニ対シテ監督権ヲ及ボスニ当リマシテ、十四条カラ十七条ノ法文ヲ見マスト、代理人、家族、同居人、従業者マデガ此法規ニ違反シタ場合ニハ、経営者ニ向ッテ罰スルト云フ法規デアリマスルガ、是ガ大ナル私ハ誤ダト思フ」というものであった。ここからうかがえるのは、「ありがたい民間の善意に対する公的な監督」はできるだけ限定的であるべきだとする考え方からくる根強い反発があったことである[3]。それに対して、国務大臣木戸幸一は、「……決シテ社会事業ヲ法律ニ依リマシテ厳格ナル監督等ヲ、主トシテヤルト云フ考ハ持ッテ居ラヌノデアリマス、社会事業ヲ助長誘導致シマシテ、現在ヨリモ向上サセ、サウシテ一層発展サセテ行クト云フコトガ、其主タル目的デアリマス」と答えている[4]。

ここで重要なことは、「社会事業」というものが、事実上、「民」と「公」の両者によって実施されているという共通した認識があったことである。そのような認識があったにもかかわらず、結果的にみれば、「民」と「公」の中間に位置するような「ひとつのモノ」として「社会事業」が位置づけされたということになり、そのように位置づけされた「社会事業」に対して、「公」の側か

らの監督や統制が意図されていたということになろう[5]。

(2) 「民」から「公」へ

「社会事業法」の制定は、「社会事業」というものを、一つの「準公」として位置づけるものであり、そのような「準公としての社会事業」を創出、再定義しながら、それらを総体として統合していこうとする次元にとどまるものであった。では、「社会事業」を、直接的に「公」の役割としようとする考え方はなかったのであろうか。あるいは、「社会事業」に積極的に介在し、「公」的なものとして活用すべきであるとする考え方はなかったのであろうか。もちろん、「社会事業」が，「社会事業法」の成立した時期のままでとどまることはなかった。その大きな役割を果たしたものが、法制定直後の昭和15年に、社会事業研究会によって作成された『日本社会事業ノ再編成要綱』であった。この『要綱』は、議論のたたき台を提供するものとされたが、「社会事業」のあり方についての鮮明な考え方を打ち出しており、その後の「社会事業」について大きな影響を及ぼすこととなる[6]。

この『要綱』の前提となっている認識は、「刻下ノ社会事業ノ再編成コソ当面ノ緊要問題」というものであった[7]。

基本認識を示した「凡例」に続く「序言」では、「支那事変ヲ楔機トスル現下日本ノ社会情勢ハ、日本民族ノ東亜ニ於ケル飛躍的発展段階ニ際会セルモノニシテ、之ガ局面打開ノ為ニハ、国内ノ凡ユル体制ガ事変完遂、東亜興隆ノ一点ニ集約規正セラルベキヲ第一義トス」として、「日本社会事業亦斯ル国内諸体制ノ整備革新ニ即応シテ、速ニ改組再編セラルベキコト論ヲ俟タズ」という具合に「社会事業」の改組再編についての必要性が示され、「即チ刻下ノ日本社会事業ハ在来ノ自由主義的恩恵的施設ヨリ脱却シ、敢然統制主義的国策遂行ノ線ニ即応スル指導精神ヲ確立シテ、其ノ事業施設ヲ根本的ニ改編シ、以テ最モ友好適切ニ興亜国民厚生ノ実ヲ挙グベキナリ」と、その進むべき方向性が明確に示されている[8]。

では、具体的には「社会事業」は、どのようなものとなろうとしていたのか。これについては、「序言」に続く、各項目がその内容を明らかにしてくれる。

まず、「第一　社会事業ノ指導理論」では、「社会事業」一般について、「社会事業ハ特定社会ニ於テソノ成員ノ一部ガ成員トシテノ資格ヲ欠キ又ハ欠カントスル惧アル者ヲ保護育成セムトスル部分的又ハ全体的努力――精神的物質的――ナリ」としつつ、当時の日本の状況を考え「新体制ニ即応スベキ日本社会事業ハ、最早在来ノ如キ博愛人道主義乃至ハ社会連帯主義ニ依ツテ指導セラル、自由主義的慈善救済事業ニ非ズ、皇道主義ヲ基調トスル犠牲均分ノ観念ヲ以テ行ハルベキ施設デアリ、東亜共栄圏確立ノ国策ニ協力スル人的資源確保育成ノ事業タルベキモノナリ」としている。そして、「当面ノ日本社会事業ヲ指導スベキ国策遂行ノタメノ指導理論左ノ如シ」として、以下の項目が挙げられている。

一、犠牲均分ノ思想
　　凡ソ如何ナル社会ニ於テモ成員トシテノ資格ヲ欠クモノヲ有スルモノアルモ、特ニ今次ノ如ク時勢ノ急転、体制整備ヲ断行セムトスルノ過程ニ於テハ在来ノ欠格者ニ加ヘテ相当ノ犠牲ヲ予想セザルベカラズ、而モ斯ノ犠牲ハ万民等シク分担スベキモノトス。

二、標準生活ノ観念
　　社会ノ変動過程ニ於テハ、ソノ推移ヲ万全ナラシムルタメ生活ノ安定ヲ期シ、成員ノ標準生活ヲ確保スルヲ必要トス。

三、人的資源ノ方策
　　民族ノ発展、国力伸長ノ源泉ハ人的資源ノ確保拡充ニ在リ。即チ従来要保護者トシテ消極的救済ニ委サレシモノモ、国防、労務資源トシテ厚生訓練セラレ、或ハ維持培養セラルベキモノトス。

四、東亜興隆ノ文化政策
　　東亜共栄圏ノ実現ノ為ニハ東亜諸民族ノ共同福利、文化ノ向上ヲ図ラザルベカラズ。即チ従来欧米人ノ東亜大陸ニ於ケル文化政策ニ鑑ミ、東亜民族ノ自主的社会施設ヲ実現スベキモノトス。

このように、「社会事業法」が制定された当初、必ずしも明確ではなかった

「社会事業」というものが、まずは総論的次元において積極的に意義づけされ、「社会事業」の具体的対象についても、以下に見るように積極的に枠組みが示されることとなる。

第二　社会事業ノ対象

　新日本社会事業ハ最早在来ノ如キ単ナル経済的貧窮者ノミヲ対象トシテ限定セズ、広ク勤労庶民層若クハ国民一般ヲ其ノ取扱対象トスベキコト前項指導理論ニ依ツテモ自明ナリ。斯ル社会事業ノ対象ヲ大別スレバ左ノ如シ。

一、在来国家体制ノ欠陥ニ因ル犠牲者及ビ国内諸体制整備革新ノ実現ニ於ケル犠牲者。

二、国家ノ国防並ニ産業ニ於ケル人的資源トシテ資格ヲ欠キ、若クハ欠ク慮レアル国民。

三、前段二項ノ対象ヲ綜合分類シテ具体的ニ述ブレバ次ノ如シ。

　1　児童、虚弱者、罹病者、不具廃疾者、老者、精神欠陥者等生活能力無キ者。

　2　離職者、転失業者等生活機会ヲ喪失シタル者。

　3　生活能力並ニ生活機会ヲ有シ乍ラ尚且標準生活以下ノ貧困ヲ余儀ナクサレル者。

四、叙上ノ対象ヲ取扱ウ社会事業ハ次ノ二種ニ分別セラル。

　1　消極的社会事業

　　前項(1)ノ一部ノ如キハ之ヲ如何ニ保護救援スルモ到底有能ナル人的資源トシテ育生シ得ル見込鮮ナシト雖、之ガ保護救援ハ当人、家族、国家社会ノ安寧福祉ノ為ニ必要ナリ。

　2　積極的社会事業

　　同ジク(1)ノ大部ト(2)及ビ(3)ハ之ニ適当ナル保護、救援、補導ヲ与フルトキハ国家ノ有能ナル国防生産ノタメノ人的資源トシテ確保シ育成シ得ルモノナリ。

　（付記）

　　国民ノ人的資源トシテノ不適合性ヲ生ジセシム「貧困」及ビ「疾病」等

ハ、曽テハ労働忌避、懶惰、浪費、不摂生等専ラ個人的責任ニ因ルトセラレ
シモ、今日ニ於テハ、生産制限、物資統制、労働強化等主トシテ社会的、経
済的、政治的ナル原因ニ因ルコト多キヲ特質トス。

「社会事業」をめぐる「民」と「公」との関係、さらには「民間団体」の位置づけについては、「社会事業活動展開ノ基準」によって、日本国家の基本単位としての「家」を中心とする「家族扶助」から、「隣保相扶」、さらには「団体自治」、そして最終的には「国家政策」として積極的に介在すべきことが、示されている。

第三　社会事業活動展開ノ基準

一、家族相助

日本国家ノ特質ハ日本民族ヲ中核トシテ血縁国家ヲ形成スルニ在リ一君万民ノ思想又茲ニ胚胎スルト云フベシ。即チ其ノ基本単位タル「家」ヲ中心トスル協同生活ヲ完璧ナラシメ成員タル家族ノ保護育成ニ当ラシムベシ。

二、隣保相扶

国家ノ基本単位タル「家」ガソノ成員保護ノ責任ヲ遂行シ得ザル場合ハ隣保相扶ノ活動ヲ期待セザルベカラズ。

三、団体自治

都市町村ノ如キ比較的広般ナル地域団体又ハ会社工場、組合等ノ利益団体ハ協同組織ノ本質ニ鑑ミソノ成員ノ保護育成ヲ指導シ又ハ担当スベキモノトス。

四、国家政策

今次ノ如キ国家的変革ニ際会シテハ体制ノ変化ニ伴ヒ相当ノ犠牲ヲ予想セラレ、且又国力ノ伸展ノ為ニハ強力ナル人的資源ノ確保ヲ必要トス。而モ斯ル犠牲ノ救援及ビ人的資源ノ保持育成ハ、到底家族隣保又ハ団体ノミノ克ク担当シ得ベキモノニ非ズ。即チ進ンデ国家自ラ之ガ樹立ヲ考慮シ実施スルコト最モ緊要ナリ。

(付記)

　上記展開基準ハ機械的形式的ニ（一）ヨリ（三）ヘ順ヲ追ツテ行ハルル意味ニアラズ、実際ニハ四者渾然併行シテ行ハルベク或ハ更ニ率先（四）ノ国家政策又ハ（三）ノ団体自治ヲ行フコトニ依リ、（一）ノ家族相助及ビ（二）ノ隣保相扶ノ完遂セラレ難キ事情、欠陥ヲ補足スベキモノトス。

　そして、「社会事業運営ノ方針」に明確に見ることができるように、「社会事業」は「原則トシテ国家ノ政策トシテ行ハルル官公営事業ヲ中心トス」とされたのである。

　　　　　第四　社会事業運営ノ方針
一、国家ハ日本社会事業、又日本社会事業ノ指導ヲ必要トスル外地社会事業ノ各数年ニ亘ル最高方針ヲ決定スベシ。
二、一地方又ハ府県、一市町村ニ於ケル夫々ノ社会事業的活動ハ前項国家ノ根本方針ヲ基礎トシ、必要量ヲ科学的ニ計量シ、之ニ即応セル綜合的社会事業計画ヲ樹立シ、斯ル計量並ニ計画ニ基キ各種社会事業ハ合理的ニ施設配置セラルベシ。
三、在来ノ如キ自由主義的、恣意的ナル施設ノ配置及ビ経営ヲ認メズ、各種施設ハ何レモ其ノ目的、方針、方法及ビ規格等一切国家ノ最高方針ニ準拠シ革新体制ニ即応シテ実施セラルベシ。
四、新体制下ニ於ケル社会事業ハ原則トシテ国家ノ政策トシテ行ハルル官公営事業ヲ中心トス。

　この「要綱」から明確に見てとれることは、「社会事業」の位置づけが、「社会事業法」の法案趣旨説明時のものと大きく異なっていることである。具体的にいえば、自主的な「社会事業」を制度的に規制するという考え方から、「社会事業」を国家の政策とするというものへの転換である。ここから見えてくるのは、「序言」にみられる「日本社会事業亦斯ル国内諸体制ノ整備革新ニ即応シテ、速ニ改組再編セラルベキコト論ヲ俟タズ。即チ刻下ノ日本社会事業ハ在

来ノ自由主義的恩恵的施設ヨリ脱却シ、敢然統制主義的国策遂行ノ線ニ即応スル指導精神ヲ確立シテ、其ノ事業施設ヲ根本的ニ改編シ、以テ最モ友好適切ニ興亜国民厚生ノ実ヲ挙グベキナリ」という基本的考え方の具体化である。この時期にいたって「社会事業」は、「準公」が実施するものから脱皮して、「準公」を包み込んだ「公」が実施するものとなり、制定時に見られた「ありがたい善意に対する公的な監督はできるだけ限定的であるべきだ」とする考え方は姿を消そうとしていた。

(3) 医療供給体制に見る「民」から「公」へ

このような過程で、たとえば、自由でありえた「民間団体」はどのように枠づけされるようになったのであろうか。医療を供給する側に光を当てることによって、それを具体的にみてみよう。

まず、医療一般についてみれば、「国家総動員法」（昭13・法55）が、総動員物資の一つとして「国家総動員上必要ナル医薬品、医療機械器具其ノ他ノ衛生用物資及家畜衛生用物資」（2条）をあげたこと、さらに、総動員業務として、「国家総動員上必要ナル衛生、家畜衛生又ハ救護ニ関スル業務」（3条）をあげたことが重要である。そして、「政府ハ戦時ニ際シ国家総動員上必要アルトキハ勅令ノ定ムル所ニ依リ帝国臣民及帝国法人其ノ他ノ團体ヲシテ國又ハ地方公共團体ノ行ウ総動員業務ニ付キ協力セシムルコトヲ得」（5条）とされた。

このような動きと軌を一にして、社会保険の「医療供給体制」も大きく変動している。健康保険制度の創設時においては、社会保険の診療は、診療報酬の総額などを含めて、「保険者」が選択した「医師の団体」と契約を締結し、診療報酬の総額を受け取った「医師の団体」がその内部で診療報酬を分配するものとされていた。この段階では、「保険者」がどのような「医師の団体」を選び、合意に達するかについては、団体自由選択主義をベースとしていたのである。その後、保険者と医師の団体の両当事者の合意に基づく「医療供給体制」の確保は、強制指定制によるものへと傾斜してゆく。

具体的にいえば、1942（昭17）年の健保法の改正（法38）による「医療供給体制」の確保がそれあたる。法改正により、「……給付ヲ受ケントスル者ハ命

第7章　日本における「民間団体」の歴史的位置　157

令ノ定ムル所ニ依リ保険医及保険薬剤師並ニ保険者ノ指定スル者ノ中自己ノ選択シタル者ニ就キ之ヲ受クルモノトス……」(43条ノ2)、「保険医又ハ保険薬剤師ハ勅令ノ定ムル所ニ依リ、医師、歯科医師又ハ薬剤師ニ就キ行政官庁之ヲ指定ス」、「医師、歯科医師又ハ薬剤師ハ正当ノ理由ナクシテ保険医又ハ保険薬剤師タルコトヲ拒ムコトヲ得ズ」(43条ノ3)とされたのである。

3　「ある出来事」を「社会的に対応されるべき事柄」として政策化する

　ここで念頭に置かれているのは、「ある出来事」が「社会的に対応されるべき事柄」として政策化される次元のテーマ設定である。政策化される時点で、「ある出来事」は、「私的に対応されていたこと」から「社会的に対応されるべき事柄」へと徐々に読み替えられることになり、最終的には、「ある出来事」が以前有していた性格は、まったく異なるものへと変容するに至る。ここで光を当てるのは、そのようなことが生じるきっかけの時点での理屈である。具体的には、社会保険制度が創設されるにあたって、大企業などにおいてそれ以前になされていた「私的な対応」との関係について、どのように考えられていたのかについて光を当てる。

(1)　創設時にみられた医療保険制度の実施責任
　日本において、社会保険制度が本格的に展開をみせるのは、健康保険法（大11年法律70号）の制定、実施をきっかけとする。では、それまでは、傷病などのための医療費は、すべて患者やその家族が支払っていたのであろうか。実は、それ以前において、職域や地域を単位とした相互扶助組織が多様な形で存在していたのである。そうすると健康保険制度創設にあたって、そのような「私的」なものと、「国」の制度としての健康保険制度との関係をどのように整理するかが重要なテーマとして浮かび上がるはずである。議事録をひも解いてみれば、すでに、「私的」なものとして大企業を中心に実施されていた（健康保険の）組合方式を、国の実施する制度の中にどのように位置づけるかが問題とな

っていることがわかる。

　柿原委員の「……此ノ保険事業ハ政府直営ノ分ト、組合トニ岐レテ居ルヤウデアリマスガ、主トシテ組合ヲ主ニシテ、其ノ組合員ニ非ラザル者ノ保険モ政府直営デ遣ルヤウニ見受ケマスルガ、政府直営ノ分ト組合ニ遣ラセル分トノ優劣ニツイテハ、政府委員ノ御考ハハ如何デスカ」という質問に対して、四條政府委員（農商務省工務局長）は「……最モ慎マナケレバナラヌノハ仮病ノ取締ニ在ルノデアリマス、……此保険ヲ実施致シテ参リマスル上ニ於イテハ、相互組織ノ組合ヲ以テ、実行致シテ行クト云ウ事ガ、最モ適当デアルト云ウコトハ、外国等ニ於キマスル学者ノ議論ヲ見マシテモ……殆ド異論ノ無イ事デアルト思フノデアリマス、併シナガラ、一面ニ於キマシテハ、御承知ノ通リ我国ノ工場ノ発達ノ状況ニ見マシテモ、又他ノ一面ニ於テ斯様ナル自治組織ノ組合ノ運用ノ状況カラ、鑑ミマシテモ、之ノミヲ以ッテ実行致シテ行クト云フコトハ余程考慮シナケレバナラヌ、斯様ナ理由カラ致シマシテ、先ヅ保険ノ基礎ヲ危センヤウナ所ニ於テハ、成ルベク相互組織ヲ以ッテ組合ニ依ッテ、……而シテソレニ這入レマセヌヤウナ所其漏レタル部分ヲ、政府ガ全部之ヲ拾ッテ此保険法ヲ運用シテ行キタイト……」としている。[9]

　これについては、よく観察してみると、「社会事業法」制定時について見たことと類似したことが、医療保険の制度発足時にも観察できる。例えば、「健康保険とはどんなものか」と題する社会局保険部による小さな解説文によれば、「……健康保険は皆さんの間の相互扶助といふこと、雇主と皆さんが助け合ふといふことがその基調になって居りますが尚国民全体も之に力を添へる為国庫でも此の保険の費用の一割くらいの金を毎年出すことになって居ります……」とあり、健康保険組合による場合はもちろんのこととして、政府の管掌による健康保険の場合においても、「雇主と皆さんが助け合ふといふことがその基調になって居ります」とされている。[10]

　日本における医療保険制度は、創設当初より医療の現物給付を原則とする考え方をとってきた。したがって、保険者としての「政府」と「健康保険組合」は、現物給付ができるようにすることが制度的な義務と考えられた。実際、健保法の制定に際して議論されたことの一つとして「医療供給体制」の確保の方

第7章　日本における「民間団体」の歴史的位置　159

策をあげることができる。この点、当初の健保法は、「被保険者ノ疾病又ハ負傷ニ関シテハ療養ノ給付ヲ為ス」(43条)とするのみで、保険医療組織に関する法制化は十分なものではなかった。具体的な解決策として採られたものは、保険者が「医療供給体制」を直接用意するというものではなく、すでに存在している医療機関や医師などを利用するというものであった。具体的にとられた方式が、①保険者は、社会保険診療についての交渉をする相手方を特定のものとしないという団体自由選択主義と、②被保険者の数との関係で診療報酬の総枠を決めるという診療報酬の人頭式であった。これについては、「政府対日本医師会契約書並覚書」(昭2)が重要な内容を規定している。当初の契約書は「政府ガ本契約ニ依リ日本医師会ノ引請ケタル診療ニ対シ支払ウ毎月分ノ報酬額ハ金七円四拾弐銭六厘七毛ノ十二分ノ一ニ相当スル金額ニ其ノ月初日現在ニ於ケル被保険者総数ヲ乗シテ得タル額ヨリ政府ニ於テ診療ヲ委託シタル官公立病院及薬剤師ニ支払フヘキ其ノ月分ノ報酬額ヲ控除シタル額トス」(契約書…6条)としている。[11]

創設時の健康保険制度の実施責任は、①費用については「事業主」と「被保険者」の負担を主なものとするという点で、②医療の供給体制については、主には、「保険者の有する医療機関以外のもの」との契約によって確保するという方法を選択した点で、「民」に依存していたものといえよう。

(2) 創設時にみられた年金（保険）制度の実施責任

医療保険制度と比べると、一部の恩給制度を除き、年金（保険）制度創設の時期は十年以上遅れることになる。それにもかかわらず、年金（保険）制度の前身的形態である「退職積立金及退職手当法」(昭11年・法42)についてみれば、その「実施責任」についての考え方は、医療保険創設時に見られたものと酷似している。

たとえば、潮恵之輔（国務大臣）による「退職積立金及退職手当法」の提案理由説明は「……退職手当制度ノ慣行ハ我ガ国独特ノ美風として……発達シタモノデアリマシテ、労働者ノ生活不安ヲ緩和スル為ニ極メテ推奨スベキ制度デアルト存ジマス、然ルニ此ノ制度ハ大規模ノ工場鉱山ニハ比較的普及シテ居リ

マスルガ、未ダ一般的トモウコトガ出来マセヌ、又手当ノ支給ニ関シマシテモ多クハ事業主ノ任意ニ決スル所デアリマスノデ、其ノ間種々ノ問題ヲ惹起スル場合モアルノデゴザイマス、斯カル事情ニアリマスノデ、之ヲ法制化致シ、其ノ普及ヲ図リ、其ノ内容ヲ合理的ナラシムルト共ニ、平素ヨリ之ガ支給準備ノ為ニ積立ヲ為サシメテ、其ノ支給ヲ確保スルコトハ極メテ緊要ノコトデアルト考ヘマス、……」というものである。

　提案理由に見られるように、「退職積立金及退職手当法」は、事業主の任意性を排除することを念頭に置いており、「適用範囲」（1条から5条等）、「積み立ての率」（11条、16条、17条等）、「払い戻しの率」（24条、26条等）などについて法定化するものであった。たとえば、「事業主ハ勅令ノ定ムル所ニ依リ労働者ノ賃金ノ中ヨリ其ノ百分ノ二ニ相当スル金額ヲ各労働者ニ代リ其ノ名義ヲ以テ退職積立金トシテ積立ツベシ」（11条）というように、事業主の任意性をできる限り排除しようとしたのである。この「退職積立金及退職手当法」は、「労働者年金保険法」（昭16年、法律60号）とともに、その後の「厚生年金保険法」（昭19年、法律21号）へと結実し、戦後の公的年金（保険）へとつながるものである。今日の公的年金（保険）が、公的年金（保険）とされながらも、その実、その中に「保険の原理」と「扶養の原理」を混在させており、それが人々の意識にも反映されているのは、このような歴史的事情によるものと考えられる。

4　作られた「筋道」とその後の揺らぎ

　ここで念頭に置かれているのは、「確立したかにみえたもの」が揺らぎ始めるという次元でのテーマである。しかし、その前に言っておかなければならないことは、「確立したかにみえたもの」が、どのような経緯で「確立したかにみえたもの」となったかについて触れなければならないであろう。その後で、「確立したかにみえたもの」がどのように変容しようとしたのかについて、「介護保険制度」と、いわゆる「NPO法」を念頭において、少し具体的に論じることとする。

(1) GHQ との文書の往復

　社会保障制度についての基本的な考え方と、筋道が具体的なものとして姿を現していったのは、GHQ と日本帝国政府との文書の往復を通じてであった。この過程を通じて、社会保障における「民」と「公」との関係も整理されていくことになる。

　1945年12月8日の「救済ならびに福祉計画に関する件」GHQ 覚書（SCAPIN404）により、「日本帝国政府は1945年12月31日までに、1946年1月より6月に至る期間の失業者及びその他の貧困者に対する、食料、衣料、住宅、医療、金融的援助、厚生措置を与えるべき詳細且つ包括的計画を司令部に提出すること」とされた。これに対して、日本帝国政府が同年12月31日に GHQ に宛てて提出した文書「救済福祉に関する件」は、「……各種援護法令ヲ全面的ニ調整シ、新ニ国民援護ニ関スル総合的法令ヲ制定シ、国民ノ生活保障ヲ法律ニ依リ確保スルト共ニ、右ニ伴ヒ政府ノ法令ニ基ク援護ヲ拡充強化スル為新ニ有力ナル民間援護団体ヲ設立スベク急速ニ之ガ準備ヲ進メツツアリ、然シテ右団体ノ設立ニ当リテハ既存ノ戦災援護会、海外同胞援護会、軍人援護会等ノ各種団体ヲ整理統合スルモノトス」というものであった。ここに表れているものは、「政府ノ法令ニ基ク援護ヲ拡充強化スル為新ニ有力ナル民間援護団体ヲ設立スベク」として、「公」ではなく「戦災援護会、海外同胞援護会、軍人援護会等ノ各種団体ヲ整理統合」して、新しい民間援護団体を設立するという基本的姿勢である。

　それに対して、1946年2月27日の「社会救済」GHQ 覚書（SCAPIN775）は、「……次ノ条件ニ合スル様変更ノ処置ヲトラバ日本帝国ニ対シ何等異議アルモノニ非ズ」とし、一定の条件を満たすことを求めている。それらの条件の一つとしてあげられたものが、「日本帝国政府ハ……責任体制ヲ確立スベキコト」、「従ッテ私的又ハ準政府機関ニ対シ委譲サレ又ハ委任サルベカラザルコト」というものであった。これに対しての、「救済福祉に関する政府決定事項に関する件報告」と題する日本帝国政府提出文書（4月30日）は、「……政府ノ責任ニ於テ平等ニシテ且差別スルコトナク其ノ徹底ヲ期スル為救済福祉事業ノ実施主体ハ左ノ系統図ニ示スガ如ク単一ノ政府機関ニ依リ之ヲ行フコトトシ……」と

している。

　この流れを見て分かることは、「社会保障における公的責任」という考え方がこの時点で確立したことであり、それは、戦時体制の維持と関わりが密であった各種の準政府的機関を関わらせないという意図とも関係していたということである。さらに指摘しなければならないことは、それについてどのように評価するかは別として、社会保障との関係において、姿を見せかけていた「中間的な団体」や「準公」というものが、この時点で姿を消したということである。極論すれば、社会保障についての議論は、「民」と「公」の二項だけを拠り所とするものとなったということになろう。

　このようなことを具体的に見ることができる例の一つとして、「医療供給体制」を挙げることができる。まず挙げられるのは、「医師会、歯科医師会及び日本医療団の解散に関する法律」（昭22…法128）によって、戦時体制下で健兵・健民策に寄与した「医師会」「歯科医師会」「日本医療団」が解散させられたことである。そして、たとえば、健康保険の給付についての「医療供給体制」についていえば、「保険医の強制的指定制」を廃止する改正（昭23年…法126）が挙げられる。すなわち、「保険医又ハ保険薬剤師ハ命令ノ定ムル所ニ依リ医師歯科医師又ハ薬剤師ニ就キ都道府県知事之ヲ指定ス」、「都道府県知事前項ノ指定ヲ為サントスルトキハ当該医師、又ハ薬剤師ノ同意ヲ得ルコトヲ要ス」（43条ノ3）というように、強制指定制は個人・任意指定制に改められた。今日のように、病院・診療所・薬局の開設者から申請があったものについて厚生労働大臣が指定する方式へ移行するのは後のことである。

(2) 〈「措置」から「契約」へ〉という図式の登場

　戦後の社会保障を巡る「民」と「公」との関係の基本的ありようを大きく変えたのが、介護保険制度であった。これにいたる経緯を、介護保険制度と深く関わる「老人居宅介護等事業」＝（一般に考えられている「ホームヘルプサービス事業」に近いもの）＝を取り上げて簡単に見てみよう。

　この事業の原初的なものは、老人福祉法が制定される一年前の、1962（昭37）年度から、要保護者層を対象として＝貧困な人々を対象として＝国庫補助

事業として制度化されたものである。その後、1982（昭57）年には、所得税課税世帯に対しても有料で派遣が可能なものとなり、1989（平1）年度には、高齢化の進展に対応する改訂が行われている。この改訂により、事業の委託先として、「特別養護老人ホーム等を経営する社会福祉法人」や「福祉公社」、さらには、「在宅介護サービスガイドライン（老人保健福祉部長、社会局長連名の通知…昭和63）の内容を満たす民間事業者」等を視野に入れた、幅広い供給体制の確保を試みたのである。対象者を拡大し、民間事業者による供給体制の確保を図ったとはいえ、サービス自体の基本的性格は「措置」のままであった。ところが、高齢化の進展に伴って、この「措置」方式に対しては以下のような考え方が提示されるようになってきた。

すなわち、①かつてとは異なり、高齢者としてのニーズを抱えた生活を送ることが限られた人々のみに生じる特別なことではなく（高齢者ニーズの普遍化）、従って、「高齢者の問題」は「貧困の問題」とは切り離して思考するべきであるという考え方が前面に押し出されてきたこと、②その事との関係で、多様化した高齢者のニーズやライフスタイルに対応可能なサービスが求められるようになり、③高齢者が選択権を行使できることの必要性が認識されるに至ったこと、④従って、行政による「措置」ではなく、高齢者が市民として契約締結の主体となることが望ましいと考えられるようになったこと、等がそれにあたる。このような考え方が前面に出てくるにあたっては、「社会保障の財政の問題」や「社会的入院と称される事態に対しての対応」等があったことはいうまでもない。さらにいえば、サッチャーリズムやレーガノミックス、そして、日米構造協議、さらには、日本の「臨調・行革」の方針と呼応した「日本型福祉社会」論が背景にあったことはいうまでもない。

このような過程を介して、民間事業者やNPOに対しての、新たな意義付けがなされるようになってきた。その総仕上げにあたる具体的な制度化が「介護保険法」の制定（1997年）であり、「社会福祉事業法」から「社会福祉法」への法改正の作業（平12年　法111）[18]であった。

(3) いわゆる「NPO」をめぐる議論に見る「民」と「公」

社会保障をめぐっては、一貫して、「民」か「公」かという、二項を拠り所とする議論が主流を占めていた。ところが、介護保険制度の創設は、指定事業者としての途を、一定の要件を備えた「NPO法人」などに開くというものでもあった。いったい何が生じたのであろうか。ここでは、いわゆる「NPO法」成立過程に見られた議論を介して、「民間団体」が、現代日本でどのように位置づけされるに至ったかをみることとする。

まず、いわゆる「NPO法案」の前身である「市民活動促進法案」についての熊代昭彦衆議院議員による提案理由及び内容について、その概要を紹介しておこう。

熊代昭彦衆議院議員

　　熊代議員　　自由民主党、社会民主党並びに新党さきがけの与党三党を代表して、ただいま議題となりました私外四名提出の市民活動促進法案につきまして、その提案理由及び内容の概要を御説明申し上げます。

　近年、多くの市民による、多様かつ健全な価値観に立脚して行われる自律的な社会参加活動に対する意識が高まる中、さまざまな分野において市民活動を行う団体の活動が活発化しています。

　皆様も御記憶のとおり、平成七年一月、阪神・淡路大震災が発生したときには、全国的なボランティア活動並びに国際的な協力、支援が積極的に展開され、また、平素においても、地域における高齢者介護等福祉の分野におけるボランティア活動等や、さらに、海外で発生した災害時等における我が国の市民によるボランティア活動などが積極的に行われ、多くの国民がこの活動の重要性を認識したところであります。

　また、ボランティア活動を初めとする市民活動は、我が国の少子・高齢社会、国際化の進展などを背景として、今後、二十一世紀に向けて、我が国が、より活力があり、豊かな安心できる社会を構築していく上で重要な役割を果たしていくものであります。したがって、こうした市民活動を活性化するための環境整備を図っていくことによって、政府部門、民間営利部門とともに、

自主、自律の民間公益部門の発展が促進され、社会が直面する諸課題を解決する手段等が多様かつ豊かになることが重要であります。

しかし、現在、多くの市民活動を行う団体は、任意団体として活動しており、法人格がないことから、契約を結ぶことが困難であり、また不動産登記や銀行口座の開設が不可能であります。さらには、国際的に認められるリーガルステータスがないため国際的活動において不利な扱いを受け、また、社会的信用を得にくいなどの活動上の障害が生じており、各方面からその対策を早急に講ずるよう要請されております。

今回の法律案は、このような要請に応えるべく、市民活動を促進するための基盤整備の一環として、新たに、市民活動を行う団体に、簡易、迅速な手続のもとで広く法人格を付与することとしております。さらに、法人格を得た後も、法人税法上、収益事業から生ずる所得以外の所得は非課税とするなど、基本的には「人格のない社団等」と同じ税法上の取り扱いをすることを明確にすることなどにより、ボランティア活動を初めとする市民に開かれた自由な社会貢献活動としての市民活動の健全な発展を促進し、もって公益の増進に寄与することを目的とするものであります。[19]

ここから読み取れることは、「民間公益部門」が、自主、自律を手掛かりとして、積極的に意義づけされていることである。すなわち、戦後まもなく、「準政府機関」であるとして姿を現すことができなかった「準公」的なものが、積極的に意義づけされ、姿を現すこととなったのである。しかし、戦後間もなくの「準政府機関」が、「提示された事柄」に対応する主体を模索するという消極的なものであったのに対して、いわゆる「NPO法案」の提示については様子が異なっていた。そこにあったのは、「民」か「公」か、という従来のとらえ方では把握することが困難な、実態として存在する「公共」的性格を持った様々なテーマであった。従って、当然のように、テーマについての主体的な把握が必要とされたのである。いわゆる「NPO法」を法案としての提示することは、そのような現実を、どのようなものとして表現するかが問われる「場」であった。

当初みられた「市民活動」という用語は、後に、法律の題名も含めて「特定非営利活動」と修正されることとなった。そのことについてなされた、倉田委員からの「以下、その観点から一つ一つお尋ねをさせていただきたいと思います。まず、今回参議院段階で、衆議院から送りました「市民活動」という言葉が、題名も含めて「特定非営利活動」、こういうふうに修正をされましたけれども、この市民活動と特定非営利活動とは実態上同じなのか、あるいは違うところがあるのかどうか、この点についてお尋ねをいたします」という質問に対して、堂本参議院議員が、「「市民活動」を「特定非営利活動」と修正いたしました。これは、より積極的に私たちは修正したものでございまして、この法案が対象としている活動によりふさわしい表現にするためでした。そして今回、その対象の範囲が変わるとか、あるいはその活動の内容に関して変更があるというようなことはございません」と答えている。[20]

そして、本章の中心的テーマである「民間団体」に関して議論されたのは、「市民活動」と「NPO活動」との関係であり、さらに、それらと「国の関与」のあり方をめぐっては、おもに、「法案」の対象としている活動をめぐってであった。

海老原義彦君 それと同じようにといっては、多少違うかもしれませんけれども、市民活動というものが第三セクターとしての地歩を占めてきたこの長い歴史を踏まえて、市民活動という言葉自体も一つの思想をその中に包含しておる。ここで思想と申しますのは、政治的な主義主張とかいったものではありません。全くノンポリティカルであっても、ともかくそれなりの一つの思想を包含しておる。そういう意味で、もう立派な言葉になっておると思うんです。そういう立派な言葉であるだけに、この法律の中で市民活動という用語を使う場合にいろいろな問題を提起するのではないか。

今私が考えております問題点、二つばかりございますけれども、一つはそういうふうな市民活動の思想というものと全く別のところから動き出しておる同じようなNPO活動をやっておるものもある。そういうのは本来、市民活動の中に包摂すべきではないかという議論もございますけれども、それは

あくまでも市民活動の側でなさるべきことでありまして、国が関与すべき話ではない。国がそういうものも市民活動に包摂する、国が法律でもってひっくくってしまうというのはいかがなものか。

　それからいま一つは、この法律では民法三十四条の特別規定であるということから十二の活動に限定しておるわけでございますが、それを市民活動と定義することによって市民活動そのものが非常に矮小化された定義になって、市民活動自体にもそぐわないのではないか。

　そういう二つの疑問が出てくるわけでございますけれども、その点についてどのようにお考えになりますでしょうか。

　衆議院議員（辻元清美君）　今御指摘の点、言葉の問題ということですが、この法案は市民活動促進法案という名前と、通称NPO法案という名前で親しまれております。どちらかといいますと、最近ではNPO法案という名前で呼ばれることが多いかと私は考えております。このNPOといいますのはノンプロフィット・オーガニゼーションということで、これは国際的にも非営利の活動全般を指すものと言われているところです。

　そこで、今委員の御指摘の部分は、この言葉の問題は本当に私も大切にしなければいけないなと思いながら拝聴していたわけなんですが、実際にこのNPOという非営利の活動、非営利の概念というのは、余剰金をそれぞれの役員等に配分しないという原則にのっとっている団体であればすべてこのNPO、ノンプロフィット・オーガニゼーションに入るわけなんです。

　ということになりますと、今度、市民活動というのはどういう定義であるかといいますと、これは市民による自発的な活動全般を指すものというようになります。そうしますと、このNPO活動といわゆる市民活動全般ということの関係になりますけれども、NPO活動はいわゆる市民活動に限定されるものではなく、NPO活動の方が広い概念ではないかというふうに言われております。

　そういう意味では、この法律の名称等も含めましてこの委員会で一番ふさわしいもの、そして活動が活発になるものをぜひ皆さんで御審議いただく過程で考えていただければいいかと、私たち発議者の方では思っております。

また今、この法律の十二項目の列挙という御指摘もありました。これは、私たちがこの法律をつくる折に、いわゆる市民活動として行われている様々な団体へのアンケート調査やいろんな調査に基づきまして、実態を勘案して拾い出したものです。

　ただ、この折に、先ほど委員も御指摘がありましたように、どうしても民法とのすみ分けという問題がありましたので、私たちの法案はこの活動内容についてということですみ分けを行わざるを得ませんでした。ただ、発議者としてこの法律をつくっていくに当たりまして、市民活動全般をカバーしたいということでほぼ拾い出したつもりであります。

　ですから、今御指摘のような矮小化するものという意図でつくったものではなく、できるだけこの十二項目を活用していただきまして、あらゆる市民活動の方にこの法律を使っていただきたいという気持ちでつくりましたし、そのように配慮して拾い出してあると思いますので、矮小化するものではないというふうに私たちは考えておる次第です。

　海老原義彦君　　前段についてありがたい御理解をいただいて、ありがとうございました。

　最後の点の矮小化という問題につきましては、私も先生と全く同じ意見でございまして、矮小化する形式をとっておるので矮小化するものだという誤解があるけれども、それは恐らく誤解であろう。ほとんどすべてのNPO活動が実はこの十二項目で大体読めるはずなんじゃなかろうかな、全部読めると確言できないけれども読める。もしそれでどうしても読めないぞというものがあったら、それは今後また検討の機会もあることであるから、先生方の意図として別に矮小化しようという気がないことはもちろんありますし、現実にもそんなに矮小化するようなものではないだろうということは私も全く同感でございます。

　ただ、法律の用語として市民活動というものをこういうふうに定義すると、法律の便宜上の定義があたかも市民活動そのものの意味だというふうになって、せっかく積み上げてきた市民活動の思想を阻害するようになるかもしらぬなという危惧はあるわけでございまして、先生おっしゃいますように、

NPO活動というのは本来非営利活動でございますから、それで十二項目ということを頭に置いて考えれば特定非営利活動とでも呼ぶのがいいのかという気が私はするわけでございます。……[21]

　この記録を見て気がつくことの一つは、いわゆる「NPO法」をめぐる議論の中に、「社会事業法」制定時の議論と類似している点があることである。例えば、海老原義彦委員の「……一つはそういうふうな市民活動の思想というものと全く別のところから動き出しておる同じようなNPO活動をやっておるものもある。そういうのは本来、市民活動の中に包摂すべきではないかという議論もございますけれども、それはあくまでも市民活動の側でなさるべきことでありまして、国が関与すべき話ではない。国がそういうものも市民活動に包摂する、国が法律でもってひっくくってしまうというのはいかがなものか」という質問がそれにあたる。しかし、他方では、「社会事業法」の制定時と大きく異なることもある。それは、「社会事業法」制定時の「社会事業」が、すでにある枠組みとの関係で存在していたのに対して、いわゆる「NPO法」については、現存する諸活動をまとめあげるというものではなく、「法案」が対象としているのはどの範囲のものかについて議論されたことである。

5　むすび──〈「措置」から「契約」へ〉という流れに対する評価

　「介護保険制度」をめぐる議論の特徴は、一見したところ対立しているように見えながらも、実際には、ずれてしまっているという点にあったといえよう。そのような事態を引き起こしているのは、「介護保険制度」の登場について、①「公的な責任」としてきたもの──措置制度としての高齢者の介護──を「私的な責任」に転嫁するものとして位置づける立場からの立論と、②「私的な責任」で対応されてきたもの──実態としての高齢者の介護──を「社会的な責任」で対応するものとして位置づける立場からの立論とが併存していたからだと考えられる。前者が制度のレベルで議論しているのに対して、後者は介護の実態のレベルから議論を開始するが、「制度が不十分であるから実態がそ

のようになった」というようなことにはあまり触れない。それまでの高齢者の介護に関わる事柄の全体像からすれば、前者が全てではないし、後者も全てではない。生じたことは、「制度としての介護の供給体制の規制緩和」であると同時に、一定の要件の下での「介護の社会保険化」であったのである。これがはたして、一つの事柄なのか、あるいは、二つの事柄なのかが検討されなければならない。なぜなら、「議論のすれ違い」や「はぐらかし」はこれを起点として生成しているからである。さらに課題となることがある。それは、従来の行政による措置方式が、「全ての要介護者に対応できない場合に、優先順位を経済的困窮状態と関係させていた」とすれば、私たちが「要介護状態」と「経済的困窮状態」とを、社会保障の中にどのように関係づけていたのかということである。

　ところで、私たちの日常生活は、何らかのものを必要としている市民が、自分の選択で契約を締結するということを基盤としている。ここで重要なことは、高齢者（とされる人）であっても、障害者（とされる人）であっても、24時間、365日、「介護保険法」、「老人福祉法」、「障害者自立支援法」などのみに拘束された生活をしているのではない、という当然のことに気づくことである。一日の生活の多くの部分は、市民法といわれる一般的な法に規律された日常生活なのである。その過程で、その契約を締結し履行されたもののうちから、一定の要件を備えているとされるものに対して社会的給付がなされると考えるのが、通常の思考方法であろう。より具体化すれば、①商品やサービスの買い手が適格性を備えているか、②商品やサービスの売り手が適格性を備えているか、③商品やサービスが質的に適格性を備えているか、④購入した商品やサービスが定められた量の範囲内であるのか、というような要件を満たしたものについて、社会的な費用を出動させる――社会的給付がなされる――という具合に、再整理することによって、ようやく、成熟した市民社会をベースにした社会保障が構築される「基礎」が出来上がるのである。その場合必要となるのは、当人の意志を抜きにした「措置」ではなく、「契約」ということになる。そうした観点から、日本における「民間団体」を積極的に意義づけすることができれば、社会保障における「民間団体」の位置づけも安定したものとなろう。

第7章　日本における「民間団体」の歴史的位置　171

〈注〉
1) もう少し正確に表現すれば、事情はさらに複雑である。なぜなら、本文中にも触れたように、介護保険制度の創設自体が、①規制緩和による「公的対応」の変容というように語られたと同時に、②「私的に対応されていた高齢者の介護」を「社会的なもの」とするものでもあるとして語られたからである。さらに、厄介なことは、①と②が同一の主体から、しかも、同一の文書の中で表現されることがあったことである。そして、ここで生じたことを、①生じた「ひとつの出来事」についての「二つの対立した評価」として語るか、あるいは、②生じた「二つの異なる出来事」として語るかによって、態度が二分されることとなる。
2) 『官報』号外　昭和13年2月27日　「衆議院議事速記録」第十九号、422ページ（社会問題資料研究会『帝国議会史』東洋文化社、第一期・第三十三巻、121ページ）。
3) 同424ページ（同122ページ）。
4) 同425ページ（同123ページ）。
5) 「社会事業法」の法案が提出された時期についても注意しなければならない。すなわち、「社会事業法」の制定が、物品販売業及び理容業における閉店時刻、就業時間などを定めた「商店法」の制定、「簡易生命保険法」の改正と同時になされ、さらには、「戦時……ニ際シ國防目的達成ノ為國ノ全力ヲ最モ有効ニ発セシム様人的及物的資源ヲ統制運用スル」＝「國家総動員」について定めた「国家総動員法」（昭13年・法55）などと並んでなされたということをみれば、その制定は、任意性や自由を基軸とする民間の社会事業までをもまとめ上げて、準公的な事業としつつ、難局を乗り切ろうとしたものであると位置づけられよう。
6) 日本社会事業研究会　他『日本社会事業新体制要綱／現下我国社会事業の帰趨』日本図書センター、1997年所収。
7) 『日本社会事業ノ再編成要綱』の「凡例」参照。
8) 『日本社会事業ノ再編成要綱』の「序言」参照。
9) 第45回帝国議会衆議院　工場法中改正法律案委員会議録（速記）　第三回　大正11年3月14日については、『帝国議会衆議院委員会議録』33、393ページ、臨川書店、昭60年から引用した。
10) 社会局内　産業福利協会『産業福利』第二巻第二号、昭和二年二月、21ページ。
11) 「政府対日本医師会契約書並覚書」については、厚生省保険局編『健康保険二十五年史』（全国社会保険協会連合会、1953年）398ページ以下、保険院社会保険局『診療契約書並ニ協定書』（1942年）参照。
12) 『官報号外』昭和11年5月25日　貴族院議事速記録第14号　退職積立金及退職手当法案第一読会　230ページ。
13) 全国社会福祉協議会『社会福祉関係施策資料集1』（『月刊福祉』増刊号）、1986年、7ページ。
14) 同10ページ。
15) 同14ページ。
16) ここにはいくつかの想像できる面白いテーマが潜んでいる。その一つが、なぜ政府が、民間団体や準政府的機関を念頭に置いたかということである。先にも述べたように、こ

のことは、政府が、国家総動員や体制翼賛に対してネガティブである対応をとることがGHQの望むところであるのではないかと考えていたのではないか、ということをめぐるテーマでもある。

17) これらの一連の経緯については、久塚「医療保障と医療供給体制の整備・再編」（日本社会保障法学会編『医療保障法・介護保障法』講座社会保障法第四巻70ページ以下）。
18) たとえば、介護保険法案についての審議において、国務大臣であった橋本龍太郎は、「……その新ゴールドプランにつきまして、事業の執行状況等を踏まえるとともに、各種規制の緩和や民間活力の導入等による事業の効率化等もあわせて行いながら、その目的が達成できますように、できる限りの努力をしていかなければならない、そのように考えております」としている（『官報　号外』平成9年　参議院会議録35号3頁）。さらに、「社会福祉事業法」から「社会福祉法」への改正に当たっても、「営利企業の参入についてのお尋ねでございますが、障害者の在宅福祉サービスについては、利用者の幅広いニーズにこたえて多様なサービスを提供するとともに、十分なサービス量を確保することができるよう、従来と同様、サービスの質の確保を図りながら、公益法人それからNPO、民間企業など多様な主体の参入を認めることにいたしております。」（『官報　号外』平成12年　衆議院会議録25号8頁）という具合に類似している。
19) 第140回国会衆議院内閣委員会議録第6号、2頁、平成9年5月28日。
20) 第142回国会衆議院内閣委員会議録第4号、2頁、平成10年3月17日。
21) 第142回国会参議院労働・社会政策委員会議録第5号、3-4頁、平成10年2月5日。

第8章
日本における自治体政治の活性化
―― 地域政党「生活者ネットワーク」の登場と発展

坪郷　實

1　自治体政治の活性化

(1)　参加ガバナンスの視点

「生活者ネットワーク」は、自治体において「参加型政治」に取り組んでいる「地域政党（ローカルパーティ）」であり、自治体政治の活性化の担い手として発展している。

まず、参加ガバナンスの観点から、自治体の再構築について考えてみたい。この「参加ガバナンス」（坪郷 2006b；2007a）は、市民社会（市民活動・NPO）、政府、市場という三部門の相互の関係とその仕組みづくり、各部門それぞれの運営革新を行うための議論である。なにより、参加ガバナンスは「多様な主体による問題解決のための機会を創出する」ものであり、「参加と討議による合意形成」を重視する新たな民主主義の展開である。このような民主主義の新しい展開は、近年、討議民主主義や熟議民主主義と呼ばれている。

自治体レベルにおける参加ガバナンスの「参加」問題について、いくつかの重要な論点を述べておきたい。民主主義において、参加は一般に政策策定過程の手続きを正統化する手段である。代議制民主主義においては、選挙がその参加の機会である。近年、代議制民主主義を基礎にして、その補完として直接民主主義的な参加が重視されている。そして、決定によって影響を受けるものをはじめとして広範囲の利害関係者が参加することにより、よりよい決定が可能になる。参加のプロセスは、市民間における合意形成のためのコミュニケーシ

ョン、市民と自治体政府・自治体議会間の「コミュニケーション（討議）」を保障する。討議民主主義の立場からは、参加をコミュニケーションと位置づけ、「自由な、公開された討議（対論）」を通じての合意形成が重視される。ただし、参加は常に機能するわけではないし、形式化する場合もあり、もちろん万能薬でもない。さらに、市民参加の基礎は、地域における自発的で批判的な市民活動が発展することである。地域における多様な担い手の参加を可能にするためには、これまで参加に積極的でなかったグループや過少代表のグループのエンパワーメントが必要である。

(2) 第2次分権改革の課題

2000年の新地方自治法の実施は、国と自治体の関係を「主従・上下関係」から、「対等・協力関係」に転換させ、基本的に自治体が行う事務は全て「自治体の事務」であることを明確にした（松下 1999）。このことは、自治体における政策の実施は、自治体議会において条例を制定して行うという体制への転換である。これは議会の役割を大きくするものである。しかし、自治体の財源の確保については、いわゆる「三位一体の改革」によりようやく動き出したが、自治体が担っている行政事務に見合った財源確保のために、国と自治体の財源の配分を従来の「六対四」からまず「五対五」にすること、国庫補助負担金の廃止については緒についたばかりである。

自治体の再構築の課題は、自治体・自治体議会が「法令の自主解釈権」を持ち、「制度・政策の企画立案権」のある、「行政自主権」、「財政自主権」、「立法自主権」をもつ体制への転換である（西尾 2007）。自治体への法令などによる規制や縛りは依然として多く、自治体の側でも自由な発想を欠いている現状がある。自治体議会についても、第28次地方制度調査会答申を受けて行われた2006年地方自治法改正により、①議長への臨時会の招集請求権の付与、②議員の複数委員会への所属制限の廃止、③委員会による議案提出権の創出、④議会の審議に必要なときに長及び行政委員会の委員長などの議場への出席義務の明確化、⑤自治体の長による「専決処分」に関して「議会の議決すべき事件について特に緊急を要するため議会を召集する時間的余裕がないことが明らかであ

ると認めるとき」とその要件が規定された。このような必要のない縛りを撤廃し、議会運営の自由度を拡大すると共に、議会が、自由な発想で議会運営の新たな展開を試み、「政策制度の企画立案権」を行使する体制を作るときである。

つぎに、自治体議会に焦点を当てて、議会が「政策制度の企画立案権」を行使する体制をどのように実現していくのかについて、最近の動向をみながら若干の議論をしたい。自治体の長と議会が直接選挙で選ばれるといういわゆる「二元代表制」のもとで、議会は「討議の広場」であり、「長の監視・チェック機関」、「立法機関」である。2005年頃までは、自治体議会に関しては、一方で費用弁償の廃止や政務調査費報告書への領収書の添付など、議会活動への市民によるチェックが行われている。他方、議会側の動きとしては、本会議のケーブルテレビによる放映など議会活動の一部の公開や、議員定数の削減の動きに限られてきた印象があった。さらに、長のチェック機関として機能していないなど、議会不要論もある。これに対して、政治参加の基本である選挙によって選出された代表機関としての自治体議会が、「討議の広場」として存在感を示さねばならない。

(3) 自治体議会改革へ

議会が「政策制度の企画立案権」を行使する段階になるまでには、多くの課題がある。2007年以後自治体議会の議員と市民によって超党派の活動として行われている「自治体議会改革フォーラム」は、第一段階として次のような三課題を提起している。「積極的に情報を公開し透明性のある議会」、「議員同士が自由に討議できる議会」、「市民が参加する開かれた議会」を実現することである。さらに、地方自治法の改正など法整備を行って議会改革を行う課題として、日常的な調査・監視機能を発揮し、議会に不服申し立て機関や行政評価の機関を設置するなど「実効性あるチェック機能をもつ議会」、議長による定例会・臨時会の招集権の確立、議会予算の編成と執行を議会自らが行う「自ら運営できる議会」という課題がある。(自治体議会改革フォーラム編 2007：80-94.))

さて、自治体議会がイニシアティブをとって、議会基本条例や自治体基本条例や、政策条例を制定する事例（橋場利勝・神原勝、2006）が、2006年以後、少

数とはいえ増えてきており、議会改革にインパクトを与えつつある。2006年5月の北海道栗山町の議会基本条例を皮切りに、2009年3月末までに、すでに18町、1村、29市、6府県の計54自治体において議会主導で議会基本条例が制定されている (http://www.gikai-kaikaku.net/gikaikihonjourei-list.html)。また、議会改革のひとつとして、自治体議会における決算・予算の審議において、市民にわかる「事業別決算・予算」を含む決算・予算説明書を作成すると共に、各自治体の財政の現状と政策事業の見通しについて、徹底した討論を行うことが課題である。

　つぎに、若干の新しい動向をみていこう。(自治体議会改革フォーラム [HP：http//www.gikai-kaikaku.net]；金井利博 2007を参照)。新しい試みとして、議会が自ら出かけて、各地区において議会として公式の報告会を開催する事例がある。これは、議員個人の意見を述べる場ではなく、議会としての報告会である。これまで、政策制度、条例の内容をめぐって議員同士の自由討議が行われることは少ない。討議の範囲を広げるためには、(議会が決定する)議決事項を拡大することも必要である。討議を実質化し活発にするために、市長などが議員の質問に対して行う「反問権」を認めることも重要である。このことは、長と議員の間に緊張関係をもたらす。北海道栗山町は、議会主催で「議員が町民や団体と自由に意見を交換する一般会議」の開催を議会基本条例に盛り込んでいる (橋場・神原 2006) 他方、議長の諮問機関として設置した「市民会議」(議員、公募市民、学識経験者、行政職員など) により条例素案をまとめ、議会として原案作成し、自治基本条例を制定した飯田市の事例がある。全体にかかわる論点としては、議会事務局のスタッフの充実が必要である。議会事務局には、政策法務の専門家が不可欠であり、広く公募によるスタッフの採用も必要である。行政から独立した事務局の形成を志向することが肝要である。この点で、自治体間で議会事務局の広域的な協力体制をつくることも有用であろう。

(4) 日独の地域政党

　さて、本書は日本とドイツにおける自治体の再構築と市民社会の現状と課題について分析をしている。ここで簡単ながら、ドイツの自治体政治における地

域政党に関して若干の論点を見ておきたい。日本の制度が国の法律により一律に決められているのに対して、ドイツでは、連邦制の下で、州憲法により自治体制度は州ごとに違い、多様な自治体制度が実践されている。(Vgl. Bogmil/ Holtkamp 2007；60, 61-79, ua.)

　バーデン=ヴュルテンベルク州を例にとれば、「一人の長のもとでの議会と長の二元体制」(Knemeyer 1999) と言われる。この制度は、自治体の長（市長、任期は州により五年から八年）も、議会の議員（任期五年）も共に直接選挙で選出されるが、長が行政機構の長であると共に自治体議会の議長を兼ねるものである。自治体議会（定員21人の場合）の選挙は比例代表選挙であり、有権者一人ひとりが複数票（21票）を持ち、単一の政党の候補者名簿のみならず、ある政党の候補者名簿の中の特定の個人候補者を選択できる「累積投票」（特定候補者に3票まで投票できる）、複数の政党の候補者名簿に21票を分割できる「分割投票」が実施されている。この場合、各政党や政治グループは、通常21人の候補者名簿を作成する。ドイツの自治体議会においては、比例代表選挙が実施されていることもあり、全国政党の地域支部とともに、その自治体にのみある地域政党（ローカルパーティ）が複数存在する。例えば、自治体ごとに「自由な選挙リスト」が結成され、非政党系の「自治体有権者グループ」といわれる（第9章を参照）。「ハイデルベルクの人々」（ハイデルベルク市）、「ハレのための私たち」（ハレ市、それぞれ都市名を使う）などの名称を使う事例などがある。全国政党の中でも、緑の党はもともと地域単位で形成された政党であるので、自治体レベルでは、緑の党の党員と党員外の候補者による共同候補者名簿を作成し、「緑のオルタナティブ・リスト」を名乗っているものもある。これも地域政党の性格をもっている。

　日本においても、自治体の政治行政の自由度を拡大する改革と共に、それぞれの自治体が、自治体制度を選択できる方式が望ましいという議論が行われている。制度改革においては、ドイツの多様な自治体制度の実践は、参考例になろう。選挙制度の違いはあるが、ドイツにおいて、連邦レベル及び州レベルでは、議院内閣制で、全国政党間の連立政権が基本である。他方、自治体レベルにおいては、全国政党（社会民主党、キリスト教民主同盟・社会同盟、90年同盟・緑

の党、自由民主党、左派党) と地域政党の競合が見られ、自治体議会において政策ごとに政党間の連携が行われている。

第2節では、日本において自治体議会の改革に1980年代から取り組んできている地域政党「生活者ネットワーク」を取り上げて、自治体政治の活性化の担い手についてみていきたい。

2 地域政党「生活者ネットワーク」の登場と発展

(1) 生活者ネットワークとは

選挙における「政党支持なし層」の拡大を底流として、自治体議会選挙において全国レベルで組織を持つ全国政党への不信や拒否が、1999年の統一地方選挙後、目立つようになっている。このため、自治体議会の議員については、大都市部において無所属議員が拡大し、全国的に女性議員を増大させる運動も展開されている。その中で、目立った動きをしている政治グループとして、「東京・生活者ネットワーク」や「神奈川ネットワーク運動」をあげることができる。それぞれ、ネット、NETと呼ばれているので、以下では、東京ネット、神奈川ネットと略する。ネットは、1990年代以後、特に首都圏で統一地方選挙毎に躍進してきた地域政党=「ローカル・パーティ」である。この地域政党は、生協の組合員や市民活動グループ・NPOを支持基盤としており、生協運動の担い手は、女性(「主婦」)であり、女性議員の政治グループとして拡大してきた。ネットは、生活空間から地域の政策課題を発見し、市民主体の政策づくりを試みている。(坪郷 2003b；2006a；Tsubogo 2007)

ネットの運動は、地域的には、東日本が主であるが、これまで北海道、岩手、茨城、千葉、埼玉、東京、神奈川、長野、福岡、熊本の10都道県 (11ネット) において、それぞれの地域ネットが議席を獲得している。都道県単位でネットは組織化されているが、それぞれ分権的な政治運動を目指しており、区市町単位や選挙区単位に、地域ネットが活動している。ネットについては、「ローカルパーティ」という言葉が使われてきたが、地域に根を張った政党という意味で、「地域政党」という言葉も使われている。

表 8-1 自治体議会における生活者ネットの議員数（1987、1991、1995、1999、2003、2007年は統一自治体選挙の年）

年	東京	神奈川	千葉	埼玉	北海道	福岡	信州	熊本	つくば	水沢	計
1987	16	14									
1991	30	25	9	1	3	6	1				75
1995	49	38	12	1	5	8	2			1	117
1999	57	39	16	6	5	7	3			1	134
2003	63	42	23	6	6	10	2			1	153[1]
2006	56	43[2]	26	4	7	9	4	2	2	1	154
2007	55	33[3]	22	4	9	10	4	2	2		141
2009[4]	55	34[5]	22	3	9	10	4	2	1		140

注：1）1995～2003年まで、東京・生活者ネットワーク、神奈川ネットワーク運動、市民ネットワーク千葉、埼玉県市民ネットワーク、市民ネットワーク北海道、ふくおかネットワーク、信州・生活者ネットワーク、水沢ネットワーク。2004年以後、ネットワーク横浜、2006年以後、熊本生活者ネットワーク、つくば・市民ネットワークが加わる。
2）神奈川ネットワーク運動37議員、ネットワーク横浜6議員。
3）神奈川ネットワーク運動30議員、ネットワーク横浜3議員。
4）2009年4月末現在。
5）神奈川ネットワーク運動31議員、ネットワーク横浜3議員。
出典：生活者通信；NET；各ネットのホームページによる

　東京ネットには、12区ネット、22市ネット、都議会ネット（2009年）がある。2004年のネット会員は1204人、賛助会員は301人である。2007年統一地方選挙後、51区議・市議、4都議。神奈川ネットは、30の区・市・町ネット（準備会を含む）、会員約3400人（2007年末）である。2007年統一地方選挙後、29市・町議、1県議、さらに推薦1県議がいる。2009年4月末現在における全国の生活者ネットの議員数は、表8-1の通りである。
　ネットの議員は、生協運動の中から生まれたところから、これまで、候補者は基本的に女性のみであった。その後、男性を候補者として擁立することも試みられ、2007年統一自治体選挙において、埼玉県の市議と千葉県の県議に、それぞれ男性が当選をしている。
　ネットの政治運動は、これからの政党のあり方や地域政治の可能性を切り開くひとつのモデルとなっている。全国政党は、地域における市民活動グループや個人のネットワークを基盤にしたネットワーク型組織への転換を迫られてい

る。他方、ネットを地域政党のモデルとして、これから、地域個性に基いて、政策制度の立案を行う特色のある地域政党が自治体ごとに多様な形で生まれることが期待される。

(2) ネットの政治基盤

　ネットは、当初、生活クラブ生協の組合員（女性）を中心とする支持基盤により、当選者を出してきた。1990年代に候補者の擁立数が増加し、組合員を基礎票にして男性を含めて支持基盤を広げた。生活クラブ生協は、生活の中から、政策課題を発見し、自らの生活スタイルを問い直すと共に、生産者と協力して新しい「消費材（食品）」を作り出し、さらに直接請求運動により政策課題を政治の場にあげる動きをしてきた。人工的な添加物を使わない・無農薬・有機農業による「安全な食品」や「本物の牛乳である低温殺菌（パスチャライズド、ノンホモゲナイズド）牛乳」を開発し、環境破壊につながる合成洗剤の使用をやめ「石けん」の利用を勧める石けん運動、また廃棄物問題やリサイクルの問題など環境問題、介護や子育てなど福祉・教育問題に活動を広げている。発展途上国における有機農法によるバナナ、コーヒー、エビの生産への支援や公正貿易にも力を入れてきている。

　さらに、市民事業として多様な領域（家事介護・食事サービス、惣菜・パン製造、文化、生協業務委託・配送）でワーカーズ・コレクティブを生み出している。ワーカーズ・コレクティブは、「一人ひとりが経営者でもあり、労働者でもあると位置づけ」、「メンバー全員が出資し、経営に責任を持ち、労働を担う、働く人の協同組合」であり、「非営利・協同の市民事業」である（Workers Collective のワーク時間調査分析プロジェクト『神奈川のワーカーズ・コレクティブ　ワーク時間調査報告書』2006）。

　ネットの議員候補者のリクルートは、基本的に生活クラブ生協の組合員（女性）からであるが、東京ネットでは2003年統一自治体選挙から、神奈川ネットでは2007年統一自治体選挙から、NPO・他の生協・市民活動、企業の勤務経験者など、生活クラブ以外からの候補者も増えている。

表8-2　生活クラブ生活協同組合（組合員数）

	東　京	神奈川	千　葉	埼　玉	北海道	長　野
1983	42,072	36,930	13,107	15,747	3,910	4,475
1991	55,504	50,613	24,989	24,115	11,978	10,726
1999	50,335	45,383	33,409	22,737	13,851	15,289
2003	57,442	64,245	36,791	25,025	12,649	14,963
2008	68,191	68,424	36,781	28,164	14,206	15,510

出典：ひと・まち社集計（1983-2003）；www.seikatsuclub.coop などより作成。

表8-3　ワーカーズ・コレクティブ

	会員団体数	会員数（人）
東京ワーカーズ・コレクティブ協同組合	49	約500（2007.1.15）
神奈川ワーカーズ・コレクティブ連合会	201	5,822（2008.7.31）
ワーカーズ・コレクティブネットワーク　ジャパン	324	約8,000

出典：『共に働く』（WNJ）2008；www.wng.jp などより作成。

(3) 政治理念と政治原則

　ネットには、いわゆる政党綱領に該当するものはないが、規約や憲章、政策綱領、選挙綱領・ローカルマニフェストでうたわれているキーワードとして、「市民自治」「分権」「参加」をあげることができる。「生活者の政治」を通じて「市民政治」を目指して活動を行ってきた。1990年代に多くの政党によって主張される「生活者の政治」を最初に掲げたのは、ネットである。

　東京ネットは、「生活者の政治」について次のように述べている。ネットは、「自らが地域自治の担い手となることを決意した、おおぜいの生活者の手によって創られた市民の政治のネットワークです。生活を出発点としてそこで発生している生活の課題を地球規模の視点を持ち、生活者の立場から解決するため活動します。」（『東京・生活者ネットワーク基本政策』2002年9月28日改定）

　神奈川ネットは、「『参加・分権・自治・公開』の民主主義にもとづき、『生活者政治』」を推進するとし、「生活者政治」とは、「すべての生活者が自分の権利を行使して、問題の解決に参加し、一人ひとりにとって快適な暮らし、豊かな社会を作り上げていくこと」（『未来への責任　神奈川ネットワーク運動』2002）である。『神奈川ネット憲章』（2005）では、「未来に責任を持つために、

『市民社会を強くする』ための政治」を主張している。

　ネットが他の政治組織と大きく違う点は、独自の政治原則によって運営されていることである。これは、既成政党に見られる中央直結による地方政治の利権政治化、既成利益団体との間の既得権益化、「政治とお金」をめぐる腐敗構造への厳しい批判があるからである。

　次の３つの政治原則を明確にしている。第一は、二期八年（神奈川）ないし、三期一二年で議員を交代するローテーション制度の実施である。東京ネットの場合、地域ネットにより、二期八年か、三期一二年を選択している。多選議員の特権化（例えば議員は三期務めた後、年金が支給されること）に対抗して、東京ネットは「議員を職業化・特権化しません。ローテーション後は市民活動などに経験を生かします」と述べている。議員のローテーション制度には、1980年代後半に交流を行った西ドイツ緑の党のローテーション制度の影響がある。交代した議員の多くは、地域においてNPOや市民事業で活躍している。「アマチュアである普通の人々」が議員を経験し、「市民の政治力」を高めることを目指している。

　第二に、議員の報酬を管理することによりネットの活動費を調達していることである。議員が議員報酬からの寄付を行い、政治活動費に活用している。政治資金の透明化を図るものである。

　第三に、「選挙はすべて手づくりで」行う、「参加とボランティアによる参加型選挙」を志向している。

(4) 直接請求から条例提案へ

　ネットは、それぞれ独自の政策づくりを行い、政治活動を支えるインフラ整備を行っている。市民と共に行う地域での調査活動（市民による「一言提案運動」、ネット議員による調査）、市民・議員・行政・専門家によるフォーラム、政策研究を行う市民シンクタンク、議員と市民による政策勉強会、議員養成・研修を含む政治スクールやNPO大学、市民事業などの広範囲なネットワークである。

　東京ネットは、1990年代後、調査活動として、高齢者福祉・介護サービス調査、子育て調査、子どもの人権調査、「女性と年金」調査、環境ホルモン調査、

ダイオキシン測定運動、「遺伝子組み換え食品」に対する取り組み、「防災市民案」の作成、「女性の働き方」「若者の働き方」調査を行ってきた。2007年統一地方選挙に向けては、「コミュニティ・ワーク」調査、「教育費用」調査、「環境（川や生き物）」調査に取り組んでいる。

　生活クラブ生協を基礎にした直接請求として、東京では、1986年チェルノブイリ原発事故を契機にして、食品の安全問題に取り組み、東京都に、食品安全条例の制定を求める直接請求を行っている。神奈川では、「合成洗剤追放対策委員会の設置および運営に関する条例」制定の直接請求運動を行い、これを契機に、神奈川ネットが誕生した。

　東京ネットは、生活クラブ生協や市民グループと共に、1990年にリサイクル条例の制定を求める運動を展開し、保谷市（現在、西東京市）で1992年に市民の直接請求による初めてのリサイクル条例が成立した。さらに、1994年から日野市で、生活クラブ生協やネットのメンバーが市民ネットワークの中心となって、「環境基本条例」の直接請求運動に取り組み、条例案を修正して可決している。2002年には、議会活動の強化のために「議員提案研究会」を行い、例えば「地下水保全条例案」を作成し、小金井市と狛江市で議員提案を行った。小金井市では、三年間かけて、他会派の議員と新たな共同提案を行い、2004年3月に「地下水保全条例」を可決した。

　神奈川では、ネットの政策を実現し、議会改革を行うために、議会の立法権を行使する条例提案運動を展開している。そのために、「条例作成・制定研究会」が活動している。厚木市では、議員への（本会議・委員会への出席に対する）費用弁償を廃止する「厚木市非常勤特別職職員の報酬及び費用弁償に関する条例の一部を改正する条例」を2002年3月に成立させた。さらに、鎌倉市では、2005年に「住民基本台帳大量閲覧防止の条例」をネットが働きかけ、共同提案で成立させ、さらに伊勢原市でも条例を成立させた。また大和市で、「次世代に戦争の記憶をつなげる条例」を成立させている。

　ネットは、国政選挙に直接に立候補者を出していない。しかし、地域において市民自治を進めていくためには、国政レベルにおける政治システムの改革が必要である。そのため、連携する政党を特定せずに、市民自治を目指す候補者

個人と政策協定や政治契約を結び、推薦・選挙協力を行ってきた。2005年衆議院選挙では、東京ネット、神奈川ネットら五ネットによって、「政権交代を目指す政党」としての民主党のマニフェスト（政権綱領）に提言を行った。

2007年統一自治体選挙では、ネットの議員の多くは、すでに述べた「自治体議会改革フォーラム」に参加し、「議会を市民、議員、首長らとの自由な討議の場として」いくために、議会改革を進め、市民立法の運動を展開している。

さて、東京ネットが取り組んできた政策テーマは、「食の安全」から始まり、さらに石けん利用・廃棄物問題・リサイクル問題など環境問題、介護や子育て（「共育」）など福祉問題・教育問題へと広がってきた。地域における生活問題から出発して、家族が直面する環境問題・福祉問題・教育問題に取り組んできた。これを凝縮する選挙スローガンとして、1999年統一自治体選挙（表8-4）において東京ネットが主張した「子育て・介護は社会の仕事」を挙げることができる。これはネットの躍進をもたらすスローガンであった。このように、地域政党としてネットは、介護保険の導入、子育て支援政策の展開を、地域の現場で市民自治の観点から促進する動きを作り出してきている。2003年統一自治体選挙において、地域における問題解決の主体として「地域力」「市民力」を掲げ、2004年に自治体の地域力・市民力調査を行っている。2007年統一自治体選挙（表8-6）において、議会改革を前面に出しながら、義務教育期の教育費用調査、「新しいワークルールの確立」のための調査を基にして、「こだわって地域変えます！ 議会 つくります！ 仕事」をスローガンにしている。このように、地域において「女も男もともに働き、家族的責任を共有できる生き方」をめざし、政策提言を行っている。生活から仕事へとの視野を広げ、「仕事と生活の調和（ワークライフバランス）」を実現する政策を主張している。

神奈川ネットは、これまで、「市民社会を強くする」「地域から平和をつくる」「政治を変える」「議会を変える」という4つの重点に取り組んできた（表8-5）。「市民社会を強くする」では、「コミュニティの再生とまちづくり」のために、市民活動を支援する「市民社会チャレンジ基金」、市民事業の創出、市民の資金を地域の起業に生かす市民金融（「女性・市民信用金庫WCC設立準備会」）の設立支援に取り組んでいる。「地域から平和をつくる」では、沖縄に次

表 8-4　東京・生活者ネットワークの統一自治体選挙および
　　　　都議選における選挙スローガン

1999年統一自治体選挙	「生活転換：子育て・介護は社会の仕事」
2001年都議会議員選挙	「私たちは東京を生活のまちにします」 「子育て・介護は社会の仕事」 「子供の未来に健康なまち東京」 「市民の活力　元気な東京」
2003年統一自治体選挙	「地域力　市民力　安心・共生のまちをつくる」
2005年都議会議員選挙	「働く・育てる　市民力」 「環境・福祉優先のまちをつくる」 「安心・共生のまちをつくる」 「地域力・市民力で元気な東京をつくる」
2007年統一自治体選挙	「こだわって地域　変えます！議会　つくります！仕事」

表 8-5　神奈川ネットワーク運動の統一自治体選挙のテーマ

1999年統一自治体選挙	「わたし発、市民の政治」
2003年統一自治体選挙	「未来への責任」
2007年統一自治体選挙	「ひろげよう市民政治・すすめよう議会改革」 子育て・介護は社会のしごと 地球の未来を守る 改革は「政治とお金」から

表 8-6　2007年統一自治体選挙の東京・生活者ネットワークの基本政策

「こだわって地域　変えます！議会　作ります！仕事」10の提案
仕事と生活が両立できる働き方をすすめる 誰もが安心して地域で暮らす 義務教育は社会に出て行く第一歩 子どもの育ちを応援する 水資源の確保・緑地の保全を優先したまちをつくる 脱石油・脱原子力で自然エネルギーをすすめ、地球温暖化をストップする 議会をおもしろくする まちを元気に、身近な公共サービスは市民が担う 都市の成長をコントロールし、街づくりには自転車利用の視点を取り入れる 食べることは生きること

表8-7 2007年統一自治体選挙の神奈川ネットワーク運動のローカルマニフェスト

```
「それって政治だよ」
神奈川ネットのローカルマニフェストは、6の条例提案です。
    1  子育てと仕事の両立を進める条例
    2  介護保険条例の改正
    3  神奈川県地球温暖化防止条例
    4  非核・平和都市宣言の条例
    5  政務調査費条例の改正
    6  自治体議会基本条例
議会を改革し、6つの条例提案を議論できる議会にします。

子育て・介護は社会のしごと
    子育てと仕事の両立を支援する
    安心して老いることのできる地域をつくる
地球の未来を守る
地域の安全は平和な社会をつくることから
議会改革・政治改革
    変えなきゃ議会！
    改革は「政治とお金」から
```

ぐ第二の基地県神奈川においてアジアの市民ネットワークづくりを行っている。「政治を変える」では、特権的な議員年金の廃止を提案（神奈川県議会、衆参両院に請願署名を提出）、政治資金の流れを調査している。「議会を変える」では、市民による直接請求や議員提案で29本の条例提案を行い、前述の4条例（厚木市、大和市、鎌倉市、伊勢原市）を成立させている。2007年統一自治体選挙において、神奈川ネットワーク運動は、「ローカルマニフェストとしてつぎの6の条例提案を行っている。「1．子育てと仕事の両立を進める条例、2．介護保険条例の改正、3．神奈川県地球温暖化防止条例、4．非核・平和都市宣言の条例、5．政務調査費条例の改正、6．自治体議会基本条例」（表8-7）。

(5) ネットの役割

自治体政治においてネットが果たしてきた役割として、次の4点を挙げよう。

第一に、ネットは、生活者である普通の市民が政治社会において参加する機会を多様に創出していることである。生活クラブ生協は、班別共同購入方式（5人から10人程度の班）により、いわゆる「主婦」の社会参加のきっかけを作

表8-8 女性議員の比率（市区議会議員、政令市指定市議会議員、都道府県議会議員）

	2003年6月	2005年末	2007年末
自治体議会議員定数	60,303	45,862	39,612
女性議員数	4,625	4,063	4,015
女性議員比率	7.6%	8.85%	10.14%

出典：全国フェミニスト議員連盟ホームページ
(http://www.afer.jp/report/campaing/map 2003.html, 2006.html, 2007.html)

表8-9 東京都と神奈川県の女性議員数と比率（2007年統一自治体選挙後）

	東京都			神奈川県			全国		
	定数	女性議員数	比率	定数	女性議員数	比率	定数	女性議員数	比率
市・区議会	670	158	23.58%	483	103	21.33%	21,563	2,550	11.83%
政令指定市議会				（横浜市と川崎市）155	29	18.70%	1,101	189	17.17%
都道府県議会	127	22	17.32%	107	11	10.28%	2,784	220	7.90%

出典：全国フェミニスト議員連盟ホームページ (http://www.afer.jp/news/2007/20070522.html)

り、市民活動の場を提供している。ただし、現在では班に所属する組合員より、個別配送の組合員の方が多くなっている。生協も個人化の影響を受けている。さらに、ワーカーズ・コレクティブは「働く場」を提供している。そして、ネットは政治参加の場を提供している。生活クラブ生協やワーカーズ・コレクティブは、「社会参加の学校」であり、ネットは、「政治参加の学校」であり、「民主主義の学校」の役割を果たしている。この活動は、全体として、地域における市民活動を活発化させるインパクトになっている。

　第二に、ネットは、女性の政治参加を拡大し、女性議員の増大に大きく寄与している（表8-8、8-9）。自治体議員において女性が占める割合は、東京都が最も高く（約23%）、神奈川県（約21%）が続く（全国フェミニスト議員連盟ニュース 2007）。

　第三に、ネットは、「生活者」の視点から、地域の市民活動を自ら広げながら、地域に即した政策課題を提起している。この活動領域は、食の安全、リサイクル問題から始まり、環境、福祉・介護、子どもの人権・子育て、都市計画・まちづくり、ジェンダー、アジアへの支援と交流へ、女性と若者の「働き

方」・コミュニティ・ワーク・「ワークライフバランス（仕事と生活の調和）」に拡大している。前述のように、地域における調査活動に基づき、具体的な条例提案も含めて政策づくりを行っている。このように、議会改革を進めながら、市民立法のひとつの回路を創出している。しかし、市民立法の回路をつくり、政策条例をつくるためには、制度改革と共に、後述のように、政策づくりのネットワークを一層広げなければならない。

　第四に、国政政党の組織論、運動論に対して一定程度のインパクトを与えている。ネットは、生活クラブ生協、ワーカーズ・コレクティブ、NPO、という地域における市民事業・市民活動の広がりを基礎にして地域の政治組織を形成してきた。したがって、単純なモデル化はできないが、地域に拡大しつつある多様な市民活動をつなぐ「市民ネットワーク」方式の政治運動のあり方を示すモデルを作ったといえる。ネットの政治運動は新しい政治のあり方を示し、「ネットワーク型政党」という新しい政党像を示している。

(6) ネットの課題と自治体の再構築

　さて、生活者ネットワークは、「生活者政治」を提起し、既成政党よりも先行して「市民が主役の政治」を実践してきた。その新鮮な政治が、1990年代には有権者の支持を得て、議席数を増大させてきた。他方、このネットの躍進には、増大する「政党支持なし層」の受け皿となってきた側面がある。つまり、ネットへの投票は、既成政党への不信を背景として、「積極的に投票したい候補者の不在という消去法」による「消極的支持」の側面がある。したがって、既成政党と競り合う状況になった場合には弱い側面もある。2003年統一自治体選挙において神奈川ネットは既成の全国政党の攻勢の中で苦戦し、その後、東京ネットも、神奈川ネットも、この意味で曲がり角にあるといえよう。

　第一の課題は、この競り合いの中で、さらに、地域政党のモデルを確立することである。そのためには、次のような課題がある。①地域において、政策課題に取り組む市民活動を促進し、重層的な市民活動のネットワークを形成し、政治基盤をより拡大することである。地域政党としてのネットは、市民活動をネットワーキングする「ネットワーカー」としての役割がある。ネットが、積

極的に地域における他の生協のメンバー、女性団体、福祉関係団体、NPO などと日常的に連携し、政治基盤を一層拡大することが必要である。ローテーションで議員を交代したメンバーがこの役割を果たしている事例も増えてきている。NPO 法制定後、2008年6月末現在で、NPO 法人を取得した団体は34941であり、そのうち東京都認証5867、神奈川県認証2148である。NPO 法人数は確実に増加しているが、NPO や市民活動グループの間のネットワークや連携は十分ではない。地域において、政策課題別市民活動ネットワーク、地域総合市民活動ネットワークを形成すること、市民活動を促進するための市民資金や市民基金の仕組みをつくることが、寄付税制の整備と共に、課題となっている。②地域政党が、地域における地道な調査活動に基づき政策制度の企画立案を行い、自治体議会において政策条例を実現するために、政策提案能力をより一層高めていかねばならない。その場合、政務調査費を活用しながら、専門家や市民シンクタンクとのネットワークを形成し、市民と議員による政策づくりの研究会活動を充実・強化することが不可欠である。

　既成の全国政党との競い合いとともに、ネットの台頭は、無所属の女性議員や市民派を名乗る候補者の増大につながり、逆に市民派候補者との競合関係が激しくなっている。とりわけ2003年以後、ネットは、新しい政治を提起する次のステップに進む局面に立っている。ネットは、東京都や神奈川県では、自治体議会単位では、1から4議員であるが、全体として多くの自治体に議員を擁する地域政党として大きな政治勢力である。したがって、第二の課題として、地域政党としてその政治責任をどのように果たすのかという課題がある。これは、独自の政治構想に基づき、自治体の個性に応じた地域社会の構想を明らかにしつつ、具体的な政策制度を提案していくことである。これに関連して、東京ネットでは、自治体毎に「まちづくり構想」を作る動きがある。神奈川ネットでは、条例提案をより一層強化している。ネットは、自治体によっては、すでに共同会派を結成しているが、議会改革、議会における政策・条例提案では、他の会派との連携や共同提案方式が必要であろう。

　また、ネットの取り組みは基本的に地域の課題に限定されている。第三の課題として、今後、有力な地域政党のひとつとして、地域政党の活動を国政レベ

ルの政治とどのようにつないでいくのか、地域政党と国政政党との連携という課題がある。分権改革、社会保障制度のあり方、環境政策の総合化など、国政レベルと自治体レベルの改革が連動することが必要である。生活者として生活空間から発想した政策づくりを、基礎自治体である市町村から、都道府県レベル、国政レベルへとつなげる回路を作ることが課題である。

すでに述べたように、2000年の分権改革以後、自治体の再構築の課題がある。自治体議会が、議会改革を通じて、「政策をめぐる自由討論の場」になり、政策を実施するための条例（政策条例）を制定し、自治体の政治行政の展開の要になるためには、議会における会派や地域政党が重要な役割を果たさねばならない。政策条例制定の担い手として、全国政党の地域支部と共に、従来は無所属議員の緩やかな会派から地域に根付いた政治集団としての地域政党の形成が必要になり、その政策能力の開発が不可避となるであろう。すでに述べたように、2006年以後、議会主導で議会基本条例の制定が進んでいる。しかし、自治体議会において地域の政策課題のための政策条例を作るのは、容易ではない。これは、自治体議会や個々の議員の政策能力の問題ばかりでなく、自治体における政治行政の自由度を拡大するための改革が不可欠であるからである。

〈参照文献〉
金井次郎（2007）：「議会運営の実態から見た問題点」『月刊　自治研』2007年1月号
神奈川ネットワーク運動、2002：『未来への責任』
─── （2004）：『神奈川ネットワーク運動20周年記念誌　ローカルパーティの20年「それって、政治だよ」』
─── （2005）：『神奈川ネット憲章』
『神奈川のワーカーズ・コレクティブ　ワーク時間調査報告書』、2006
自治体議会改革フォーラム編（2007）：『変えなきゃ！　議会「討論の広場」へのアプローチ』（CIVICS 市民政治3）生活社
篠原一（2005）：『市民の政治学──討議デモクラシーとは何か』岩波新書
須田春海（2005）：『市民自治体──社会発展の可能性』生活社
「全国自治体議会の運営に関する実態調査2007　集計結果（2007.3.13）」（自治体議会改革フォーラム HP：http//www.gikai-kaikaku.net）
「全国自治体議会の運営に関する実態調査2008」（自治体議会か改革フォーラム・朝日新聞共同調査 http//www.gikai-kaikaku.net）
全国市民政治ネットワーク・ローカルパーティ研究会（2006）：『ローカルパーティで政治を

第8章　日本における自治体政治の活性化　191

変えよう！』
東京・生活者ネットワーク（2003）：『東京・生活者ネットワークのよびかけ　基本政策』
───（2004）：『都政を変える　生活者ネットワークのしごと　2005年度版』
坪郷實編（2003a）：『新しい公共空間をつくる──市民活動の営みから』日本評論社
───編（2006b）：『参加ガバナンス──社会と組織の運営革新』日本評論社
坪郷實（2003b）：「地域政治の可能性」坪郷、2003a 所収
───（2006a）：「地域政治の変容と地域政党『生活者ネットワーク』」現代生協論編集委員会『現代生協論の探求　理論編』コープ出版
───（2007a）：「参加ガバナンスから『市民と自治体の関係』を考える」『ガバナンス』4月号
───（2007b）：『ドイツの市民自治体──市民社会を強くする方法』（CIVICS）生活社
西尾勝（2007）：『地方分権改革』有斐閣
橋場利勝・神原勝（2006）：『栗山町発　議会基本条例』公人の友社
松下圭一（1999）：『自治体は変るか』岩波新書、1999年
───（2006）：『現代政治・発想と回想』法政大学出版局
「連載　議会改革リポート［変わるか！　地方議会］」（千葉茂明）『月刊　ガバナンス』
『生活者通信』東京・生活者ネットワーク
『NET』神奈川ネットワーク運動
Bogmil, Jörg/Lars Holtkamp（2006）, *Kommunalpolitik und Kommunalverwaltung. Eine policyorientierte Einführung,* Wiesbaden.
Knemeyer, Franz-Ludwig（1999）: Gemeindeverfassung, In: Helmut Wollmann/Roland Roth（Hrsg.）, *Kommunalpolitik*, Opladen, 104-122.
Tsubogo, Minoru（2007）: Die Dezentralisierungsreform in Japan und die Seikatsusha-Netzwerke, *Zivilgesellschaft und lokale Demokratie, Vol.2, 05/2007, Arbeitspapiere des Institutes für Politikwissenschaft und Japanologie, Martin-Luther-Universität Halle-Wittenberg.*

〈注〉
1）　本章の2節は、坪郷 2003b；坪郷 2006a に基づきながら再編し、新しい論点やデータを補強改定したものである。なお、本稿は、科学研究費基盤研究(c)2006～2008年（課題番号18530101）「日本とドイツにおける市民自治体と市民活動ネットワークについての比較調査研究」の成果の一部である。

第9章
古くて新しいローカリズム
―― ドイツにおける非政党系自治体有権者グループの役割と重要性

マリオン・ライザー／エヴェルハルト・ホルトマン

1 その実際の勢力と研究を導く問い

　1945年の第2の民主主義の建設以来、非政党系の自治体有権者グループ（KWG：地域政党）はドイツにおけるローカルな政党システムの、確固たる構成要素である。もちろん、それらはドイツのすべての州において同じ強さであったわけではないし、現にない。伝統的に、それらはバーデン＝ヴュルテンベルク州やバイエルン州に地域的な拠点がある。ドイツ統一後、東側の5つの州のうち4つも同様に、その拠点となっている。いくつかの州では得票率や議席数において自治体内で相対的に最も強い政治勢力となっている。しかしながら、その長期的な発展の経路は、常に上向きだったわけではない。1970年代には、先立って行われた自治体の領域再編［合併］によって、著しい後退を被った。しかし、最近の20年間では注目に値する躍進を遂げている（図9-1aおよび図9-1bを参照）。

　その間、KWG はその南西ドイツの伝統的な拠点だけではなく、かつて制度的な枠組み（自治体内の阻止条項や拘束式候補者名簿）が非政党系グループの成功の機会を制約していたヘッセン州やノルトライン＝ヴェストファーレン州においても、自治体議会により多くの代表を送り出すようになった（Reiser/ Redemacher/ Jacke 2008；Goehlert et al. 2008；Holtkamp/ Einer 2006参照）。東ドイツにおいても KWG は1990年以来の民主的な政党システムの形成段階において、それが自明であるかのように広範囲に定着していった。西ドイツから東ドイツ

第9章　古くて新しいローカリズム　193

図9-1a　1990年以降の新連邦州におけるKWGの得票率の変遷

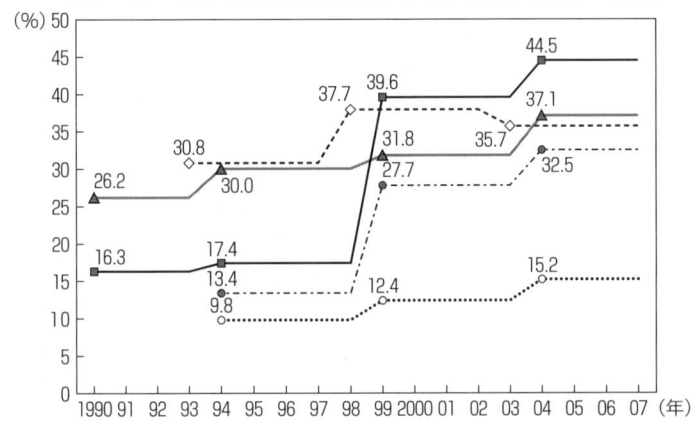

凡例：
- --◇-- ブランデンブルグ州
- ……□…… ザクセン＝アンハルト州
- --●-- ザクセン州
- ──▲── メクレングルク＝フォアポンメルン州
- ──■── チューリンゲン州

データ点：
- 1990: 26.2, 16.3
- 1993/94: 30.8, 30.0, 17.4, 13.4, 9.8
- 1998/99: 37.7, 39.6, 31.8, 27.7, 12.4
- 2003/04: 44.5, 37.1, 35.7, 32.5, 15.2

出典：Wahldatenbank des Projekts A6 im SFB 580（Jena/ Halle）

図9-1b　1990年以降の旧連邦州におけるKWGの得票率の変遷

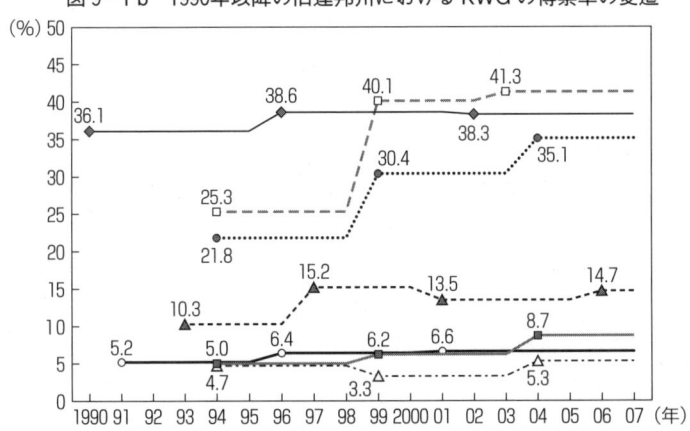

凡例：
- ──◆── バイエルン州
- --□-- バーデン＝ヴュルテンベルク州
- --▲-- ヘッセン州
- ──■── ノルトライン＝ヴェストファーレン州
- ──○── ニーダーザクセン州
- …… ラインラント＝プファルツ州
- --△-- シュレスヴィッヒ＝ホルシュタイン州

データ点：
- 1990: 36.1, 5.2
- 1993/94: 25.3, 10.3, 5.0, 4.7
- 1996/97: 38.6, 15.2, 6.4
- 1998/99: 40.1, 30.4, 6.2, 3.3
- 2000/01: 38.3, 13.5, 6.6
- 2003/04: 41.3, 35.1, 8.7, 5.3
- 2006/07: 14.7

注：ザールラント州ではKWGの得票率が非常に少ないので、表わされていない。
出典：同上

への制度移転の一部分となっていた政党（再）編成の過程に付随して、地域的レベルを超えた、組織的な関与や、人的・物的な移転支援が行われていたが、KWGの定着は明らかに、それらなしに起きたものであった。

　これらの非政党系有権者グループが東西ドイツの自治体レベルにおいて重要な政治勢力であることは明白である。それらは自治体の領域において、競合する地域の政党にとっては、真剣に相対するライバルである。また、KWGは自治体の政党システムにおいて成長要素であるというだけでなく、政治学的な研究テーマとしても重要である。自治体政治研究の現在進行中の国際比較はその最初期からそれらを取り扱っている。なぜなら、そのようなグループは、多くのヨーロッパ内外の諸国において、自治体のガバナンスにおける典型的な要素を体現しているからである（Reiser/ Holtmann 2008参照）。他方、政党の変容に関する研究の視点からは、とりわけ以下のような問いが立てられている。自治体の政党システムの脱編成化傾向の中で、KWGの選挙での躍進に伴って現れた、自治体議会の断片化の進行は、政治システムのあらゆる領域において活動する政党が、今や自治体選挙においても、顕著にそして継続してその統合力を喪失していることを示しているのではないだろうか、というものである。このような文脈で興味深いのは、KWGが目下享受している高い政治的ブームは、長期にわたってひろまった政治嫌い、政党嫌い（Fürnberg/ Holtmann/ Jaeck 2007；Pähle/ Reiser 2007参照）や、それにともなう既成政党の支持喪失、そして、もしくはそれらの組織的弱さ（Reiser 2007）によるものなのだろうか。より正確にいえば「非政党」というラベルのもとで、自治体レベルでの政党システムの新たな拡散が予告されている、あるいはそれはすでに起こっているのだろうか。一方では、自治体議会において、それぞれの議員が自治体のアリーナ［舞台］の中へ、「社会的選択」、すなわち自らの利益と他者のそれ、及び公共の福祉の間の調整の努力から自由に、自身の地域的な特殊利益を、（再び）より強力に、押し出しているのだろうか。また他方では、KWGは、全般的な抗議投票の大波によって、支えられているのではないだろうか。それは、既成政党の人気の後退をもたらし、他のいくつかのヨーロッパの国では、はるかに強力な右翼急進主義あるいは右翼ポピュリズム的な「反政党的政党」「反シス

テム政党」の自治体レベルでの出現をもたらしている（Bogason 1996；Mudde 1996；Ivarsflaten 2005；Coffé/ Heyndels/ Vermeer 2007参照）。

　以下の叙述では、われわれは、KWGの一般的な発展の足跡とその躍進の理由の後で、上記の問題を部分的にのみ取り扱うことができる。確かに、われわれの注意はどうしても「支持」の次元へと向けられてしまう。すなわち、KWGの地域における選挙での成功についてである。どこで、そしてどのような理由で、有権者グループはその得票を増加させてきたのであろうかといったような側面である（詳しくはReiser/ Rademacher/ Jaeck 2008を参照）。しかしながら、上述の問題が示すのは「供給」の次元である。そもそも、有権者はどのような非政党系の選択肢を持っており、それはどのように生じるのであろうか。どこで有権者は非政党系の候補者に投票できる可能性があるのだろうか。どこのまちでKWGは組織として存在し、自治体の選挙に出馬するのであろうか。そのような非政党系の組織はどのような原因やきっかけに基づいているのだろうか。どのような考えや動機から、行動的な市民は、政党ではなく有権者グループに関与するのだろうか。これらの問題を、われわれは以下で取り上げる。それによって有権者グループは、まずは理論的あるいは概念的に、すなわち研究対象の定義及び類型化に関して、及びその構造変化がどのような理由でどのように現れるかに関して整理される。それから、方法論的な点を説明する。引き続いて、われわれは長期的な視野から選びだした事例の経験的な調査結果を紹介する。それは有権者グループの展開、その創設及び立候補のきっかけである。

2　定義、類型化、成立条件そして自治体の非政党系有権者グループの構造変化

　この研究の枠内では、自治体の有権者グループはある地域に集中し、そのローカルな政治の媒介となる利益団体として定義される。それは、自治体選挙に代表者を出し、政党法の意味における政党ではないものである（Reiser 2006参照）。消去法的な定義を使えば、非政グループは二つの点で他と区別され

る。有権者グループは第一に政党法の意味における政党ではなく、そして単一の立候補者でもない。自治体選挙において「候補者名簿を作成可能」な程度には、確かにフォーマルな政治組織であることがKWGの構成要素であるとみなされる。

　近年の自治体選挙では非政党グループの候補者は全部で自治体の73％で立候補し、自治体レベルの全投票数の3分の1を超える35.5％の得票を得ている。選挙のたびに以前の自治体選挙よりも、領域的にも密になり、代表される数においても成功している。確かな上昇傾向にもかかわらず、上述した通り、州によってその得票率はさまざまである。これまで、KWGの得票率のばらつきは様々な条件の差に帰せられてきた。ここでは、自治体での投票行動、特に有権者グループの結果に主な影響を及ぼすと推測される4つの要素を議論する（Holtkamp/ Eimer 2006；Holtkamp 2007；Reiser/ Rademacher/ Jaeck 2008参照）。伝統と政治文化、選挙法のような制度的要因、さらに政治グループの組織化の程度、及び構造的要因である自治体の規模、都市化の程度である。

　別の研究では（Holtkamp/ Eimer 2006；Naßmacher 1996；Glemser 2000；Schoon 2001参照）、逸脱投票の一部として有権者グループの分析が取り上げられた。そこでは統計局によって刊行される州や郡の統計的選挙データが使われた。それによって自治体選挙の分析が、州議会選挙や連邦議会選挙と同様に扱われるようになった。しかしながら、この先行研究では、自治体の選挙が地域的な個々の出来事の集合であり、個々の自治体で様々な候補者間の競争が存在しているという事実を見過ごしている。実際、分析的及び経験的に、自治体選挙における立候補という供給の次元（*supply*）、および自治体選挙の結果という成功（支持の獲得）の次元（*support*）、の間の区別がされていない。それゆえこれらの研究では、有権者グループの成長を地域的な影響力の拡大や自治体における非政党系グループの増加及び選挙への参加に帰するべきなのか、それともKWGの選挙での成功はより多くの選挙民が投票しているからなのかということが、明らかにされていないままなのである。

　2004年に始まったわれわれの研究プロジェクトで構築された自治体の選挙データバンクは、ローカルな政治の現状の「地形図」をずっと正確に示してい

第9章　古くて新しいローカリズム　197

る。そしてそれは投票の見込みと投票の成功を差別化することを可能にしている（詳しくは3節）。われわれは当初、非政党系グループの政治的な強さの地域的分散に対して、制度的枠組み条件が説明力を持つ可能性に着目してきた。有権者グループの実際の存在の有無に対する説明要素の多変量解析（以下の詳細は Reiser/ Rademacher/ Jaeck 2008参照）は、実際の制度条件が自治体有権者グループの存在に何ら影響を与えていないことを示している。これまでの分析（Hamberger 1966；Mielke/ Eith 1994；Czarnecki 1992；Naßmacher 2001）とは異なって、累積投票もしくは分割投票についても、阻止条項の存在についても、実際の KWG の出現に対して作用はしてなかった。これまでに挙げられてきた状況的要素については、われわれの分析では一貫した結果を得られなかった。一方では都市化の程度は KWG の存在に何の影響も与えていなかった。自治体の規模については、KWG は何よりも小さい自治体において拠点を持っているとする仮説（Wehling 1991；Bovermann 2002；Holtkamp 2007）とは、むしろ異なる研究を調査結果は正しいと認めた。われわれが示しうるのは、前々回の選挙及び前回の自治体選挙において、自治体の大きさは KWG の存在と強い正の関係を示しているということである。政党の組織率は KWG の存在と強い負の関係を示す。そしてそれは前回の選挙よりも前々回の選挙において確かである。伝統と地域の政治文化は結局のところある程度の影響を自治体の有権者グループに与えている。その影響は時とともに低下しているが、ドイツではかつては様々な種類が存在した自治体制度は、前回の選挙よりも前々回の選挙において強く影響を与えている。南ドイツの市町村議会制と（その時までに北ドイツの市町村議会制と替わり北西ドイツにおいても存在するようになった）ヘッセン州や、シュレスヴィッヒ＝ホルシュタイン州の自治体で実施されていた参事会制の間では実際上有意な違いはなかった。その効果は政党の組織化の程度と結びついていたからである。これまでの研究と一致するのは、KWG の存在とその選挙における成功が、かつて南ドイツ型の市町村議会モデルではなかった、旧連邦州において少ないという点である。それとは逆に、制度的条件に影響された、東ドイツに特別な伝統は、ようやく発展してきたように見える。それは、前々回の選挙については何の影響も与えておらず、前回の選挙において強い正

の関係を示しているためである。

　しかしながら、この認識は、いくつかの連邦州における最近の自治体選挙にのみ関係している。KWGの勢力は長期的にはどのように変化してきたのだろうか。そして時の経過とともに、どのような更なる変化が現れるのだろうか。どこで、そしてどのような条件下で自治体選挙に有権者グループは立候補してきており、現に立候補しているのだろうか。

　有権者グループの立候補と密接に関わるのは、非政党系グループの成立のきっかけと創設の動機の問題である。自治体の有権者グループの成立のきっかけを区分する最初の類型化はヴェラ・リューディガー（Rüdiger 1966：155；Stöss 1983：2404ff. も参照）の以前の研究に見られ、7つのタイプへの類型化がみられる。それは、①戦争の被害者と新市民［第二次世界大戦後に東ヨーロッパ諸国から追放されたドイツ人］の結びつき、②部分的に以前のナチスや攻撃的なブルジョワ政党に参加していた人たちの、中間層の利益の擁護という立場への統合、③通常は「右派的な傾向」をもつブルジョワ政党などの、政治的なふるさとがなくなった人々のたまり場、④かって禁止されたKPD（ドイツ共産党）のメンバーだった人たちが参加した有権者グループ、⑤個人的な政治的動機による連合、⑥反社会主義的な政治的目的同盟、⑦統一候補者名簿である。

　この類型化が1950年代のヘッセン州の自治体の分析に基づいているのに対して、ベッカーとリュター（Becker/ Rüther 1976）により展開された類型化は、その一般的な有効性が主張されている。ベッカーとリュターは有権者グループを3つの主なタイプに区分している。第一の区分は、政党が参加していない自治体における「前政党的現象」である。第二のタイプは「議員を送り出しているただ唯一の政党、もしくは支配的な政党に対する対抗候補者名簿」として結成された有権者グループである。第三のタイプは、政党に満足していない、もしくは他の有権者連合に自らの考えが代表されていないと感じている、地域の住民による候補者名簿である。こういった候補者名簿は「政党に対する意識的なオルタナティヴ」もしくは「とりわけ地域における政党の欠如を補うもの」として発生しうる。（Ebenda：294f.）

　基本的に1960年代から1970年代の類型化は、たとえばシュテース（Stöss

1983：2404）の以前の研究状況の要約のように、「有権者グループの利益的特徴」を強調している。それらは KWG が「（実際的な利害、私的な利益あるいは双方の）具体的な関心を担っており」、それが典型的には党派を超えた、あるいは自治体の公共の福祉のためといったイデオロギーの中に埋め込まれているということを示している。有権者グループの多様性にもかかわらず、古典的な非政党有権者グループの担い手である手工業者や商業、製造業者などの古い中間層の保守的な利益がこれらの具体的な関心や要求の中に幅広く反映されていたのである（Luckmann 1970；Holtmann 1989同1992参照）。

　1980年代以来の有権者グループの得票率の上昇はホルトマン（Holtmann）によると、有権者グループの構造変化にその原因がある。社会文化的な変化の新たな傾向、及び経済成長の目標とインフラ整備の大規模事業が地域における生活環境に与える影響に対する感度の上昇といったエコロジー的な志向の間での根本的な紛争の相互に組み合わさった影響により、小さな自治体における利害紛争も増加したのである。このテーゼによると、このような紛争のスポークスマンは、今やしばしば高い教育水準と脱物質主義的な志向をもった新たな市民であった。「新たな非政党系候補者名簿が出現している。それは伝統的な FWG（非政党系有権者グループ）の古い中間層の保守的な綱領と社会的プロフィールとは明白に一線を画し、ローカルな政党政治にはるかに実践的に関与している」（Holtmann 1992：21）。

　それゆえ、この新たなタイプの有権者グループにおいては、既成政党と対する形で政治化の可能性が形成される。この構造変化テーゼは最近ではホルトカンプとアイマーの研究（Holtkamp/ Eimer 2006）おいて確認されている。それによるとバーデン＝ヴュルテンベルク州及びノルトライン＝ヴェストファーレン州において1972年以降に結成された KWG は、結成のきっかけとして主に二つあることが示されている。それは、一つは大規模プロジェクトに対する抗議であり、もう一つは紛争を理由とした別の会派からの市会議員の離脱である。これに対し1972年以前に結成された、バーデン＝ヴュルテンベルク州の「古い」有権者グループは何よりも、中間層の主導によって作られたものであった（Holtkamp/ Eimer 2006参照）。

東ドイツの有権者グループについてはナスマッヒャー（Naßmacher 1996）がその定性的な研究において、その結成の三つの主な要因を挙げている。第一に市議会の「既成会派」からの分離による発生であり、第二に首長の「支持団体」としての新たなグループの結成であり、第三に地域的な不満に対する反応のような、地域的な政党嫌いの表現としての KWG である（同書183ff.）。

実際に存在する様々な KWG の多様性に対応した類型化のためには、どのように全ドイツの連邦州における有権者グループの発生原因は分類されているのだろうか。そしてそれは時の経過とともにどの程度変化してきているのだろうか。こういった点を、われわれは以下で描き出したい。われわれの理論的な理解によれば、ローカルな領域において、ある議員が政党ではなく有権者グループに関与することになるきっかけや動機などのアクターの次元は、発生要因や設立のきっかけなどの構造的な側面と密接に結びついている。

有権者グループの地域における勢力についての研究結果は、1990年以降のドイツの連邦州における自治体選挙の自治体ごとの詳細なデータを利用することによって得られた[1]。バーデン＝ヴュルテンベルク、ヘッセンそしてニーダーザクセンの三つの州については、1977年の最初の選挙以降のデータを援用している。近年では KWG の選挙での成功の展開をめぐる参照点として、より長い時間的枠組みが使われる[2]。自治体の有権者グループについてのわれわれのプロジェクトは、ハレ・ヴィッテンベルク大学の特別研究領域580（イェーナ／ハレ）の大規模研究プロジェクトの中の部分プロジェクトとして位置づけられた。その枠組みの中で、それぞれの連邦州において立候補したグループに分配された得票および議席率が、全ての自治体について確定した。それによってはじめて、自治体ごとのある与えられた候補者集団の複数の州にまたがる分析が可能となったのである。分析単位は個々の自治体である（N＝11,302自治体）。

KWG 結成のきっかけ及び有権者グループへの参加についての分析は、広範囲に及ぶ電話を使った二度のアンケートに基づいている（CATI）。それは2005年及び2006年に研究プロジェクトの枠内で実施された。両方の電話アンケートは階層化された無作為抽出によって選ばれた548の市及び自治体議会、そして94の郡議会に対して実施された。最初のアンケートで対象となったグループは

全て自治体有権者グループの議員であった（4,085議員、回答率69％）。第二の電話アンケートにおいて対象となったグループは、それらの自治体における有権者グループおよび政党の会派代表者であった（2,295人、回答率80％）。それはドイツのローカルな政治の研究において自治体議員に対するアンケートとしてはこれまでで最も大規模なものであった。

3 ドイツにおける有権者グループの地域における勢力の拡大

　自治体選挙における有権者グループの存在はどの程度なのであろうか。どの自治体で市民は非政党系候補者名簿に投票することができるのだろうか。非政党グループへの参加は時の経過とともに変化しているのだろうか。第2節で説明したように、1980年代以来、伝統的な古いタイプの自治体有権者グループのほかに、綱領上の目標、政治スタイル、自己理解において他と異なる新たなサブタイプが生じている。そのような複数の有権者グループが参加している自治体における「新しい」KWGと「古い」KWGの対照は、地域における競争状況に一致した変化を起こしているのだろうか。

　まず、われわれのデータは、非政党系グループが全国的に、ドイツの全ての州において存在し、自治体選挙に参加していることを確認した。2001年から2004年の間に実施された自治体の選挙においてほぼ4分の3（73％）の自治体で、少なくとも一つの有権者グループが候補を立てている。しかし、それは明らかに地域差がある。例えばラインラント＝プファルツ州で有権者グループが少ない理由として、市町村合併が行われず、多数決選挙制（訳注：基本は比例代表制であるが、候補者名簿が提案されず、個人候補者しか立候補しない場合、得票数の多い候補者から議席を獲得する）が実施されるという制度的要因がある。

　以前の選挙と比較すると、有権者グループの存在する割合は全体として増加している。この上昇の程度もまた、州によって明白に異なっている。

　文献において支配的な、有権者グループは小規模自治体にその重心があるという、証明されたように見える仮説（Holtkamp 2007；Wehling 1989；Bovermann 2002を参照）に反して、多変量解析の結果（詳しくはReiser/ Rademacher/ Jaeck

表1-1 最低でも一つの有権者グループが存在する自治体の割合

	選挙年	割合	選挙年	割合
バーデン=ヴュルデンベルク	1994	90.0	2004	89.2
バイエルン	1996	96.0	2002	94.4
ヘッセン	1993	74.7	2001	83.2
ニーダーザクセン	1996	62.7	2001	62.0
ノルトライン=ヴェストファーレン	1999	66.3	2004	72.6
ラインラント=プファルツ	1994	41.9	2004	38.3
ザールラント	1994	74.1	2004	58.6
ブランデンブルク	1993	58.5	2003	91.7
メクレンブルク=フォアポンメルン	1994	62.1	2004	72.8
ザクセン	1994	91.7	2004	90.0
ザクセン=アンハルト	1994	59.4	2004	73.8
チューリンゲン	1999	82.0	2004	84.4

出典：独自調査

2008）は、自治体が大きければ大きいほど、候補者間競争における有権者グループの存在する割合が高くなるということを示している。人口1000人以下の自治体のほぼ半分（47％）で、2001年から2004年の間の選挙に有権者グループは一つも参加していない。これは何よりも、小規模自治体の多くで自治体選挙は比例代表制によって行われず、多数決選挙制によって行われていることによって説明される。これに対して、他のより大きな規模の場所では全て、KWGの存在する割合は明白により高いものになっている。人口が1000人から10万人までの自治体の85％で、人口10万人以上の都市及び、郡議会選挙では、全体の93％のケースで有権者グループが選挙に参加している。

1993年から1996年の間に実施された選挙を比較基準として援用すると、自治体選挙における有権者グループの存在する割合が、より大きな都市において増加していることが明らかになる。観察したすべての規模の自治体において1993年から2006年の間、有権者グループの存在する割合は、上述した大都市及び郡レベルでの増加を例外として、むしろ低下している。

いくつかの州（バーデン=ヴュルテンベルク、ヘッセンおよびニーダーザクセン）を選りわけて観察すれば、1970年代末以後の時系列における自治体選挙での異

なった姿を描くことができる。ここでは明らかに勢力の拡大がみられ、この拡大は小規模自治体よりも大きな都市で明らかに強くみられる。自治体有権者グループの伝統的な拠点であるバーデン＝ヴュルデンベルク州では1980年から2004年の間に、小規模自治体（＋11％）よりも、より大きな都市で（＋18％）、幾分多く増加している。

全体像として、ドイツの東部においても西部においても時間の経過とともに自治体選挙における有権者グループの勢力が明らかに拡大してきたということが判明した。その際、拡大は、とりわけ中規模そして大都市、および郡レベルと比べると小規模自治体では小さくなっている。

ここまでは、そもそもどの位の自治体で市民が非政党候補に投票できるのかということを描写してきた。そこでここでは、自治体ごとの有権者グループの数についての問題を立てる。自治体ごとにいくつかの有権者グループが参加し、有権者の票をめぐって競合しているというところに、様々なタイプの有権者グループの差異化がおそらく現れているのではないだろうか。2001年から2004年にかけての自治体選挙への立候補に関するわれわれの分析は、自治体ごとの有権者グループの数は0から15の間で変動しているという結果になった。半分の（49.6％）自治体では一つの有権者グループが候補を立て、14.6％の自治体で二つのKWGが、8.8％の自治体で三つ以上のKWGが競合している。自治体ごとのKWGの数も明らかに地域的な違いがある。

平均値が最も高いのはブランデンブルク州で、そこでは自治体あたり平均して2.5のKWGが候補を立てている。ブランデンブルク州の自治体の70％で、2つ以上の非政党系グループが参加している。候補者名簿の多様化は、何よりもまず、その前に実施された自治体の領域再編［合併］によって説明される（Hoffmann 2002参照）。多くの非政党グループが、合併された村や地区の利害をめぐって活動しているのである。

一般的な傾向として、KWGの広まる度合いだけでなく、自治体ごとの有権者グループの数についても時間の経過とともに増加が見られる。バーデン＝ヴュルデンベルク州では1980年には複数のグループが存在している自治体は一つもなかったが、1994年の自治体選挙以後、6分の1の自治体で2以上の非政党

グループが競合し、自治体ごとのKWGの数の平均値は1から1.2へと上昇した。同様の展開は他の州でもみられる。ニーダーザクセン州のみは、相変わらず自治体あたり最大で一グループが参加しているにすぎない。自治体ごとの立候補の数は、バイエルン州とザールラント州においても一定の値に留まっている。

メクレンブルク＝フォアポンメルン、ザクセン＝アンハルトおよびチューリンゲンの東ドイツ諸州では、1994年の自治体選挙以来、自治体ごとの候補を立てた有権者グループの数は変わっていない。ブランデンブルク州では、すでに述べた領域再編［合併］の影響により、自治体ごとのKWGの増加が確かめられている。そこでは、再編によって自治体の数が1,477から435へと減少したが、有権者グループの数は安定しており、候補を立てたKWGの平均の数を1998年の1.1から2003年の2.5へと明らかに押し上げた。同様の展開がザクセン州においても示されている。

自治体の規模による違いとして、人口1,000人以下の小さな自治体では、平均して1.3に対し、その他の規模の自治体では自治体あたり1.6の有権者グループが参加している。

有権者グループが存在する自治体の割合が西ドイツの自治体では1970年代から、東ドイツの自治体でも1990年代以降、明らかに上昇していることが確認できる。この傾向は有権者が非政党候補者名簿に投票できる自治体の数の増加においても、自治体ごとのKWGの数の増加においても現れている。その際、成長は、第一により大きな自治体や都市で起こっている。それゆえに、今日ではもはや、KWGは小さな自治体において主要な現象ではない。むしろそれは、より大きな自治体において、より強力に勢力を増しているのである。

4　自治体の有権者グループ結成のきっかけと動機

つぎに、どのようなきっかけと動機から有権者グループは結成されるのだろうか。そして、結成の目的は時間の経過とともに、どの程度変わりうるのだろうか。その際、ドイツの有権者グループの大部分は、平均して20年以上生き残

ってきた長命な組織であるという点を考慮するべきである。西ドイツの自治体では、KWG は平均的に1982年からすでに存在し、1983年から議会に議席を持っている。特に、バーデン＝ヴュルデンベルク州（1976年以来）およびバイエルン州（1978年）のような伝統的な KWG の拠点では、1980年代

表9-2　KWG の結成年（％）

	東ドイツ	西ドイツ	全　国
1960年以前	-	15.9	12.3
1961－1970	-	6.3	4.8
1971－1980	-	18.8	14.6
1981－1990	24.0	23.8	23.8
1991－1995	18.9	14.0	15.2
1996－2000	20.8	11.3	13.5
2001年以降	36.3	9.8	15.8

出典：独自調査

の終わりには非政党系グループが強固に定着している。

　東ドイツでは、有権者グループは平均して1997年に結成され、1998年以降、議会に進出している。結成への動きは、多くの自治体で統一後ある程度のインターバルをおいて続いている。それでもほぼ45％のグループが体制転換直後に発生している。

　主に有権者グループは自治体選挙の前年にその選挙に参加するために結成される。しかし、実際のきっかけ及び動機は何であり、それはどの程度、時間の経過とともに変化するのであろうか。

　548の市と町村の議会及び94の郡議会の有権者グループの結成理由についてのアンケートデータから明らかになるのは、KWG 結成の大部分（82％）において、自治体レベルでは政党政治（それは主観的には「イデオロギー」や「上からの」コントロールと同一視される）ではなく、実用政治（*Sachpolitik*）が重要であるべきだという結成者の自己の役割に対するイメージが中心的な結成理由であることだ（表9-3）。また、多くの有権者グループはそれぞれの自治体議会における政治的な状況への反発として結成されている。11％の非政党系グループは、それぞれの自治体において自治体選挙に参加する政党が存在しない、あるいはしなかったために結成された。これは小規模自治体において顕著であり、ほぼ4分の1（23％）の KWG がそれゆえに結成されている。その他の点では、有権者グループの結成年との関連がある。平均して多いのは、第一に1970年以前に結成された西ドイツの小さな、政党のない自治体における有権者グループで

表9-3　KWG の結成のきっかけと動機

どのような理由あるいはきっかけからあなたのKWGは結成されたのですか？	全国	東	西
議会に候補を立てるようなグループがほかになかったから。	11.6	14.6	10.8
硬直化した多数派状況を打ち破るため	62.6	56.2	64.3
唯一のもしくは支配的な政党に対する対抗候補者名簿としての結成	46.5	40.8	48.1
既存の政党もしくはKWGの分裂としての結成	13.2	9.0	14.3
議会においては政党政治ではなく実用政治が重要だから。	81.5	82.5	81.2
（例えば会派拘束のような）議会における意思決定での拘束の拒絶ゆえに結成	55.2	45.8	57.7
特定の住民グループの利益代表のため	49.6	62.0	46.2
特定のテーマの利益代表のため	55.1	64.7	52.5
大規模プロジェクトへの異議申し立て	6.8	12.0	10.9
東ドイツのみ：旧ブロック政党の順応的なふるまいに対する異議申し立てから		34.0	

（N＝2339）データベース：独自アンケート

ある（49％）。次に多いのは、1989年から1995年にかけて東ドイツの小規模自治体において結成されたKWGである（35％）。東ドイツの小規模自治体ではしばしば、政党や古典的な有権者グループが存在しないため、消防団やスポーツクラブ、愛郷者協会などの地域の団体が、自治体選挙において独自の候補者名簿を結成しているのである。

有権者グループの結成への別の刺激として、それぞれの自治体における唯一の、あるいは支配的な政党に対する対抗候補者名簿を立てようとする動機があげられる。西ドイツのKWGのほぼ半分、そして東ドイツの非政党系グループのほぼ40％がこの対抗的な動機から結成されている。近年の自治体選挙では、ドイツの自治体の17％で、ただ一つの政党しか選挙に参加しない。この結成理由は、しかしながら、時の経過とともに、重要性を減少させている。それは、1960年代の55％から2001年以降結成されたKWGの43％にまで低下している。

逆に、自治体議会における「硬直化した多数派状況」をこじ開けようとする希望は増加しつつある。この理由を挙げたのは1960年以前に結成されたKWGでは45％だったが、2000年以降に結成されたKWGでは72％になっている。

このような構造的に決定された動機のほかに、地域における政党、そして自治体政治一般に対する不満も、有権者グループの広まっていった結成の動機であった。

13％のKWGはまた別のモデルを示している。それは会派すなわち政党内対立の反動として、古い会派ないしは政党から分離したものである。それらは新たな現象であるが、ますます重要なものとなりつつある。この理由によるKWGの結成は1970年までは3.7％に過ぎないが、1980年代以降、15％にまでなっており、大都市ではほぼ30％になる。加えて、KWGの半分以上（55％）が議会における政党の政治スタイルの拒絶を有権者グループ結成の動機として挙げている。ここで批判されるのは「党議拘束」などの自治体議会における意思決定の方法である。この結成理由は、時が過ぎてもその重要性を変えていない。政党の政治スタイルから距離をとることは、とりわけより大きな都市においてその役割を果たす。人口5,000人以下の小さな自治体ではKWGの3分の1が反政党感情から結成されたが、より大きな都市においては3分の2以上のKWGが結成に至っている。この違いの背景として、小規模自治体の議会における意思決定が、調和民主主義的であり、したがって会派の規律も比較的弱いという点が挙げられる（Reiser 2006参照）。

東ドイツでは最近の過去を克服しようとする動機が結成理由となっている。東ドイツの自治体におけるKWG結成の重要な動機（34％）は、かつてのブロック政党の体制順応から自らを区別する必要である（詳しくは5節参照）。

構造的な理由、および政党の政治スタイルや行動に関連した動機に加えて、第三の結成理由は、特定の住民グループの利益代表あるいは特定のテーマへの選好である。利益代表という動機はほぼ2分の1のKWGの結成において重要であり、時の経過とともにますます重要になってきている。実際、60％以上のケースで挙げている。

さらにKWGは、具体的な利害状況から生まれる。しばしば挙げられるのは（20.8％）、個々の地域を自治体議会において代表することである。西ドイツの自治体では、とりわけ1970年代及び1980年代において、自治体の領域再編が多数の合併をもたらしたために、このことが重要な結成のきっかけとなった。

当時の有権者グループの目的はたいてい「村の利害を自治体の領域再編後も引き続き代表すること」であった（特に論争的な事例について Holtmann/ Killisch 1991を参照）。1990年代以降、この動機は西ドイツではもはや重大な役割を果たさないが、東ドイツにおいてその重要性を増している（50%）。それに加えて、それまで過少代表だと考えられてきた、高齢者や若者、女性、外国人など、特定の住民グループの代表が存在する（30.2%）。

しばしば、結成の動機は政策次元において位置づけられる。この場合、具体的なローカルなテーマや問題がKWG結成のきっかけである。これは平均すると、西ドイツの大都市及び東ドイツにおいてしばしば発生する。時の経過に伴い、特定のテーマをきっかけにしたKWG結成は、ますますその重要性を増している。1970年代までは特定の地域問題は3分の1弱のKWG結成において決定的であったに過ぎなかったが、1980年代以降3分の2を超えるまでになっている。その際、主に二つのテーマが決定的に重要である。3分の1を超える（35.5%）KWGが中間層の選好を代表するために結成されている。これは伝統的な非政党グループの拠点である。バイエルン州およびバーデン＝ヴュルデンベルク州において、とりわけ特徴的である。他方、近年の環境問題のテーマはこれらの地域ではほとんど問題とならない。この問題は1970年代以降、KWGの結成に際して主要なテーマである。

有権者グループの10分の1は大規模プロジェクトに対抗する反対同盟をつくるために結成されている。この結成理由は1970年代の終わりまでは散発的にみられる程度であったが、1980年代から1990年代にかけて変化していった。このような大規模プロジェクトとしては交通計画や廃棄物処理場などの建設計画などが挙げられるが、産業地域における立ち退き命令への抗議などのかたちをとることもある。西ドイツの都市とは異なり、東ドイツの自治体ではこのような単一争点型のグループはほとんど結成されない。

全体としては、たいていの有権者グループの結成において、いくつかの動機やきっかけが同時に当てはまるということが明らかになっている。その場合、結成理由の間の優先順位は年を経るに従って変化してきた。

KWGの結成に際して、自治体議会では政党政治ではなく実用政治こそが重

要であるとのイメージは、相変わらず重要である。このような結成時の立場から、KWG は相変わらず政党への意識的なオルタナティヴもしくはその補足として、もっといえば地域における政党の存在の欠如を理由として結成されている。

5 自治体有権者グループに参加する議員の動機

有権者グループの結成理由と密接に結びついているのが、政党ではなく自治体有権者グループに参加することを選んだ議員の動機である（N=2,299）。以下の分析では KWG 議員を三つのサブグループに分類している。最初の、そして76％と最大かつ最重要のグループ（N=1,739）は、その有権者グループへの参加の以前、及びそれと並行して政党員であったことはなく、むしろはじめから有権者グループへの参加を決めていた議員からなる。二番目に大きいグループは、その有権者グループへの参加以前に政党で活動しており、政党からの脱退後にはじめて有権者グループへ参加した KWG の議員（N=430；18.7％）からなる。最も小さい第三のグループは（N=130；5.7％）KWG への参加のほかに、政党の党員でもあり続けている議員である。この非政党系議員の三つのグループは、有権者グループに参加した動機において相互に区別される。

(1) もっぱらの KWG のメンバー

一度も政党に所属したことがない KWG 議員のグループでは、政党を介さない参加の理由として主に三つのことが挙げられている。ほぼ全ての KWG 議員（95％）の中心的動機は、自治体レベルでは政党政治は適切ではなく、実用政治が優先的に推し進められるべきだとの信念である。政党のイデオロギーを理由に、KWG 議員の半分（49％）が、政党が十分には市民に近い存在ではないと確信している。このような原則的に距離をとることは、その自治体における政党の具体的な活動への拒絶的な態度を伴う（71％）。政党に起因する党議拘束は不適切であると感じられるのである。

「党派性」との距離は非政党系議員の自己の役割に対するイメージと対比す

210　第Ⅱ部　自治体と市民参加

表9-4　自治体の有権者グループにおける議員の動機

質問：なぜあなたは自治体レベルにおいて政党ではなくKWGで活動しているのですか？	全体	KWGのみ (N=1739)	KWGおよび政党の党員 (N=131)	元政党員 (N=430)
政党における実践が気に入らないから。	64.3	70.9	16.8	52.1
政党のもとでは市民との近さが欠けているから	46.2	48.8	27.5	41.4
自分の自治体では自分に近い政党の地域支部もしくは郡支部がなく、参加することができないため	17.4	20.0	24.4	4.7
自治体レベルでは政党政治より実用政治が優先されるべきだから	89.4	95.0	75.6	70.9
KWGは実質的な利益をよりよくカバーする	86.5	93.5	45.8	70.5
政党の党員との間の個人的な意見の相違	11.5	5.4	10.7	36.5
自治体のレベルでは政党はKWGより勝利する機会が少ないから	4.0	—	40.5	9.3
政党の党員であるため連邦あるいは州レベルでKWGの利益を代表することができるために	1.7	—	29.8	—

データベース：独自アンケート

ると、正の関係にあることがわかる。KWGの議員はその実用性志向およびもっぱらローカルな問題やテーマを擁護することが、「（市民に対して）より応答的」であり、市民に「より近い」ことであると考えている。非政党系の議員のほぼ全て（95％）が自らを「純粋に実用本位の」、「党派性」から自治体政治を守るという信念を広める者であると考えている。彼らは一貫して、ローカルなレベルでは実用政治を政党政治に優先させることに賛意を示している。90％が強調しているのは、自治体の政治は「大きな政治」とはいくらか異なるものであり、地域では具体的な問題の解決に焦点があてられるべきであるということである。

ローカルなアクターとして政党と距離をとることはしばしば、政党政治を激しい競争と同一視するような感覚を生み出す。その一方で、自治体政治には妥協の可能性が必要とされる。KWG議員の89％が自治体における政党は議会に

第9章　古くて新しいローカリズム　211

おいて競争を抑え、コンセンサス志向で努力するべきだという考えに賛意を表している。それでもやはり、ほぼ60％の議員が、政治的紛争は民主主義では日常のものであり、よりよい解決を導くものであるということに同意している。しかしこの点では、理解が東西ドイツの議員の間で明らかに異なる。西ドイツの非政党系議員は紛争に寛容な立場を示すのに対し、東ドイツのKWG議員は調和を強調する。

　注目に値するのは、政党に対して距離を置く立場も、より詳しく見てみると、当初見たような一枚岩ではないということである。少なくとも57％のKWG議員が、政党はローカルなレベルで非常に重要（34％）もしくは重要（23％）であると考えており、否定的な意見を表明しているのは、43％のみである（Reiser 2007）。「境界線」は自治体の規模に沿って走っている。小規模自治体では、政党を政治的要素として認めているのは45％である。より大きな市や郡では、これに対して自治体の有権者グループの3分の2が政党の重要性を認めている（この点に関してReiser 2007）。

　21％の自治体議員はその自治体に政党組織が存在しなかったために有権者グループに関与している。4節で詳しく述べたように、ローカルな政党地図の空白地域であるという結成動機がとりわけ小規模自治体において重要である。

　KWGはしばしば意識的に政党に並んでというよりはむしろ政党に対抗して結成されてきた。KWGの63％が議会における硬直化した多数派構造をこじ開け、それによって自治体における支配的な政党に対してつりあいをとろうとしてきた（45％）。このような判断も、多くのKWGメンバーの有権者グループに関与する際の個人的な動機の主要なものの一つである。

　KWG議員の動機の3分の1は、非政党系組織の結成理由の政策的次元（4節参照）につながる。94％の議員が、その自治体における政党よりもKWGにおいてより良く関心や選好を主張することができると確信している。ここではほとんどの議員にとって決定的だったのは、自治体の有権者グループは、とりわけそしてもっぱら、それぞれの自治体のローカルなテーマや問題に関わっているということである。

　とりわけ私たちが質問をした自治体の有権者グループの議員の個人的な動機

には、その非政党系グループの、構造的なというよりは状況的な結成理由がかなり正確に反映されている。

(2) かつての政党の党員たち

第二のグループは、かつて一度は政党の党員であった自治体の有権者グループの議員たちである。しかしながらこのグループは、政党からの離党の動機においてさらに二つのサブグループに分けられる。3分の1（32.6％）の議員にとっては、離党はローカルなレベルを超えた理由によるものであった。今やKWGの議員となった人たちによると主には、彼らは「連邦レベルでの政党の方向性にそれ以上同意できなかった」のである。さらに、東ドイツで、東ドイツ時代に社会主義統一党（SED）やブロック政党の党員であった人たちは、彼らが「信用できないと思われたくない」ために、SEDから離党した後、二度と政党には入らない。

しかしながら、この元政党員たちの半数以上（65％）は、地域における政党あるいは会派の内部での紛争がもとで党を離れ、その結果有権者グループで活動するようになった。党との決別の理由としては、他の党員との個人的な相違といった地域における不満やスキャンダルがとりわけ挙げられる。結果として、会派の一部が割れる（詳しくは4節参照）か、一つの会派がKWGへと移行するのである。

驚くべきことに、自治体政治やローカルなレベルにおいて政党が果たすべき役割などについての個人的な考え方は、上述したKWGの議員の第一のグループとの間で有意な差が見られなかった。

(3) 第三のKWGと政党双方の党員

自治体の有権者グループの議員の5.7％は同時に政党の党員である。これらの議員の4分の1は、その理由を、彼らが所属する党がその自治体において「独自の候補者名簿を作成できない」ためと答えている。それでも、「党の政策を自治体議会において実行に移すことができる」ようにするため、彼らは政党の枠を超えた候補者名簿に関与している。そのような議員は、緑の党やFDP

（自由民主党）、西ドイツにおける左翼党などの小政党のメンバーであることが多い。

しかしながら、より重要なのは、自身の政党が自治体レベルでは有権者グループと比べて勝つチャンスが少なく、それゆえに議員が KWG に参加するという手段としての動機（40％）である。ここでも同じく主に小政党の党員が KWG において活動的である。それに加えて、より多くの票を得るためにあえて2つの候補者名簿を並べるという「戦術的理由」もある。地域の政党の党員との個人的な派閥争いが離党ではなく KWG への関与へと至ることも、このサブグループに属する KWG 議員の10分の1ほど存在する。

KWG の看板の下で行動しているにもかかわらず、このグループの3分の2の KWG の議員は、それぞれの自治体において自身の政党の利害を代表するという目的を優先させている。これに対して、別の3分の1弱（30％）は第一に KWG の代表であると理解している。この議員たちはその政党への所属について、何よりもまず自らの関心およびその有権者グループを連邦および州レベルで代表することを可能にするという理由を挙げている。こういった議員は特に CDU/CSU（キリスト教民主同盟・社会同盟）に参加している。

予想通り、他の二つのサブグループとは異なり、政党の党員である KWG の議員の中では、ローカルなレベルでの政党政治にかわる実用政治の強調といったような、政党批判あるいは政党嫌いは、KWG への参加の動機としては弱い。それに応じて、自治体政治と「大きな政治」との間の区別もあきらかに少ない。

6　要　約

1960年代や1970年代の人たちが推測していたものとは異なり、非政党系の自治体の有権者グループは、決して「骨董品の」政治要素ではない。むしろそれは、統一ドイツのローカルな政治行政システムにおいて一定の大きさを持つようになっている。その重要性は、われわれの手に入る、そしてここで部分的に紹介した、実際に存在する割合と得票率のデータが示しているように長期にわ

たり不断に増加している。さらには（ここでは扱っていないが）、統計的な手法を活用した KWG の綱領分析によって、自治体の有権者グループには様々なタイプが存在するという仮説が確かめられた。その点では、KWG はローカルなレベルの社会変化の明らかなプロセスを「柔軟に」共有している。

　その際、KWG と地域における政党との間の関係は分裂したものであったし、いまもその状態のままである。KWG が地域において活発化した反政党感情の表現として結成されたことはない。そのかわり、地域的な部分での政党の存在の欠如によって生じた代表の隙間に KWG は入り込んでいる。まさにここで、KWG は自治体の民主主義における「下からの」自己制御と自己革新という重要な役割を引き継いでいるのである。そこにおいて、KWG は社会的集団の中で活性化しうる市民参加という補足的手段を提供しているのである。

　他方では、KWG が政党政治家の間の地域的な派閥争いや、政党イデオロギーや党派性の負の表れである、議会活動における慣わしへの主観的な不快感の産物であることも少なくない。少なくとも KWG とその議員は一貫して不屈の強さを持ってその古い伝統的な自治体政治の自己イメージと向き合い、それゆえローカルな土壌において政党政治に対して「実用政治」を優先させてきたに違いない。この説明は、自身が地域の公共の福祉を主張するにふさわしいものであるとの主張に用いられるだけでなく、KWG を、その地域で活動する政党との間に根本的に距離のあるものとしている。

　KWG が特に、ましてやもっぱら、小さな自治体に特有なものであるとの古い教科書的知識は誤りであると証明された。すなわちそれは、新しい事実によって塗り替えられたとみなされるべきである。われわれのデータは、自治体の規模が大きくなれば非政党系グループの存在する割合や得票数も大きくなるという関係が、明らかに長期にわたって強くなっているということを証明している。それに伴う議会の断片化の進行が自治体の意思決定過程に障害となるかどうかや、（大）都市の特定の市民候補者名簿やローカルな抗議票という「新しいローカリズム」がナショナルな政党システムを不安定化させるかどうかは、これまでのところドイツにおいては経験的には説明されていない。しかし、少なくとも、そのような展開がまったくないということはありえない。とりわけ

第9章 古くて新しいローカリズム 215

他の多くのヨーロッパ諸国でこのような非政党系の候補者名簿が少ないところでは、むしろローカルに活動する抗議政党の明らかな進出が見られるということがそのことを暗示している。

(本章は、翻訳の際に特に3節～5節について一部要約を行った短縮版である。)

〈参考文献〉
Andersen, Uwe/ Bovermann, Rainer (Hrsg.) (2002): *Kommunalwahl 1999 in NRW — Im Westen was Neues.* Opladen: Leske und Budrich

Becker, Alois/ Rüther, Günther (1976): Kommunale Wählervereinigungen. In: Konrad-Adenauer-Stiftung (1976): 277-307

Bogason, Peter (1996): The fragmentation of local government in Scandinavia. In: *European Journal of Political Research* 1996. 30. 65-86

Bovermann, Rainer (2002): Kommunales Wahlverhalten zwischen Partei-, Themen- und Kandidatenorientierung. In: Andersen, Uwe/ Bovermann, Rainer (2002): 115-159

Coffé, Hilde/ Heyndels, Bruno/ Vermeir, Jan (2007): Fertile grounds for extreme right-wing parties: Explaining the Vlaams Blok's electoral success. In: *Electoral Studies* 2007. 26. 142-155

Czarnecki, Thomas (1992): *Kommunales Wahlverhalten.* München: Minerva-Publikation

Fürnberg, Ossip/ Holtmann, Everhard/ Jaeck, Tobias (2007): *Sachsen-Anhalt-Monitor. Politische Einstellungen zwischen Gegenwart und Vergangenheit.* Halle. www.politik.uni-halle.de; www.infratest-dimap.de

Glemser, Axel (2000): Kommunales Wahlverhalten in Mecklenburg-Vorpommern. In: Werz, Nikolaus/ Hennecke, Hans Jörg (2000): 207-238

Göhlert, Stefan/ Holtmann, Everhard/ Krappidel, Adrienne/ Reiser, Marion (2008): Independent local lists in East and West Germany. In: Reiser, Marion/ Holtmann, Everhard (2008): 127-148

Heinelt, Hubert/ Wollmann, Hellmut (Hrsg.) (1991): *Brennpunkt Stadt. Stadtpolitik und lokale Politikforschung in den 80er und 90er Jahren.* Basel: Birkhäuser. 149-166

Hamberger, Wolfgang (1966): *Motive und Wirkung des Kommunalwahlsystems in Baden-Württemberg.* Heidelberg: Universitätsschrift

Hoffmann, Ulrich (2002): Zur Gemeindegebietsreform in Brandenburg. In: Nierhaus, Michael (2002): *Kommunalstrukturen in den neuen Bundesländern nach 10 Jahren Deutscher Einheit,* KWIS, Bd. 10, Berlin.

Holtkamp, Lars (2007): *Kommunale Konkordanz-und Konkurrenzdemokatie: Parteien und Bürgermeister in der repräsentativen Demokratie.* Wiesbaden: VS Verlag für Sozialwissenschaften

Holtkamp, Lars/ Eimer, Thomas (2006): Totgesagte leben länger... Kommunale Wählergemeinschaften in Westdeutschland. In: Jun, Uwe/ Kreikenbom, Henry/ Neu, Viola

(2006): 249-276

Holtmann, Everhard (1989): *Politik und Nichtpolitik. Lokale Erscheinungsformen politischer Kultur im frühen Nachkriegsdeutschland.* Opladen: Westdeutscher Verlag

Holtmann, Everhard (1992): Politisierung der Kommunalpolitik. In: *Aus Politik und Zeitgeschichte* 1992. B22-23. 21

Holtmann, Everhard/ Killisch, Winfried (1991): *Lokale Identität und Gemeindegebietsreform. Der Streitfall Ermershausen.* Erlangen: Erlanger Forschungen A-58

Ivarsflaten, Elisabeth (2005): The vulnerable populist right parties: No economic realignment fuelling their electoral success. In: *European Journal of Political Research* 2005. 44. 465-492

Jun, Uwe/ Kreikenbom, Henry/ Neu, Viola (Hrsg.) (2006): *Kleine Parteien im Aufwind.* Frankfurt am Main: Campus Verlag

Konrad-Adenauer-Stiftung (Hrsg.) (1976): *Materialien zur kommunalpolitischen Bildung.* Bonn: Eichholz

Luckmann, Benita (1970): *Politik in einer deutschen Kleinstadt.* Stuttgart: Enke

Mielke, Gerd/ Eith, Ulrich (1994): *Honoratioren oder Parteisoldaten — Eine Untersuchung der Gemeinderatskandidaten bei der Kommunalwahl 1989 in Freiburg.* Bochum: Brockmeyer

Mudde, Cas (1996): The Paradox of the Anti-Party-Party. Insights from the Extreme Right. In: *Party Politics* 1996. 212-276

Naßmacher, Hiltrud (1996): Die Rathausparteien. In: Niedermayer, Oskar (1996): 173-191

Niedermayer, Oskar (Hrsg.) (1996): *Intermediäre Strukturen in Ostdeutschland.* Opladen: Leske und Budrich

Naßmacher, Hiltrud (2001): Die Bedeutung der Kommune und der Kommunalpolitik für den Aufstieg neuer Parteien. In: Zeitschrift für Parlamentsfragen 2001. 1/01. 3-18

Nierhaus, Michael (Hrsg.) (2002): *Kommunalstrukturen in den neuen Bundesländern nach 10 Jahren Deutscher Einheit.* KWIS. 10. Berlin: Duncker und Humblot

Pähle, Katja/ Reiser, Marion (2007): Lokale politische Eliten und Fragen der Legitimation — ein relevantes Forschungsfeld, in: Pähle, Katja/ Reiser, Marion (2007): 7-21

Pähle, Katja/ Reiser, Marion (Hrsg.) (2007): *Lokale politische Eliten und Fragen der Legitimation.* Baden-Baden: Nomos

Reiser, Marion 2006: Kommunale Wählergemeinschaften in Ost-und Westdeutschland. In: Jun, Uwe/ Kreikenbom, Henry/ Neu, Viola (2006): 277-297

Reiser, Marion (2007): *The local party system in Germany.* Präsentiert bei den ECPR Joint Sessions. Helsinki 2007

Reiser, Marion/ Holtmann, Everhard (Hrsg.) (2008): Farewell to the party model? *Independent local lists in Eastern and Western European countries.* Urban and Regional Research International. 11. Wiesbaden: VS Verlag für Sozialwissenschaften

Reiser, Marion/ Rademacher, Christian/ Jaeck, Tobias (2008): Präsenz und Erfolg Kommunaler Wählergemeinschaften im Bundesländervergleich. In: Vetter, Angelika (2008): 123-147

Rüdiger, Vera (Hrsg.) (1966): *Die kommunalen Wählervereinigungen in Hessen*. Marburger Abhandlungen zur Politischen Wissenschaft. 8. Meisenheim am Glan: Hain

Schoon, Steffen (2001): Die ersten Urwahlen der Bürgermeister und Landräte in Mecklenburg-Vorpommern. In: Werz, Nikolaus et al. (2001): 40-56

Stöss, Richard (1983): Wählergemeinschaften I. In: Stöss, Richard (1983): 2392-2428

Stöss, Richard (Hrsg.) (1983): *Parteienhandbuch. 4*. Opladen: Leske und Budrich

Vetter, Angelika (Hrsg.) (2008): *Erfolgsbedingungen lokaler Bürgerbeteiligung*. Wiesbaden: VS Verlag für Sozialwissenschaften

Wehling, Hans-Georg (1991): 'Parteipolitisierung' von lokaler Politik und Verwaltung? Zur Rolle der Parteien in der Kommunalpolitik. In: Heinelt, Hubert/ Wollmann, Hellmut (1991): 149-166

Werz, Nikolaus/ Hennecke, Hans Jörg (Hrsg.) (2000): *Parteien und Politik in Mecklenburg-Vorpommern*. München: Olzog

Werz, Nikolaus et al. (Hrsg.) (2001): *Kommunale Direktwahlen in Mecklenburg-Vorpommern*. Rostocker Informationen zu Politik und Verwaltung. 15. Rostock: Universität Rostock

〈注〉

1) ベルリン、ブレーメンおよびハンブルクの三つの都市州はその特別な地位のため、分析には含まれていない。シュレスヴィッヒ＝ホルシュタイン州の自治体は同様に分析に含まれていない。これは同程度に詳細な必要なデータが手に入らないためである。そのうえ、ノルトライン＝ヴェストファーレン州およびチューリンゲン州の1994年の選挙の結果は完全には公刊されていない。

2) 1977年はこの参照点の決定のための最初の年として設定されている。なぜなら1977年に（西ドイツの）全州で郡および自治体改革が完了したためである。

第10章
都市空間における市民参加
―― 日独の比較

フンク・カロリン／川田　力／由井義通

1　はじめに

　先進国の都市空間は様々な立地条件に左右されつつ数多くの主体により作り出されているもので決して無秩序な空間ではない。従来は民間による開発と、それを誘導する官製の都市計画という、官と民の権力関係が都市の空間形成に強い影響を与えてきた。しかし、近年は計画能力の技術的側面や都市計画関連諸規制の決定権を中心に、これまでの都市計画システムへの疑念が強まり、計画への市民の直接な参加を求める声が多くなってきた。こうした動向に対応し、協働的、協力的な計画過程やまちづくりが導入されるのはドイツでは1980年代、日本では1990年代とされる（Gebhardt 2007；Sorensen 2002）。こうして行政と民間の二極関係に、市民という第3の極が加わった。このような変化はガバメントからガバナンスへの移行を意味し、市民社会の強化ともとらえられる。

　しかし、Sorensen/Funck（2007：24）が指摘するように、この変化について、決定権の拡大や都市空間の改善への貢献が実際にどの程度達成されているのかなどに関する疑問が残されている。そこで本章ではこのことについて以下の3つの視点からドイツと日本におけるまちづくりの事例を検討する。まず、第1の視点は、行政と市民との関係である。市民活動は採算性が低い社会的サービスを提供し、社会的管理、社会生活の維持機能を果たしている。しかし、このような活動が、「小さい政府」を標榜し、社会的政策から撤退する行政を補完することに留まっていないかどうか、社会運動としての生成力を失っていない

かどうか検討する必要がある。さらに、市民活動が計画や事業の必要性や実施実態を巡る議論にではなく、計画や事業のあり方に関する意志決定への参加に留まる危険性も視野に入れる。第2の視点は民間開発と市民活動の関係である。特に本章では、住宅市場の動向とまちづくりの方向性との緊張関係に焦点を当てる。第3の視点は、市民間の関係である。具体的には、まちづくりに関わる市民層の拡大、地縁組織と知縁組織の関係を分析する。

　本章で取り上げる事例は日本の神戸市と、ドイツのベルリン市を中心とする。その理由は両都市が1990年代に危機と変化に対応し、新しい都市システムを検討する必要に直面したからである。神戸市は、行政主導の都市開発の推進で有名であったが、1995年1月17日の阪神淡路大震災で「都市」という地域システムが麻痺状況に陥った。市役所の一部が倒壊したことがそのシステムの崩れをよく現しているといえよう。このことにより、都市空間を形成する、固定化されていた制度に隙間ができ、震災復興過程の中で住民の独自なまちづくり活動が勃興した。一方、ベルリン市は1990年の東西ドイツ統一という歴史的な揺れを都市レベルで経験し、統一ドイツの首都機能を担当することとなったため、都市構造の変化が激しい。このような激変の中でこそ、まちづくりや市民活動の新しい流れが顕在化すると考えられることから、両都市のまちづくりの比較検討は有意義だと考える。

2　神戸市におけるまちづくりと市民活動

　震災までの神戸市は「山は、海へ行く」といわれたように、山地・丘陵地を市街地化するとともに、その際、発生した土砂で埋め立て地の造成も行うという大規模開発方式で有名であったが、このような大胆な都市政策の実現は、市政の強さを物語る。しかし、その一方、1970年代から住民によるまちづくりも始まった。1981年にはまちづくり条例に基づき12の団体がまちづくり協議会の認定をうけ、神戸市の特徴的な景観を守るために設定された都市景観条例（1978）に関係する団体など、震災前にすでに28のまちづくり協議会が活動していた。神戸市は西部と東部、山沿いと海沿い、中心部と郊外の間に様々な地

域差を抱えてきた。特に西部の臨港地区は老朽化した住宅と中小工場が混在し、人口減少と高齢化も目立つなどのインナーシティー問題が発生していた。

　こうしたなか、1995年1月17日に阪神淡路大震災が起こったが、神戸市はその1ヶ月後に震災復興緊急整備条例を出し、一部の地域について建設制限をかけた。そして、震災から2ヶ月後には、都市計画を決定し、区画整理事業124.6ha、再開発221.1haという大規模な都市計画事業を策定した。震災復興という特別な状況下で緊急な対応が必要であったとはいうものの、行政による一方的な都市計画決定が行われたとの認識も広がった。

　その後、震災復興の過程で、まちづくり協議会の数は100団体ほどまで急増した。その約半分は、再開発地区、区画整理地区に設立された団体で、地区内の土地や建物の権利者間の調整や、住民と行政との調整が主な役割であった。

　神戸市においては、震災復興にあたって全国からボランティアが神戸に集まり、数多くのグループが様々な分野にわたって活動しはじめたが、それらは特に福祉関係に集中した。1998年にNPO法が施行されると、それらの中から、NPOとして登録して活動するグループが増えるとともに、登録方法や活動運営について知識を提供する中間支援組織も登場した。後者の場合、ボランティアからプロに発展していくことが多く、行政の委託事業やセミナー開催、活動に関する相談などにより経営している中間支援組織が市内に数団体存在する。以上のように、神戸市では自治会に基づき設立されたまちづくり協議会という地縁組織と、活動内容を中心に様々な場所から集まる人々により設立された新しい知縁組織が共存するようになった。以下、その実態を、東灘区S地区、須磨区T地区、及び、東灘区の中間支援組織を事例として確かめたい。

　東灘区S地区は、戸建て中心の住宅地であるが、埋め立て地には工場が立地し、交通量の多い国道43号線が地区内を通過するなどの環境問題を抱えている。S地区の「まちづくりの会」は、産業廃棄物処理場の建設に反対した住民を中心に1997年に発足した。設立の動機は、自治会会長が処理場建設に賛成したことにより、処理場の建設が進んでしまった経緯を踏まえて、自治会とは別のまちづくりのグループを作る必要性を感じたことによる。「まちづくりの会」には、地区住民は誰でも参加できる、44会員のうち、約半数が女性である

(2001)。それらの女性参加者を対象にまちづくりに関わった理由とまちづくりの経験について、6年間計3回にわたりグループ・インタビューを実施した結果、まちづくりに関する3つの主要テーマが把握できた。第1のテーマは、かつて泳いだ砂浜が埋立地の工業地区と変貌したことに加えて、産業廃棄物処理場の建設、国道43号線の通過という環境の悪化についてで、このテーマが最も多く論じられた。第2のテーマは、S地区の人口構成についてであり、高齢者が多く、若年者が少ないことや、震災後に増加したマンション住民がまちづくりに関心がなく、人間関係が希薄になってきたというものである。第3のテーマは、自治会との関係である。自治会がS地区の真の課題に取り組んでいないことや、自治会会館の管理が閉鎖的であることなどについての、厳しい批判がなされる一方、「まちづくりの会」の活動が数年続く中で協力体制もできたという。「まちづくりの会」の具体的な活動は、住民が自由に参加できる餅つき大会と夏祭りの開催、公園の清掃と緑化、個人住宅の庭や植鉢を評価するコンテストなど、住民関係の強化と地区の緑化に結びつく活動と、住民に対するアンケート、まちづくりワークショップなど、まちづくり協定の準備を進める活動から構成されている。こうした活動の結果、S地区では、2007年に神戸市とまちづくり協定を締結することに成功したが、その背景には、10年間にわたり「まちづくりの会」の活動を支援してきたコンサルタントの協力があった。神戸市は震災後、まちづくり活動を支えるコンサルタント派遣制度を導入し、1995年から2007年までに1100件もの派遣を行ってきたが、この制度が住民によるまちづくりの継続的な活動を可能としてきたという側面は大きい。

　「まちづくりの会」への女性参加者の熱心な取り組みの根本は、地域への愛着にあると思われ、それは、神戸市全体への愛着と、主たる生活空間であるS地区への愛着が重なっているようにみえる。その愛着を行動に移すようになった契機は産業廃棄物処理場の問題という、つまり外発性の刺激であったが、それらが彼女たちの地域への愛着を喚起し、従来型の地縁組織の自治会とは異なる、女性が参加しやすい新しい地縁組織を発生させることとなった。

　次に取り上げる地区は、須磨区T地区である。ここでは、まちづくりに関する主体構成がやや複雑で、複数の部会を有するT地区自治会に加えて、T地区

外の2自治会の範囲にまたがる活動範囲を有する「西須磨まちづくり懇談会」とそこから派生した福祉NPOから構成されている。また、これに加えてマンション建設に反対するために形成され、短期的に活動した住民グループもある。

T地区は閑静な住宅地で、高齢者も多いが、まちづくりの大きな課題が道路である。幅員の狭い街路が多いという問題がある反面、長い間進展していなかった4車線道路建設計画や、商店街の街路拡張計画が震災後に再登場した。後者の道路計画は以前は住民の反対が多く実施が難航していたが、震災で多くの家屋が倒壊したことを機に計画が実施に移された。この街路整備の進展と空地の増加に起因して、震災後には当該地区でのマンション建設計画が増加した。このうち、高層マンションの建設計画に対しては、しばしば住民の反対が起こった。しかし、成功経験は、市有地に計画された14階建てのマンション建設計画を近隣の女性たちを中心とする反対運動と、自治会の協力によって中止させた1件に留まった。

T地区自治会は1990年代半ばに役員の公募選挙や任期制の導入、会計の透明化、福祉部の強化などを通じて、従来の自治会運営を改善してきた。また、福祉活動強化と高齢者支援の経験から1998年に福祉専門の活動グループを立ち上げ、そのグループは2000年にNPO法人として認定を得た。T地区では、自治会の活動とは別に、消防団、老人会、西須磨まちづくり懇談会、公園を管理する会、福祉NPOという、地域内の団体に支援予算を付け、まちづくり活動を積極的に支えてきた（西須磨まちづくり懇談会 2006）。また、区自治会は震災後の支援事業を利用し、1999年に地区内の公園の一角にコミュニティープラザを建てたが、その運営を福祉NPOに委託した。福祉NPOはそこで高齢者が自宅で生活できるための様々なサービスの斡旋、高齢者用のデイサロン、喫茶、放課後の子供の遊び場の提供などを行っている。こうしたT地区のまちづくり活動は、地縁組織の自治会と知縁組織の福祉NPOがうまく役割分担し、住みよい地域づくりに貢献した例として高く評価されてきたが、2007年の自治会役員の交代により、協力体制がとりにくくなるという事態が発生している。

自治会などの地縁団体では、上述のS地区、T地区のように特別な状況が生じない限り、活動範囲や参加者が限られており、とりわけ女性の活躍機会はか

なり限られていた。それに対し、NPO法の施行後に急増したNPOは、女性参加者も多く、優秀な女性スタッフも輩出してきた。市民活動を支える中間支援組織もその例外ではないが、その活動が中村・森・清原（2004）に取り上げられている。中間支援組織として地域に根ざした活動を特徴としている「コミュニティー・サポート神戸」（CS神戸）は震災後のボランティア活動から1996年に発生した。CS神戸は、地域に必要な活動や事業を創出し、2006年までの10年間に112の直轄事業を実施し、86の団体起業支援を行ってきた。また、行政からの受託事業や、研修等の事業も数多く手がけ、市民活動団体の中間支援組織としてNPO活動の基盤強化に貢献してきた。具体的プロジェクトは、市場の空店舗を利用しての弁当販売活動、障害者のニーズに合わせた洋服制作会社設立、高齢者向けパソコン教室、商店街内の高齢者用デイサービスと喫茶活動、震災後の仮設住宅で一緒に暮らしていた住民が中心になって入居しているグループハウス建設、区や自治体の建物管理・運営業務、車椅子利用者向けの地図作成、地域通貨の導入、太陽光発電施設整備など、多岐にわたっているが、全て地域に密着したものとなっている。また、2005年に導入された公共施設の指定管理者システムを活かし、駐輪場の運営を引き受け、地域の情報拠点として活用している。CS神戸は、NPOとしてはかなり多額の予算で運営しているが、収入の約7割を行政の委託事業に依存しているという課題も抱えている。

　以上の神戸市の事例をまとめると、まず、市民活動が都市計画決定や道路建設計画自体に直接影響を及ぼさなかった点を指摘できる。また、市民活動の範囲は、行政が設定した範囲内で行われ、地区内のルール作りや、福祉のような、行政の手が充分回らない分野に限られる傾向が強い。しかし、中には行政の末端的市民サービスに留まらず、幅広い活動を展開するNPOや中間支援組織も登場し、地区の拠点となる公共空間を提供する例もみられた。一方、震災後の住宅地区の構造変容に中心的な役割を果たしたマンション建設に対しては、一部の例外を除くと市民活動が全く対応できなかったことも判明した。

　なお、震災前から見られた神戸市内の地域的格差は復興の速度にも影響し、関西の他都市に通勤する住民が多い市内東部では、復興が速く、マンション建設も進んだ一方、市内西部の一部の地域では再開発事業が難航したこととも関

連し、人口回復や住宅建設が遅れた。

3 ベルリンにおけるまちづくり

　ベルリンはドイツ最大の都市で、1990年の東西ドイツの統一後、再びドイツの首都となった。周知のとおり、第2次大戦後、ドイツは東西に分断され、東ドイツ領内に立地していたベルリンはさらに、西ベルリンと東ベルリンに分離されていた。この間、西ベルリンは1961～89年まで「壁」に囲まれ、西ドイツの首都機能はボンに移されていたが、冷戦における政治的な重要性から、西ベルリンは西ドイツ政府から多額の補助金を受けていた。このように、補助金に依存した西ベルリンはある意味で西ドイツから切り離された、「辺境」の空間であった（平山 2003：267）。一方、東ベルリンでは東ドイツの首都としてパレードなどの政治的式典が開催される広場と大規模道路の整備や、住宅団地建設が進められた。ベルリンの都心部の大部分は19世紀末～20世紀初めに建てられた5～6階建て住宅からなっているが、西ベルリンの都心部では外国人労働者や、経済力の弱い住民層が集中し、東ベルリンの都心部では建物の老朽化が進むという、インナーシティー問題をそれぞれ抱えていた。

　東西ドイツの統一により、辺境におかれていた分割都市ベルリンは突然、グローバル市場における都市間競争に直面した。東ベルリンでは国営工場が閉鎖され、西ベルリンでも補助金が減少した影響で脱工業化が起こった。しかし、分断されていた道路や地下鉄の再建、壁沿いの空地の開発、老朽化していた都心部の改善などの都市再生事業が進んだことに加え、1991年に首都機能移転が決定されたことでさらに大規模な建築プロジェクトが動き出し、ベルリンは建築バブルを迎えた。とくに、首都機能の移転に伴って流入した新住民は経済力が高く、ベルリンの郊外化とジェントリフィケーションに拍車をかけたといわれる。しかし、一方、ベルリンでは失業者数や生計扶助者数が増加し続けている。つまり、統一後のベルリンでは、「統合」と「分裂」の緊張関係（平山2003）が顕在化している。ベルリン州が1998年から2年ごとに社会的格差を分析する社会的都市発展のモニタリングを行っているが（Senatsverwaltung für

Stadtentwicklung Berlin 2003)、その結果によると、21世紀に入っても都市政策を必要とする都市問題が拡大・深刻化している傾向が西ベルリン中心部と東ベルリン周辺部の大規模住宅団地で明らかになっている。これに対して、東ベルリン都心部では、ジェントリフィケーションが急速に進展している。中でも、行政区再編成後 Pankow 行政区の一部となった旧 Prenzlauer Berg 行政区でこの傾向は顕著となっている。Müller（2004）は都市景観の写真分析により、Prenzlauer Berg 内で建物の改装が目立ち、社会的階層が入れ替わったというジェントリフィケーションの特徴が確認できると指摘している。しかし、ベルリンにおける家賃安定施策などにより、家賃が急騰したり、賃貸住宅が完全に分譲住宅化されるような状況には至っていない。

　このような社会的問題を抱えているベルリンでは、早くから地区マネジメントのシステムを導入した。地区マネジメントは1999年から連邦政府と各州政府の協力で進められてきた「特別な発展を必要とする都市地区－社会的都市」という都市政策プログラムの一部である（フンク 2007）。このプログラムでは社会的格差の拡大によって都市内の特定地区に集中して現れる問題への対策を目指し、対象地区を指定し、ローカルレベルで、対策や事業に取り組む方式をとっている。

　ベルリンでは対象地区として1998年の失業率、生計扶助者率、外国人居住者構成比がともに高く、社会的人口移動が多く人口減少傾向にある地区が選定された。1999年にまず15地区が指定され、2001年に2地区が追加され、2002年まで計17地区で、人口約227,000人を対象にモデル事業として行われた。その後、2002年に、まず2004年まで2年間事業期間が延長され、2004年には中間評価報告（Empirica 2003）の結果に基づき州議会が、2006年までの事業継続を決定した。2004年の社会的都市発展のモニタリングの結果を受け、2005年3月に地区マネジメントの政策方針が再検討され、16地区が追加され、2地区では対象区域の拡大がなされた。その結果、対象人口が約386,000人に増加した。

　地区マネジメントの取り組みは、地区住民、地区事務所・地区マネジメントチーム、行政区、州の4段階にわたって複雑に組織化されている。指定地区内では、地区事務所を担当する地区マネジメントチームが住民と企業の活動を促

進し、地区内で活躍する様々な主体間の調整とネットワーク化を図り、事業に関する相談と知識提供、住民総会、審査や地区協議会（Quartiersrat）などの運営支援をしている。地区マネジメントチームは公募で選ばれるが、統一前からインナーシティー問題の解決に関わってきた社会教育や社会管理の専門家が多く選出されている。地区マネジメントの評価報告では、総合的で住民に密着した政策が不利な条件に置かれている地区の改善に有効であると、全体的に高く評価された。中でも、直接住民に予算に対する決定権を与えた地区基金（Quartiersfond）の効率性が特に強調された（Krumm 2005：129）。地区基金は2001/2002年に各地区に50万ユーロ（当時100万マルク）配布された予算である。この予算の地区内配分を決定するために、住民票からランダム選出により選ばれた住民と、地区内活動団体の代表からなる審査会が設定された。地区内住民や活動団体は地区マネジメントチームの助言を受けながらプロジェクトを提案し、審査会では各プロジェクトに予算を与えるかどうか、あるいはその予算額について審議し、決定した。

　以下、2地区を事例として取り上げ、地区マネジメントと地区基金による活動の実態を検討する。

　F地区は旧Prenzlauer Berg行政区に属し、西側が壁、北側が郊外電車の環状線に区切られている。統一後、再開発地区には選定されなかったが、人口移動が激しかったために住環境の悪化が懸念され、家賃や改装内容に関する制限区域（Milieuschutzgebiet）とされ、地区マネジメントの対象となった。F地区マネジメント事務所はS.T.E.R.N.という、統一前の西ベルリンで市民参加型都市再開発、特に建物の更新より改装を重視した再開発で実績を上げた都市計画会社が担当していた（Levine 2004：98）。

　F地区マネジメント事務所の情報によると、地区マネジメント予算は公園、道路関連、校庭などのハード整備が77％を占め、残りはイベント、コミュニケーションなどのソフト事業に使用された。ハード整備は青少年用の施設、つまり保育所、学校、放課後の青少年余暇活動施設などを対象にしたものが非常に多い。この傾向はベルリンの他地区でもみられるが、日本における神戸市の事例で高齢者を対象にした事業が目立つのとは対照的である。ドイツの場合、

学校が昼過ぎに終わり、青少年の放課後の余暇活動や学習環境の整備が重要な社会的課題である。また、ドイツでは高齢者の支援はキリスト教会や、伝統的な福祉協会が担っているのが一般的である。

生活環境の充実を図った事業は壁公園、新設されたスーパーマーケットへの取り付け道路の整備、校庭整備に分かれるが、インフラ整備と同時に、住民参加を重視した立案方法や管理方法も導入された。F地区内には以前壁が立っていた空地を利用した壁公園があるが、この公園は広大で、他地区からの利用者も多く、ドラッグ利用、破壊、ゴミ、犬の糞などが目立った。そこで子供と犬の共存を図って、子供の安全な遊び場の確保と、自由に走り回る犬のためにフェンスで囲んだドッグランを設置した。また、余暇活動の充実のため、クライミング用の岩が作られた。公園管理の問題を解決するためには、地区マネジメント事務所の支援を受けて、住民による「壁公園友の会」が確立され、イベントの開催などを通じて住民と公園の関係を強める取り組みがなされている。

スーパーマーケットの建設をめぐっては、住民と行政区の間で意見が対立し、地区マネジメント事務所がその調整を図った。その結果、住民が懸念した交通量の増加による問題解決のため、スーパーマーケットへの取り付け道路にカーブや歩道が設けられ、他地区への通過も不可能となる設計がなされた。

校庭整備では生徒たちが立案した遊具の設置、ハーブ園の整備などが進められた。青少年向けの事業はその他に、民間団体が経営する子供農園と青少年センターにおけるイベント開催がある。州と行政区では、財政難によりこのような青少年余暇活動施設の従業員として働くソーシャル・ワーカーの給料の支給さえ確実に行えないような状況下において、地区マネジメント予算の役割は非常に大きいと指摘できる。

その他に、市民同士の交流と地区文化を支える拠点として、地区内文化の活性化を推進する市民団体によりTIVOLI交流センターが設置された。センターの家賃補助と改装に地区基金が利用され、そこでは、絵画、演劇、語学、ヨガなど様々な教室、子供と父親の会、市民相談などが提供された。

地区基金は金額制限もあり、全体予算に比べるとソフト事業に利用されることが主であった。F地区では子供や青年を対象にしたプロジェクト、文化や芸

術、地区内コミュニケーションを進めるプロジェクト、公園や緑地に関連するプロジェクトなど計32のプロジェクトが実施された。

F地区は2005年に行われた地区マネジメントの再検討に際し、地区内の改善傾向が確認され、住民主体で地区の安定化を図る地区に指定された。その結果、地区マネジメント事務所は予算の残額使用と今後の市民活動の組織化について、わずか半年で活動計画をまとめた後、2005年末に解散した。その際、以後の市民活動の連続性を図るために、行政区が地区内の学校内で集会場を無料で提供することになった。また、地区会議を行うことが提案され、地区内の様々な市民団体が交代でその主催を担当することが決められた。また、1991年から活動を始め、2000年に正式に設立されたF地区の「市民協会」（Bürgerverein）が、予算残額を利用し、ホームページ、地区情報誌、集会場の管理などの役割を担うことになった。このような「市民協会」はドイツの様々な地域で地縁組織として活動しており、個人的にその活動に関心のある人のみが参加するという点で原則として全戸参加が要請されることが多い日本の自治会とは大きく異なっている。

以上のF地区における地区マネジメントの分析から、以下の3点が明らかとなった。第1に、地区マネジメントはベルリン州の財政難を補い、行政が提供できない市民サービスや事業を補完する役割を果たしている側面を持っていること、第2に、地区マネジメント活動への参加住民が限られており、都市中心部に多い流動的住民層を巻き込むことができなかったこと、第3に、地区内の社会構造の改善に地区マネジメントが貢献したと判断できる材料はみられるものの、F地区が周辺のジェントリフィケーションに巻き込まれたという住宅市場の変容の強い影響下に置かれたことから、市民活動を支える地区マネジメントの効果が測定しにくくなっていることである。

S地区はF地区と異なり、旧西ベルリンの郊外電車環状線の外側に立地し、外国人住民の構成比が高い。S地区の地区マネジメントチームは3つの組織から構成され、そのうちの1つは地区内で以前から失業者支援などの活躍していた市民団体である。S地区では地区マネジメント事業が始まる以前から、地区内の様々な団体が連携し行政区と協力し、まちづくりの拠点となる「近所の

店」(Nachbarschaftsladen) の運営を開始していた。

S地区の地区マネジメント事業は4つの領域に重点が置かれた。まず、住環境の改善を目指し、3つの小学校校庭と保育所の園庭が緑化された。また、地区の西端を流れる運河沿いの遊歩道が整備され、その管理に、住民団体が関わった。地区マネジメントの過程では各プロジェクトの実施に当たって、まず、初期情報提供のための集会が開かれ、その後、数回のワークショップを経て立案し、最後に検討結果を発表する集会が行われるという段階的住民参加を図った。

青少年を対象にした事業としては、公園内のサッカー場設置、各学校の放課後プログラム、親子ドイツ語教室などが実施された。これらの部門では特に、ドイツ人と外国人の融合や共同活動を目指したものが多い。

地区内の住民の連携強化のため、2002年に地区マネジメント事務所の支援によって「健康推進を兼ねた多文化地区センター」が設置された。これは、2004年に拡大され、運営も独立し、「地区内、共同」を提唱した市民団体が担当している。地区マネジメントのメンバーは地区内で活動する市民団体、個人病院、キリスト教会、全国的福祉団体の区支部など、9団体・個人で構成されている。治療体操の専門家によるヨガ、体操、ダンスなどの教室が開かれる体育館の管理、就職相談、外国人住民相談、トルコ人向けの健康相談、緑地管理、地域通貨の導入、周辺地域からの新鮮野菜販売、地区情報誌の発行、ボランティア斡旋など、様々な活動がこのセンターを拠点として実施されている。S地区では、健康に関するテーマを生活環境すべてに含むという発想を基本にして、市民団体、組織、サービス業者が1つの建物に集まって活動し、連携が図られている。

2005年から、住民参加の連続性を保持するために、年に数回実施する地区協議会 (Quartiersrat) が設置され、活動方針や予算に関する決定に加わることとなった。地区協議会は選挙で選ばれた任期2年の14名の住民と、施設、組織、市民団体の代表13名から構成されている。

S地区の地区マネジメントの分析からは、以下の2点が明らかになった。まず、第1に、地区マネジメント活動に、外国人の参加、特に外国人女性の参加が少なく、活動が数人の人に集中する傾向もみられること、第2に、S地区の立地条件から考えると、首都機能移転にともなうベルリン中心部の発展に今後

も巻き込まれることがなく、社会構造が大きく変化することも予想されていないことから、地区マネジメントによる住環境の改善がかなり重要となることである。

4　市民参加の検討

　以上、神戸市とベルリン市の近隣地区におけるまちづくりの活動事例を見てきたが、冒頭に上げた3つの視点から検討結果をまとめたい。
　まず、第1の視点の行政と市民の関係であるが、ドイツでも日本でも、依然として役割分担が明確であることが確認された。つまり、行政側は都市計画全体の方向性と具体的事業内容を決定し、市民は近隣地区でその補完的な活動を行っているに留まっている。しかしながら、行政側から市民参加を支える仕組みとして専門家の派遣や、小規模な予算の提供がなされていることは評価できる。日本でのNPOへの事業委託、ドイツでの地区マネジメントの仕組みがその結実である。しかし、これらの事業の継続に関する決定権もまた行政側にあり、急な方向転換により市民活動が断絶されることがある。神戸市の場合、震災後10年が経過した2005年にまちづくりに関する様々な事業や予算が見直された。ドイツでは、事業や予算が市、州、国の三層構造の下に置かれている上、地域振興事業にEUの予算が絡むことも多く、さらに複雑な構造になっている。
　日本の状況をもう少し詳しくみると、2000年以降、住民の地方の政策決定への関与を推進するため、多くの自治体で、関連条例が整備された。しかし、その内容を吟味すると、民主主義に対する理解が問われる部分も散見される。たとえば、阪神淡路大震災後、住民活動を積極的に進めてきた兵庫県は、2003年に「県民の参画と協働の促進に関する条例」を施行した。そこでは「県民は……地域社会の一員として自覚と責任を持って、地域活動に対する理解を深めるとともに、自ら県行政を促進するという自覚と責任を持って、県行政への積極的な参画と県行政の促進に係る県との協働に努めるものとする」とされている（市民活動センター神戸 2003）。これは、県民は県行政を支える役割を持っていると規定されたということができ、自立した住民活動を前提とした市民社会

の発想とは矛盾するといわざるをえない。この条例に対して神戸市で活動する中間支援組織 は、県政の立案・実施・評価の各過程への実質的・実効的な参加の制度を整備する必要性を指摘している（市民活動センター神戸 2003）。

確かに近年、日本でも、ドイツでも、都市計画事業や公共事業の事業決定や事業内容について、住民の同意を得る過程が追加されワークショップやパブリックコメントなど、様々な形で住民が関われるようになってきた。しかし、住民の意見がどの程度、どのように反映されるかということについては、不明瞭な点が多い。もちろん、両国内でも地域差が存在する。たとえば、ドイツ南部では、都市計画の一部である土地利用計画（F-Plan）の目標を決める段階からワークショップなど様々な形で市民の意見を取り入れているフライブルク市の取り組みが注目を浴びている。利害関係が複雑に絡む土地利用計画策定に、法律で定められている以上に市民参加の拡大を試みたことが行政と市民の関係に新しい刺激を与えたといえる。その背景にはフライブルク市が1970年代から市民運動が盛んな都市であり、環境政策が非常に充実し、緑の党が議会で強く、市長も緑の党から輩出しているという事実がある。このように自治体によって市民参加の程度が異なることは、地域格差の新しい形態であるともいえよう。

次に、第2の視点の民間開発と市民活動の関係についてみると、神戸市ではマンション建設が、ベルリン市では統一後の大規模都市開発プロジェクトと首都機能の移転に関連して起こったジェントリフィケーションが、都市空間とその社会的構造の変容に大きく影響を与えている。ベルリンでは家賃や改装内容に関する規制がある程度の効果を上げ、都心部での住宅事情を安定させている。しかし、人口が停滞、または減少している日本とドイツでは、今後、都市間競争が激化することが予測され、そうなると市民参加が民間開発に及ぼす影響は今後逆に弱くなる可能性がある（Hohn 2007）。

第3の視点は市民間の関係についてであるが、これはまちづくりに関わる市民層の拡大と地縁組織と知縁組織の関係を検討する視点と換言できる。この点では、神戸市の震災後におけるまちづくり活動において従来の地縁組織にはほとんど参加しなかった女性がまちづくりに進出したことが特に評価できる（Funck 2007）。Ito（2007）が明らかにしたように、都市計画事業に関係したま

ちづくり協議会でも、役員以外の参加が奨励され、住民の幅広い合意をとることに力が入れられた。また、神戸市で知縁組織として数多く発生したNPOには、地縁組織には縁がなかった若い市民層が積極的に関わっている。一方、ベルリンの現地調査では市民参加層が限られていることがしばしば問題点として指摘された。

　しかし、神戸市の近年の状況をみると、一時期NPOと協力体制をとった自治会が方向転換したり自治会体制が従来型に逆戻りし、震災後進めてきた新しい事業から離脱する事例も見られる。これらの事例は震災後に急激に変化した市民参加とまちづくりの状況が、ルーチン化の段階に至ると、組織と活動の安定性を求め従来型の体制に戻る危険性があることを示している。また、日本の地方都市では、従来から行政が市民サービスの一部を自治会に依存している場合も少なくない。ゴミ収集、公園管理、地域美化はその例であるが、自治会にある程度の権限が与えられている。その結果、大都市では不可能に近い、全世帯の自治会加盟や活動参加の強制という、市民参加の望ましくない側面も垣間見られる。毎月自治会費を徴収するために各世帯を回る作業は、地区住民の元気な姿を確かめる側面と、各世帯の状況を監視する側面を有し、地縁組織における市民活動のジレンマを明らかにしている。

　一方、ドイツの場合、様々なテーマや内容で成り立っている「協会」(Verein)の伝統が長く、これらは、日本のNPOとは異なり、法的な裏付けも以前から強い。現在は全国で50万団体以上が活躍しており（Zimmer 2008：113）、福祉やスポーツ、文化の分野では市民サービスの一部を正式に担っているが、これらの活動に関わるかどうかは、完全に個人の自由意志に任されている。

　このように、市民参加の伝統は日本とドイツの間に大きく異なっているが、行政が計画や公共事業の内容を決定し、市民が近隣地区の生活環境の改善と調整に努めるという役割分担がなされていることや、民間開発に対する市民の影響力の弱さなどの、共通点も見られる。両国の市民は近年、行政サービスの民間委託という流れに面しているが、それは同時に、市民が予算と責任を獲得する機会にもつながっている。

　最後になるが、市民参加を巡る議論は、民主主義のあり方に強く関連してい

ることを忘れてはならない。政党離れ、投票率の低下、日本で見られるような世襲議員の増加や女性の低い議席率などは、代表制に基づいて成り立っているガバメントの根本を揺るがしている。これに代わってガバナンスという、市民活動ネットワークに頼る参加・協働型の意志決定が注目されるようになった。こうしたガバナンス化の進展にともない、都市空間の創出・再生と管理にも市民参加が要請されることとなるが、その最適な形は、対象地域をとりまく諸環境及び、それらを担う主体の状況により都市、町、地区ごとに異なり、試行錯誤の繰り返しからのみ獲得されることになろう。

〈参考文献〉

Empirica (2003): *Evaluation des Berliner Quartiersmanagements in der Pilotphase 1999-2000.* Gutachten im Auftrag der Senatsverwaltung für Stadtentwicklung Berlin. Berlin http://www.stadtentwicklung.berlin.de/wohnen/quartiersmanagement/de/evaluation/index.shtml

Funck, C. (2007) Machizukuri, civil society, and the transformation of Japanese city planning. Sorensen, A./ Funck, C. (ed.): *Living Cities in Japan.* Routledge, London/ New York, 137-156.

Gebhardt, H. (2007): Raumentwicklung und Raumplanung in Deutschland im 21. Jahrhundert. Glaser, R./ Gebhardt, H./ Schenk, W.: *Geographie Deutschlands.* Wissenschaftliche Buchgesellschaft, Darmstadt, 233-258.

Ito, A. (2007) Earthquake reconstruction, machizukuri and citizen participation. Sorensen, A./ Funck, C. (ed.) (2007), 157-171.

Hohn, U. (2007): Shaping the Future of Metropolitan Regions in Germany: Governance in New Context. 地理科学62-3、80-97.

Krumm, W. (2005): Evaluation des Berliner Quartiersmanagementprogramms. *Informationen zur Raumentwicklung* 2005-2/3, 123-132.

Levine, M. A. (2004): Government Policy, the Local State, and Gentrification: The Case of Prenzlauer Berg (Berlin), Germany. *Journal of Urban Affairs* 26-1, 89-108.

Müller, J. (2004): Viewing Gentrification. A Photographic Study of Prenzlauer Berg in Berlin. Eckhardt, Frank/ Kreisl, Peter (eds.): *City Images and Urban Regeneration.* Peter Lang, Frankfurt a.M, 245-265.

Senatsverwaltung für Stadtentwicklung Berlin (2003): *Monitoring Soziale Stadtentwicklung 2004.* http://www.stadtentwicklung.berlin.de/planen/basisdaten _stadtentwicklung/monitoring/

Sorensen, A. (2002): *The Making of Urban Japan.* Routledge, London/New York.

Sorensen, A./ Funck, C. (ed.) (2007): *Living Cities in Japan.* Routledge, London/ New

York.
Zimmer, A. (2008): Eine traditionsreiche Partnerschaft: Kommunale Selbstverwaltung und bürgerrechtliches Engagement in Deutschland. Foljanty-Jost, G. (2008): *Kommunalreform in Deutschland und Japan*. Verlag für Sozialwissenschaften, Wiesbaden, 107-127.
市民活動センター神戸 (2003)『兵庫県「県民の参画と協働の振興に関する条例」案へのパブリックコメント提出』市民活動センター神戸
西須磨まちづくり懇談会編 (2006):『「身近な自治」の仕組みづくりへ』西須磨まちづくり懇談会
中村順子・森綾子・清原桂子 (2004):『火の鳥の女性たち』ひょうご双書
平山洋介 (2003):『不完全都市　神戸・ニューヨーク・ベルリン』学芸出版社
フンク・カロリン (2007):「近隣地区における社会構造の安定をめざすまちづくり――ベルリンの事例から」地理科学62-3、53-68.

終　章
分散と集中の均衡

縣　公一郎

1　はじめに

　本書は、既に紹介が為されている通り、2007年9月に早稲田大学で実施された日独シンポジウムの成果を基に編まれたものである。二部構成で、各部五章から成っている。第一部では、地方自治体の改革動向とその展望が、日独両国の実態に即して議論されている。その際の視点は、中央政府との関係における地方分権の進展と、政府運営における企業経営手法の導入、つまり NPM (New Public Management) の動向という二点である。他方第二部では、やはり日独比較に基づいて、地方自治体の政治と行政の実態における市民参加の可能性と展望に焦点が当てられている。

　そこで本章では、地方分権の進展、NPM の動向、市民参加の動向に関して、分散と集中の均衡という観点から、日ごろ構築している管見を披歴させて頂きたい。ここでは、集中 (Concentration) とは、一定の資源や権限を特定の主体に集約することであり、他方分散 (Deconcentration) とは、反対に当該の資源や権限を複数の主体間に拡散させることである。こうした一般化の下では、中央政府と地方政府の間での権限や財源の配分は、集権 (Centralisation) と分権 (Decentralisation) として理解される。NPM では、政府部門と市場部門との間での役割変化という側面と、企業経営手法取り込みに向けた政府運営における時間・対象に関する発想の転換という側面を取り上げたい。そして市民参加では、参加手続の規定が論点となる。

こうした動態を議論する上での視座として、一体性と多様性の関係を採用したい。特に、一つの社会における共通最小限の在り方としてのナショナルミニマムの一体性と、それを基盤に付加価値として実現される多様性との相互関係である。こうした一体性と多様性を考慮するとき、集権と分権、NPMの進展、そして市民参加の可能性が、それぞれ分散と集中の方向性において均衡を保つ必要があるのではないか。こうした観点を、ドイツと日本の簡単な比較を材料としながら、概括的に考えてみたい。

2 集権と分権

日本では、集権国家性が強調され、地方分権の必要性が従前から主張されて、2001年に地方分権一括法による包括的地方分権が実施された。そして、これを第一段施策として、更なる分権の可能性が模索されている。市町村合併と道州制の議論も、こうした方向性における施策である。その際の最重要論点の一つは、地方の実情に即した対応の必要性と多様性の確保だろう。国民のニーズは、その個性に発し、また居住地における様々な環境に即して多様であり、これに対しては、より近接した地方自治体が十分な権限と財源を有して対応することが最適である、とされ得る。この論理が適用されるべき分野が多数存在していることは、直感的にも、またそれぞれの政策分野での専門的判断に照らしても、妥当とされるところであろう。また、補完性の原理の示唆するところも、この方向性に根差した部分がある。

他方、こうした多様性が発生すべきではない分野も、当然ながら存在する可能性がある。例えば、子供に対する医療費・入院費助成、そして幼稚園保育料補助について、かつて2008年時点での筆者試算では、次のような多様性が首都圏内で存在していた。医療費等助成の場合、東京都Q区では、助成対象年齢が0歳から15歳であったのに対し、川を挟んだ他県X市では、助成対象年齢は0歳から6歳に限られていた。受給対象年数比では、5：2となる。この場合、更にQ区では助成に際する所得制限がないのに対して、X市では所得総額703万円以下の制限があった。そして保育料補助の場合は更に多様性が大きく、Q

区の場合、保育料補助が月額26000円で、入園料補助も80000円程度支給されるのに対して、X市では保育料補助年額32000円が支給されるのみである。3年保育の場合の受給比率が10：1強、2年保育の場合はほぼ11：1である。こうした子供の福祉に関わる言わばナショナルミニマムの分野で、首都圏内においてさえ、かかる格差というべき多様性が存在していた事実を、集権と分権のコンテクストでどのように捉えるべきだろうか。なおこの間、医療費等助成の制度では、東京都23区全てで同等の仕組みを実現した、と聞いている。

　これとは対照的に、分権性が強いとされるドイツでは、福祉施策の一環として捉えるべき住宅手当の制度において、居住者個々の状況に応じながらも、国全体で一体的基準が適用される仕組みとなっている。つまり、住宅手当受給に該当する個々の居住世帯の家族構成、所得標準、及び居住経費に応じた手当額を算出する際に、連邦内で統一的基準として適用される詳細な換算表が存在し、しかもその手当支給の業務が連邦委託行政という制度の枠内で、一定基準に従って執行されている。ここで注目すべきは、ドイツ国内のどこに居住していようとも、家族構成、所得標準、及び居住経費が同じであれば、原則的に同等の住宅手当が受給され、一体性が保持されている、という点である。しかも、この住宅手当の実施業務が、地方自治体に対する連邦からの委託行政として実施され、自治体にとっては裁量のないルーティンとして処理されている。

　福祉分野という一定の領域において、集権性が強調される日本では多様性が存在し、他方、分権性が強調されるドイツでは一体性が保持されている。この点から抽出しておきたい論点は、集権と分権には均衡が必要ではないか、という点である。日本における上記多様性の背景には、少なくとも自治体相互の財政力の差異、財政配分権限における裁量の存在、そして財政力の差異に基づく財政配分実態の差異、という3観点が見受けられる。これら3観点自体は、それぞれ全く否定されるべきではないが、これらが融合して福祉の分野に格差というべき多様性を生み出している、という点を、筆者は指摘したい。分権を強調して結果的に格差を生じているとすれば、その分権性を緩和する方向も模索されるべきではないだろうか。この仮説は、具体的な事例分析を積み重ねて検討する必要があるだろう。

3 NPMの進展

　ここでは、大別して2つの側面を取り上げたい。一つは、社会における役割としての政府と市場の関係、今一つは、政府運営における時間・対象の細分化、という側面である。まず前者では、やはり補完性の原理に従えば、政府部門に社会問題を委ねる前に、まず市場での解決が可能か否か、という点が検討される。NPMは、既に政府部門で処理されている問題が、原点に立ち返って市場での解決に付され得ないのかどうか、という観点から再検討しようとしている。政府による解決では、権限と資源の集中を基盤とするのに対し、市場での解決は、それらの分散を前提とする。

　日本とドイツをこのコンテクストで比較するに格好の事例は、高速道路である。ドイツでは、高速道路を純粋公共財とみなして、暦年様々な議論が繰り返されてはいるものの、そして一部の特定車両（12t以上）に対する料金付加が為されてはいるものの、一般車両による無料利用が大原則である。これに対して、日本では、従来は、高速道路は準公共財としての料金財とみなされ、受益者負担原則に基づくほぼ一定の料金体系に立った有料利用であった。そして更に、近年の民営化議論の結果、日本の高速道路は民営化された。ここには、高速道路に対する日独両国の認識の差異が、鮮明に現われている。

　高速道路は、人の移動のみならず、最終的に消費者が購入する一般消費財の物流に影響を与え、この高速道路に料金付加が課されているか否かは、最終消費財の価格に影響する。高速道路が無料である場合、最終消費財価格に対して中立的であるのに対して、有料となれば、その料金体系に依って、最終消費財価格への影響は多様化する。ドイツでは、2012年以降、EU指令を根拠として、料金付加対象車両の下限が、3.5t以上に引き下げられ、料金負担の範囲は拡大する。しかし、重要であるのは、料金付加に関して、統一的基準が適用されることである。その意味で、高速道路料金の最終消費財価格への影響は、その他の条件を共有する限り、国内で同一となる。

　他方、日本においては、高速道路が民営化され、その設営と運営の状況が地

域会社毎に異なり、料金体系も異なるべきことが、最終的な運営モデルである。これが実現すれば、どの高速道路を通過して運搬されたかによって、当該最終消費財の価格は変動することとなる。加えて、一部地域の高速道路を無料化し、その他地域の高速道路の有料利用を残存させる、という構想すら俎上にある。これは、多様性を重視するあまり、一体的な社会基盤としての高速道路の体を為す必要がない、という意味だろうか。政府と市場の兼ね合いについても、一定の均衡を図る必要はないのだろうか。

　加えて、政府部門における企業経営手法の導入は、業務の特定化を前提とし、この特定化とは、期限の限定と対象の細分化を意味している。その細分化された期限と対象に関する合理化が、第一に求められている。例えば、政府調達は、従来随意契約で行われることが多かったが、そこに内在する契約価格の下方硬直性、及び契約主体相互の癒着危険性故に、NPMの理念では、一般競争入札が強制的に導入される場合が非常に多くなった。しかも、毎年ルーティン的に購入するような物品についても、少額の場合でも毎年新たな短期的競争入札を掛けなければならない。加えて、事業体系の設計、設計に基づく資材の調達、そして当該調達に基づいた事業自体の運営委託、といった一連の事業対象も分散化され、しかもそれぞれ入札後の契約業者が同一であってはならない、とさえ規定される場合がある。このように、調達の期限と対象を細分化し、その限りの個別的合理化が要請されるのである。

　こうした個別的合理化の集積が、総体的合理化に常に繋がるのであれば、議論の余地はないだろう。しかし、競争入札では、契約に漕ぎ着けた業者のみが、入札自身に掛けたコストを回収でき、それ以外の業者は、当該入札コストを他の事業、つまり他の最終消費財・サービス価格に転嫁せざるを得ず、最終的に社会全体のコストが上昇する可能性がある。また、少額入札それ自身の場合では、それに付随する準備コストを考慮すると、競争入札しない場合の方が社会的コストが明らかに低い場合が有り得る。むしろ、期限も対象も集約して、長期的かつ包括的に契約を締結した方が、最終的な社会コストが低減する、という可能性も否定できない。加えて、長期的かつ包括的な契約においては、発注側と受注側に信頼関係が築かれ、むしろパフォーマンスが向上する可能性も、

想定され得る。このように、NPM手法の一つとしての競争入札についても、期限と対象に関する分散と集中を考慮して、競争入札に付すべき場合と、可能な限り透明性を伴える随意契約に付した方が良い場合とを、一定基準に基づいて弁別し、均衡を図る必要があるのではないだろうか。

4 市民参加の可能性

この観点では、ドイツと日本では、制度的に明確な相違が存在する。ドイツでは、都市計画手続の一環として、少なくとも新たな包括的・部分的都市計画策定に際しては、最終的な自治体議会の議決以前の段階で、公聴会が実施されることが、法令上義務付けられている。この公聴会は、当該市民が直接参加する制度的機会であり、ここにおいては、環境影響評価等の都市計画評価手法を用いて、市民が自ら計画策定に制度的に参加する権利と、意見表明の義務を有している。その限りにおいて、全ての自治体市民は、一体的な参加機会に浴し得る。

他方日本では、自治基本条例の制定に伴い、確かに、住民投票やその他の意見表明手段を通じた市民参加の機会を制度化する可能性が拡大している。かかる制度化を自治体それ自身が規定出来る制度は、自治権行使と自発的決定という意味において、非常に歓迎すべきことだろう。しかし、個々の自治基本条例を比較したときに、市民参加の機会に多様性が見出されたとしたら、それはどう解釈すべきなのだろうか。また基本条例制定に際しては、一定のモデルが無く、加えて、基本条例を制定するか否かも、各自治体の裁量となっている。或る自治体で認められている参加機会が、別の自治体で認められなかった場合、それはあくまで多様性に留まり、格差とはならないのだろうか。筆者は、そうした格差というべき多様性が存在するか否かについて、正確な事実を認識していない。しかし、ここで指摘したいのは、そうした多様性が生ずる可能性を制度的に認めていること自体は問題ではないのか、という点である。

もし市民参加を制度化するのであれば、全ての自治体に一体的制度として付与すべきではないのだろうか。もし参加機会に多様性が存在するなら、それは

上記の保育料補助の格差と同等の多様性である、と筆者には感じられる。自発的決定から生まれる多様性を尊重するあまりに、それが格差を形成しては、本末転倒ではないのだろうか。市民参加がナショナルミニマムを構成するとしたら、それは多様性を認めるよりも、むしろ一体的に確保されるべきではないのだろうか。

5　終わりに

　日独両国を様々な側面から観察すると、分散と集中の均衡という点で、対照的に思われることが多い。特に日本について、集中すべきところで分散し、分散すべきところで集中している、との仮説が設定され得る。今回指摘した日本の事例は、集中すべきところで分散している場合のみであるが、むしろ分散すべきところで集中しているという事例は、例えば首都圏への殆ど全ての事象の集中等、集権国家性が強調される日本については、枚挙の暇がないとされるだろう。

　分散を推進することの本質は何なのか。集中により実現される意義は何なのか。これらの点を、社会的効用の観点から手続と内容双方の側面で慎重に検討し、分散と集中の均衡を図ることが、今日求められる最重要課題の一つではないだろうか。こうした問題提起を行って、本章の締め括りとさせて頂きたい。

編著者・訳者紹介

■ 編者

坪郷　實（つぼごう　みのる）　　　　　　　　　　　はじめに・第8章

現職　早稲田大学社会科学総合学術院教授
生年　1948年
専攻　比較政治，比較環境政治
主要業績
『環境政策の政治学』早稲田大学出版部，2009年
『比較・政治参加』ミネルヴァ書房，2009年／編著
『参加ガバナンス――社会と組織の運営革新』日本評論社，2006年／編著

ゲジーネ・フォリャンティ=ヨースト（Foljanty-Jost, Gesine）　　　第1章

現職　マルティン・ルター大学（ハレ・ヴィッテンベルク）政治学・日本学研究所教授．マンフレッド・ヘットリング教授（マルティン・ルター大学）と共に日独共同大学院「市民社会の形態変容－日独比較」代表を務める
生年　1952年
専攻　市民社会国際比較，自治体政治，国際比較から見た日本内政論
主要業績
　Foljanty-Jost, Gesine (Hrsg.) (2009): *Kommunalreformen in Deutschland und Japan. Zwischen Ökonomisierung und Demokratisierung*. Wiesbaden: VS Verlag für Sozialwissenschaften
　Krüger, H.-H./ Helsper, W./ Foljanty-Jost, G./ Kramer, R.-T./ Hummrich, M. (Hrsg.) (2008): *Family, School, Youth Culture. International Perspectives of Pupil Research*. Frankfurt am Mein: Peter Lang Internationaler Verlag der Wissenschaften
　Foljtany-Jost, Gesine (2004): *Japan in the 90s. Crisis as an impetus for change*. Berlin/ Münster: Lit Verlag

縣　公一郎（あがた　こういちろう）　　　　　　　　　　　　　　終章

現職　早稲田大学政治経済学術院教授・同大学大学院公共経営研究科長
生年　1956年
専攻　行政学，公共経営
主要業績
『コレーク政策研究』成文堂，2007年／編著
　Nakamura, Kiyoshi/ Agata, Koichiro ed., Convergence of Telecommunications and Broadcasting in Japan, United Kingdom and Germany, 2001, Richmond.
　Koichiro, Agata, Staatliche Förderprogramme für Gemeinden - Programm- und Implementationsanalyse der Stadterneuerung in Baden-Württemberg, Diss. Speyer (Nr.110), 1992, 256S.

編著者・訳者紹介 243

■ 著者（執筆順）

ヨルク・ボグミル（Bogumil, Jörg）　　　　　　　　　　第2章

現職　ルール大学（ボッフム）社会科学部 教授
生年　1959年
専攻　政治学，行政学，公的セクター改革論
主要業績
　　Bogumil, Jörg/ Jann, Werner (2009): *Verwaltung und Verwaltungswissenschaft in Deutschland. Einführung in die Verwaltungswissenschaft*, 2. völlig überarbeitete Auflage. Wiesbaden: VS Verlag für Sozialwissenschaften.
　　Bogumil, Jörg/ Grohs, Stephan/ Kuhlmann, Sabine/ Ohm, Anna K. (2007): *10 Jahre Neues Steuerungsmodell — eine Bilanz kommunaler Verwaltungsmodernisierung*, (Modernisierung des öffentlichen Sektors, Sonderband 29) Berlin: edition sigma. [2. Auflage 2008]
　　Bogumil, Jörg/ Holtkamp, Lars (2006): *Kommunalpolitik und Kommunalverwaltung. Eine policyorientierte Einführung*, (Reihe "Grundwissen Politik", Band 42). Wiesbaden: VS Verlag für Sozialwissenschaften.

片木　淳（かたぎ　じゅん）　　　　　　　　　　　　　第3章

現職　早稲田大学大隈記念大学院公共経営研究科教授．同大学メディア文化研究所長
生年　1947年
専攻　政治学（地方自治制度論）
主要業績
　　『地方主権の国　ドイツ』ぎょうせい，2003年
　　『地方づくり新戦略　自治体格差時代を生き抜く』一藝社，2008年／共著
　　『政策研究のメソドロジー——戦略と実践』法律文化社，2005年／共著

ザビーネ・クールマン（Kuhlmann, Sabine）　　　　　　第4章

現職　コンスタンツ大学 政治・行政学准教授
生年　1970年
専攻　政治学，行政学
主要業績
　　Kuhlmann, Sabine (2009): *Politik- und Verwaltungsreform in Kontinentaleuropa. Subnationaler Institutionenwandel im deutsch-französischen Vergleich*, Habilitationsschrift an der Universität Potsdam, ((Reihe "Staatslehre und Politische Verwaltung"). Baden-Baden: Nomos-Verlag.
　　Kuhlmann, Sabine (2008): Reforming local public services: trends and effects in Germany and France. In: *Public Management Review*, vol.10, issue 5, S.573-596.
　　Bogumil, Jörg/ Grohs, Stephan/ Kuhlmann, Sabine/ Ohm, Anna K. (2007): *10 Jahre Neues Steuerungsmodell — eine Bilanz kommunaler Verwaltungsmodernisierung*, (Modernisierung des öffentlichen Sektors, Sonderband 29) Berlin: edition sigma [2. Auflage 2008]）

宇野　二朗（うの　じろう）　　　　　　　　　　　　　　　第5章
　現職　札幌大学法学部准教授
　生年　1973年
　専攻　行政学
　主要業績
　　『コレーク行政学』成文堂，2007年／共著
　　「市町村水道事業と地方自治──1947年から52年まで」『札幌法学』第20巻第1・2号，2009年
　　「地方公企業の組織改革──ベルリン水道公社を事例として」『早稲田政治公法研究』第75号，
　　2004年

アネッテ・ツィンマー（Zimmer, Annette）　　　　　　　　第6章
　現職　ミュンスター大学政治学研究所教授
　生年　1954年
　専攻　政治学，非営利研究
　主要業績
　　Zimmer, Annette/ Priller, Eckhard (Hg.) (2004): *Future of Civil Society. Making Central European Nonprofit-Organizations Work*. Wiesbaden: Vs-Verlag.
　　Zimmer, Annette (2007): *Vereine─ Zivilgesellschaft konkret*. Wiesbaden: Vs-verlag.
　　Siemienska, Renata/ Zimmer, Annette (Hg.) (2007): *Gendered Career Trajectories in Academia in Cross National Perspective*. Warszawa: Wydawnictwo Naukowe Scholar.

久塚　純一（ひさつか　じゅんいち）　　　　　　　　　　　第7章
　現職　早稲田大学社会科学総合学術院教授
　生年　1948年
　専攻　社会保障法学
　主要業績
　　『フランス社会保障医療形成史』九州大学出版会，1991年
　　『比較福祉論（新版）』早稲田大学出版部，2001年
　　『世界のNPO』早稲田大学出版部，2006年／共編著

マリオン・ライザー（Reiser, Marion）　　　　　　　　　　第9章
　現職　フランクフルト大学政治学研究所研究員
　生年　1975年
　専攻　政治学
　主要業績
　　Reiser, Marion (2006): *Zwischen Ehrenamt und Berufspolitik: Professionalisierung der Kommunalpolitik in deutschen Großstädten*. Wiesbaden: Vs Verlag.
　　Reiser, Marion/Holtmann, Everhard (Hg.) (2008): *Farewell to the party model? Independent local lists in East and West European countries. Urban and Regional Research International,* Volume 11. Wiesbaden: Vs-Verlag.
　　Reiser, Marion (2009): Ressourcen- oder Mitgliederbasiert? Zwei Formen politischer Profes-

sionalisierung auf der lokalen Ebene und ihre institutionellen Ursachen. In: Edinger, Michael/ Patzelt, Werner J. (Hrsg.): *Politik als Beruf. Politische Vierteljahresschrift, Sonderheft* 44/2009.

エヴェルハルト・ホルトマン（Holtmann, Everhard）　　　　　　　　　　第9章

現職　マルティン・ルター大学政治学・日本学研究所 教授．ドイツ研究協会特別研究枠 SFB580 『システム激変後の社会発展』代表
生年　1946年
専攻　政治学，システム分析，比較政治学
主要業績
 Görtemaker, Manfred/ Holtmann, Everhard/ Ismayr, Wolfgang/ Cullen, Michael S./ Wagner, Volker (2009): *Das deutsche Parlament*. Opladen und FarmingtonHills: Budrich. [5.Auflage]
 Holtmann, Everhard/Reiser, Marion (Hg.) (2008): *Farewell tot he Party Model? Independent Local Lists in East and West European Countries*, Wiesbaden: Vs-Verlag.
 Völkl, Kerstin/ Schnapp, Kai-Uwe/ Holtmann, Everhard/ Gabriel, Oscar W. (2008): *Wähler und Landtagswahlen in der Bundesrepublik Deutschland*. Baden-Baden: Nomos.

フンク・カロリン（Funck, Carolin）　　　　　　　　　　第10章

現職　広島大学大学院総合科学研究科准教授
生年　1961年　　　　　　　　　　　　＊日本人以外の名前は，原則，〈名・姓〉と表記
専攻　観光地理学　　　　　　　　　　　しているがフンク氏のみ〈姓・名〉としている．
主要業績
 Funck, Carolin (2007): Machizukuri, civil society, and the transformation of Japanese city planning: cases from Kobe. Andre Sorensen and Carolin Funck (ed.) (2007): *Living Cities in Japan*. Routledge, London/ New York, 137-156
 「近隣地区における社会構造の安定をめざすまちづくり―ベルリンの事例から」『地理科学』62巻3号，2007年
 Funck, Carolin (2008): Eine neue Identität für Regionalstädte: Deindustrialisierung, kommunale Gebietsreform und Tourismus. Elis, Volker/ Lützeler, Ralph (Hrsg.) *Regionalentwicklung und regionale Disparitäten. Jahrbuch des Deutschen Instituts für Japanstudien*, Bd.20, Iudicium Verlag, München, 193-222

川田　力（かわだ　つとむ）　　　　　　　　　　第10章

現職　岡山大学大学院教育学研究科准教授
生年　1964年
専攻　人文地理学
主要業績
 「ウィーン都市開発計画2005の特色と地域的課題」『日本都市学会年報』第42巻，2009年，182-187頁
 「東京都三鷹市のまちづくりにおけるソーシャル・ガバナンスの進展」『地理科学』第62巻第3号，2007年
 「ドイツ・ハイデルベルク市における新架橋計画」『日本都市学会年報』第39巻，2005年／共著

由井　義通（ゆい　よしみち）　　　　　　　　　　　　第10章

　現職　広島大学大学院教育学研究科教授
　生年　1960年
　専攻　都市地理学，人文地理学
　主要業績
　　『世界の都市社会計画——グローバル時代の都市社会計画』東信堂，2008年／共著
　　『働く女性の都市空間』古今書院，2004年／共編著
　　『地理学におけるハウジング研究』大明堂，1999年

■ 訳者

青木　真衣（あおき　まい）　　　　　　　　第1章・第4章・第6章

　現職　マルティン・ルター大学政治学・日本学研究所研究員（M.A.）
　生年　1974年
　専攻　政治学，市民社会
　主要業績
　　Aoki, Mai/ Foljanty-Jost, Gesine (2008): *10 Jahre Nonprofits in Japan — Diversifizierung des Dritten Sektors durch Recht*, Martin-Luther-Universität Halle-Wittenberg, Halle
　　ゲジーネ・フォリャンティ＝ヨースト（2009）：市民自治体の独日比較－構想と実践. Martin-Luther-Universität Halle-Wittenberg: Halle／翻訳

寺迫　剛（てらさこ　ごう）　　　　　　　　　　　　　　第2章

　現職　早稲田大学大学院博士後期課程
　生年　1977年
　専攻　行政学
　主要業績
　　「ドイツ新連邦州（旧DDR）における州制度の導入および発展と，日本における道州制の導入をめぐる現状」『早稲田大学政治公法研究第90号』2009年
　　『コレーク政策研究』成文堂，2007年／共著
　　『日本の自治体外交——日本外交と中央地方関係へのインパクト（自治総研叢書27）』（Purnendra Jain［今村都南雄監訳］）敬文堂，2009年／分担翻訳

三浦　一浩（みうら　かずひろ）　　　　　　　　　　　　第9章

　現職　㈶地域生活研究所研究員．早稲田大学大学院博士後期課程
　生年　1981年
　専攻　比較政治学
　主要業績
　　『市民が描く社会像——政策リスト37』生活社，2009年／共著
　　「デンマーク社会主義人民党——ニュー・ポリティックス政党論の視点から」『北ヨーロッパ研究』第4巻，2007年

Horitsu Bunka Sha

2009年11月20日　初版第1刷発行

分権と自治体再構築
──行政効率化と市民参加──

編　者　　坪　郷　　實
　　　　　ゲジーネ・フォリャンティ=ヨースト
　　　　　縣　　公一郎

発行者　　秋　山　　泰

発行所　株式会社 法律文化社
〒603-8053 京都市北区上賀茂岩ケ垣内町71
電話 075(791)7131　FAX 075(721)8400
URL：http://www.hou-bun.co.jp/

©2009 M. Tsubogo, G. Foljanty-Jost, K. Agata Printed in Japan
印刷・中村印刷㈱／製本・㈱藤沢製本
装幀　前田俊平
ISBN 978-4-589-03192-1

北川正恭・縣 公一郎・総合研究開発機構編
政策研究のメソドロジー
―戦略と実践―
A5判・366頁・3465円

政策研究の方法論を学ぶための入門テキスト。政策研究の理論と手法，政策に関わる主体を取り上げ，まちづくり，環境政策，消費者政策など7つの具体的政策からその現状と動向を分析する。

福田耕治・真渕 勝・縣 公一郎編著
行政の新展開
A5判・276頁・2940円

グローバル化，情報化，分権化等による行政環境の急激な変化とその対応状況を概観し，行政改革の下での行政活動の流れと行政構造を理論的かつ実証的に究明する。行政の現在を捉えるための格好のテキスト。

村上 弘・田尾雅夫・佐藤 満編
京都市政 公共経営と政策研究
A5判・248頁・3360円

1980年代から2005年までの京都市の政策・経営をたどる実証研究。産業，景観，大学，文化など特徴的な政策を取り上げ，政策化の過程を分析する。自治体の財政危機が取り沙汰されるいま，地方自治のあり方を考えるうえで有益。

村上 弘著〔立命館大学法学部叢書第4号〕
日本の地方自治と都市政策
―ドイツ・スイスとの比較―
A5判・282頁・5040円

戦後日本の地方自治と都市政策の発展と特徴を研究動向をふまえたうえで，比較研究的視角や各種データをもとに理論的・実証的に分析する。各論として，議会，住民投票，都市公共交通，景観政策を取り上げる。

後 房雄著
NPOは公共サービスを担えるか
―次の10年への課題と戦略―
A5判・216頁・2625円

「官から民へ」「中央から地方へ」という公的諸制度の大改革のなか，NPO法執行後10年を経たNPOセクターの到達点をふまえ，今後NPOは公共サービス提供の担い手になるべきであるとする著者の問題提起の書。

内山 昭著
分権的地方財源システム
A5判・296頁・6300円

行政分権改革をうけて，この間財政分権を図る「三位一体改革」により，地方への税源移譲が行われてきた。こうした国から地方への税源移譲の効果・影響をシミュレーション分析に基づき展開した政策研究の書。

――法律文化社――